PART 01

공익사업을 위한 토지 등의 취득 등

CHAPTER 01

총칙

01 절 공용수용과 공공성 등

Ⅰ. 공용수용과 공공성

1. 공용수용

(1) 의의 및 취지

공용수용이란 손실보상을 전제로 공공필요를 위하여 타인의 재산권을 법률의 힘에 의하여 강제적으로 취득하는 것을 말한다.

(2) 요건

사업내용의 공공성, 법률에 근거한 수용권의 발동과 법률에 의한 수용절차의 규제, 수용으로 인한 재산상 손실에 대한 정당한 보상을 요건으로 한다.

2. 공공성(공공필요)

(1) 의의(공용수용의 본질적인 제약요건)

재산권에 대한 공권적 침해는 "공공필요"에 의해서만 행해질 수 있는바, 공공필요(공공성)는 공용침해의 실질적 허용요건이자 본질적 제약요소이다. 이러한 공공성은 대표적인 불확정 개념으로, 시대적 상황과 국가정책의 목표에 따라 가변적이기 때문에 명확한 개념의 정의가 어려우며, 정치·사회·경제적 여건 등과 국가의 목적에 의하여 그 내용이 결정될 수밖에 없다.

(2) 공공성의 판단

공공성 개념의 추상성은 명확한 공공성의 판단근거를 요구하며, 이는 헌법 제37조 제2항의 비례의 원칙의 단계적 심사를 통해 구체화된다.

박문각 감정평가사

2차 감정평가 및 보상법규 암기장

PART 01

공익사업을 위한 토지 등의 취득 등

PART 02

공익사업을 위한 토지 등의 보상 (손실보상)

PART 03

부동산 가격공시

PART 04

감정평가 및 감정평가사

부록

한국산업인력공단 시행 국가공인자격증

박문각 감정평가사

2차 감정평가 및 보상법규 암기장

강정훈 편저

동영상강의 www.pmg.co.kr

브랜드만족 1위 박문각

수상내역 후면표기

제 2 판

50년 시간이 만든 합격비결
합격 노하우가 다르다!

PMG 박문각

(3) 공공성 개념의 확대화 경향

현대 복리행정의 이념, 사회국가의 요청에 의하여 과거에 공공성이 인정되지 아니한 부분에 대하여도 공공성을 넓게 인정하는 경향이 있다.

3. 공용수용과 공공성

(1) 공용수용과 공공성의 관계

공용수용 요건으로서 공공성은 공용수용의 실질적 요건이자 공용수용의 본질적인 제약요건이다.

(2) 공공성 확보방법

① 입법에 의한 공공성 확보

토지보상법은 제한적 열거주의를 채택하여 제4조에 공공필요가 있는 사업을 수용적격사업으로 규정하여 열거하고 있다.

② 사업인정에 의한 공공성 확보

사업인정은 토지를 수용 또는 사용하기 위한 전제 절차이고, 이에 대한 결정을 하기 위해서는 해당 사업이 공공성을 지니고 있는지 판단하여야 한다. 그러나 공공성은 추상적 개념에 불과하여 법률로 정할 수 없기 때문에 행정청으로 하여금 개별・구체적으로 이를 판단하기 위하여 이 제도를 두고 있다. 공공성은 사업인정 시에 비례의 원칙을 적용하여 판단한다.

③ 계속적인 공공성의 보장

토지보상법 제23조, 제24조에서는 사업인정 실효를 규정하여 공익사업의 계속성을 보장하며, 제91조에서는 환매권을 통해 공익사업의 계속성을 담보하고 있다. 이 외에도 다양한 개별법에서 계속적인 공공성 보장을 위한 규정을 두고 있다.

4. 결

공용수용은 헌법상 재산권 보장의 예외적 조치로서 공공성이 인정되는 경우에만 인정될 수 있다. 반면, 공공성 개념은 현대 복리국가 이념 추구에 따라 확대되고 있는바, 이는 개인의 재산권에 대한 침해의 개연성을 높인다. 따라서 엄격한 공공성의 판단이 공용수용에 있어 선행되어야 할 것이다.

Ⅱ. 공공적 사용수용(사적 공용수용) ▸19회 기출

1. 의의

공공적 사용수용이란 특정한 공익사업을 위하여 사적 주체가 타인의 특정한 재산권을 법률의 힘에 의해 강제적으로 취득하는 것이다. 판례는 사용수용을 인정하고 있다.

2. 필요성

공익상의 필요, 공익사업의 증대, 민간활력의 도입, 공행정의 민간화 등에서 그 필요성을 찾을 수 있다. 다만, 영리추구를 주목적으로 하는 사기업이 사업시행자인 경우에는 공공성의 엄격한 판단이 요구되며, 공공복리를 계속적으로 실현하기 위한 제도적 장치가 필요하다.

3. 유형

우리나라에서는 확립된 판례나 축적된 학설이 없다. 독일의 경우 생존배려형 사기업과 경제적 사기업으로 구별하여 사용수용의 가능성을 판단한다. 생존배려형 사기업의 경우에는 원칙적으로 그들을 위한 공용침해가 허용되고, 경제적 사기업의 경우에는 이윤추구가 주목적이고, 지역발전이나 고용증대 등의 공적 이익은 부수적인 효과로 보기 때문에 예외적으로 엄격한 요건하에서만 허용된다고 본다.

4. 공공적 사용수용과 공공성

(1) 사용수용의 요건

공공필요, 재산권에 대한 공권력, 법률의 근거, 정당한 보상으로써 공용수용의 요건과 동일하나 사용수용에서는 사기업의 사익추구로 인하여 공공성이 특히 중요하다. 이윤추구가 목적인 사기업은 사업의 계속성이 보장되지 않고 중간에 어떠한 이유로 사업이 중단될 가능성이 존재하기 때문이다.

(2) 대상사업과 공공성

사인이 행하는 대상사업에 대하여 공공성은 ① 토지보상법 제4조 규정에 의한 수용적격사업이나, 국토교통부장관이 사업인정 시 반영되고, ② 기타 개별법에서 사업인정이 의제되는 실시계획승인 등에 의해 공공성을 판단한다. 그때 그 기준으로 공공성은 광의의 비례원칙에 의해 제 이익형량이 선행되어야 하고, 사기업이라는 특성상 일정기간 이상 계속 수행될 것이 요구된다.

5. 계속적 공익실현의 보장수단

(1) 보장책의 필요성 및 법적 근거

경제적 사기업은 이윤추구가 목적인바 언제든지 사업을 중도에 포기할 가능성이 있으므로 보장책이 필요하게 된다. 공익사업의 계속성을 담보하기 위한 법적·제도적 장치에 대한 요청은 헌법 제23조 제3항에 근거하고 있다. 보장책에 대한 요구가 헌법규정으로부터 직접 도출되는 것이므로 법률적 근거를 요하지 않는다는 견해가 있으나, 우리 헌법은 "법률로써 하되"라고 규정하고 있으므로 보장책 없는 공용침해 법률은 위헌·위법하다 할 것이다.

(2) 보장수단

① 환매권(법 제91조)과 사업인정 실효(제23조, 제24조, 제24조의2)

환매권은 토지보상법에서 공익사업의 계속성을 담보하기 위한 수단으로 규정되어 있는 것으로서 가장 일반적인 것이다. 그러나 환매권 행사 시 공행정주체의 개입 없이 환매권자에 의해서만 행사된다는 점에서 공익사업의 계속성 보장책으로는 미흡하다는 지적이 있다. 또한 토지보상법에서는 사업인정의 실효제도를 규정하여 수용법 관계의 조속한 확정을 바라는 피수용자를 보호하고 간접적으로 공익사업의 계속성을 보장한다.

Check!

제24조의2(사업의 완료)

① 사업이 완료된 경우 사업시행자는 지체 없이 사업시행자의 성명이나 명칭, 사업의 종류, 사업지역, 사업인정고시일 및 취득한 토지의 세목을 사업지역을 관할하는 시·도지사에게 신고하여야 한다.

② 시·도지사는 제1항에 따른 신고를 받으면 사업시행자의 성명이나 명칭, 사업의 종류, 사업지역 및 사업인정고시일을 관보에 고시하여야 한다.

③ 시·도지사는 제1항에 따른 신고가 없는 경우에도 사업이 완료된 것을 알았을 때에는 미리 사업시행자의 의견을 듣고 제2항에 따른 고시를 하여야 한다.

④ 별표에 규정된 법률에 따라 제20조에 따른 사업인정이 있는 것으로 의제되는 사업이 해당 법률에서 정하는 바에 따라 해당 사업의 준공·완료·사용개시 등이 고시·공고된 경우에는 제2항에 따른 고시가 있는 것으로 본다.

② 입법적 통제 및 사법적 통제

입법적 통제로 민간투자법에서는 사업시행자에 대한 감독·명령과 처분, 위반 시 벌칙 규정 등을 규정하고 있으나, 민간자본유치 촉진에 역점을 둔 까닭에 공익사업의 계속성 담보에 대해서는 미흡하다는 지적이 있다. 사법적 통제수단으로는 공익사업의 계속성 보장책이 헌법 제23조 제3항의 공공필요의 요건을 충족하지 못한 경우에는 위헌·위법한 침해라 하여 행정쟁송의 제기, 헌법소원 등의 제기가 있다.

6. 부대사업과 사용수용

(1) 문제의 소재

민간투자법 제21조에서는 사업시행자의 투자비 보전 및 정상적인 운영을 도모하기 위해 부대사업을 해당 민간투자사업과 연계하여 시행할 수 있다고 규정하였다. 이는 사회기반시설의 설치사업 자체의 채산성을 보전하게 한다는 일종의 수익성 보장을 위한 장치인바 공공성과 관련하여 인정 여부가 문제된다.

(2) 부대사업의 사용수용 인정 여부

실시계획고시에 부대사업까지 포함시킨 것은 원활한 사업추진을 도모하기 위한 것으로 이해해야지 부대사업은 사적 이윤 동기에 의한 행위에 불과한 바, 실시계획고시에 의해 사업인정이 의제된다고 하더라도 부대사업을 위한 수용까지 허용된다고 보는 것은 우리 국민의 정서에 비추어 타당하지 않다고 판단된다. 이러한 문제는 관련규정의 불명확성에 기인한 것으로 수용이 가능한 사업과 그렇지 못한 사업을 구별할 수 있도록 법률에서 관계규정을 명확하게 할 필요가 있다고 사료된다.

02 절 공용수용의 당사자

Ⅰ. 의의

당사자란 공익사업을 위해 토지 등을 취득하는 사업시행자와 토지 등을 양도하는 토지소유자 및 관계인을 말한다. 토지수용의 당사자는 수용권의 주체인 수용자와 수용목적물인 재산권의 주체인 피수용자가 된다.

Ⅱ. 수용권자

1. 수용권의 주체에 관한 학설

(1) 문제점

수용권자는 공익사업의 주체로서 사업시행자는 공익사업을 수행하는 자를 말한다. 수용권의 주체가 국가 이외의 공공단체 및 사인인 경우 수용권의 주체가 누구인가에 관한 견해가 대립한다.

(2) 학설

① **국가수용권설** : 공용수용의 본질을 국가에 의한 재산권의 박탈이라고 보는 견해로, 수용권은 국가만이 가질 수 있으며, 사업주체는 수용청구권을 갖는다고 보는 견해이다.

② **사업시행자수용권설** : 공용수용의 본질을 공익사업을 위한 재산권의 강제적 취득이라고 보는 견해로 수용권을 공용수용의 효과를 향유할 수 있는 능력이라고 보며, 사업시행자를 수용권의 주체로 보는 견해이다.

③ **국가위탁권설** : 수용권은 국가에 귀속되는 국가적 공권인데, 국가는 사업인정을 통해 국가적 공권인 수용권을 사업시행자에게 위탁한 것으로 보는 견해이다.

(3) 판례

대법원은 사업인정을 일정한 절차를 거칠 것을 조건으로 수용권을 설정해 주는 설권적 행정처분이라 판시하여 사업시행자수용권설의 입장이다.

(4) 검토

국가가 수용의 효과를 야기한다고 하더라도 수용권은 수용의 효과를 향유할 수 있는 능력이라고 볼 수 있으므로 사업시행자수용권설이 타당하다.

2. 수용권자의 법적 지위(권리와 의무)

(1) 권리

타인토지출입권(제9조), 수용권(제19조), 사업인정신청권(제20조), 토지 및 물건조사권(제27조), 협의성립확인신청권(제29조), 재결신청권(제28조), 행정쟁송권(제83조 내지 제85조), 토지소유권의 원시취득권(제45조), 대행청구권(제44조), 대집행신청권(제89조) 등이 있다.

(2) 의무

손실보상의무(제61조), 피수용자의 재결신청에 응할 의무(제30조), 수용목적물이 멸실된 경우의 위험부담(제46조), 수용의 법적절차 준수의무 등이 있다.

(3) 권리 · 의무의 승계

수용절차의 지연 및 중단을 방지하고 공익사업의 원활한 수행 및 피수용자의 권리보호를 위하여 수용권자의 권리와 의무는 그 사업을 승계한 자에게 이전된다(제5조).

Ⅲ. 수용권의 객체(피수용자)

1. 피수용자의 범위

(1) 토지소유자

토지소유자란 공익사업에 필요한 토지의 소유자를 말한다.

(2) 관계인

관계인이란 사업시행자가 취득 또는 사용할 토지에 관하여 지상권 등 토지에 관한 소유권 외의 권리를 가진 자 또는 그 토지에 있는 물건에 관하여 소유권 그 밖의 권리를 가진 자를 말한다.

(3) 피수용자의 제한

사업인정고시 이후 권리를 취득한 자는 기존의 권리를 승계한 자를 제외하고는 관계인에 포함되지 아니한다. 사업인정은 피수용자의 범위를 결정하는 시간적 제한의 기준이 된다.

2. 피수용자의 법적 지위

(1) 권리

의견제출권(제15조), 사업인정 및 재결 시 문서열람권 및 의견진술권(제21조, 제31조), 재결신청청구권(제30조), 잔여지 등의 매수 또는 수용청구권(제74조), 보상청구권(제79조), 손실보상청구권(제23조, 제24조), 환매권(제91조), 행정쟁송제기권(제83조 내지 제85조) 등이 있다.

(2) 의무

사업시행자의 토지출입에 따른 인용의무(제11조), 토지 등의 보전의무(제25조), 수용목적물의 인도 또는 이전의무(제43조) 등이 있다.

(3) 권리・의무의 승계

사업시행자의 권리・의무는 그 사업을 승계한 자에게 이전하며, 이 법에 의하여 행한 절차 그 밖의 행위는 사업시행자・토지소유자 및 관계인의 승계인에게도 그 효력이 미친다.

03 절 공용수용의 목적물

Ⅰ. 공용수용의 목적물

1. 의의 및 취지

공용수용의 목적물이란 수용의 객체로서 토지, 물건의 소유권 그 밖에 권리를 말한다. 이는 ① 피수용자의 권리보호를 위해 확장되기도 하며, ② 수용제도의 본질, 목적물의 성질상 제한되기도 한다.

2. 종류 및 확정

(1) 종류

토지보상법 제3조에서는 ① 토지 및 이에 관한 소유권 외의 권리, ② 토지와 함께 필요로 하는 입목, 건물, 그 밖에 토지에 정착된 물건 및 이에 관한 소유권 외의 권리, ③ 광업권, 어업권, 양식업권 또는 용수권, ④ 토지에 속한 흙, 돌, 모래, 자갈에 관한 권리를 규정하고 있다.

(2) 확정

목적물은 공익사업을 위한 제 절차 중 사업인정의 세목고시에 의하여 수용목적물의 범위가 확정된다. 따라서 수용목적물의 범위에 대한 다툼은 사업인정의 다툼으로 이어지게 된다.

3. 목적물의 제한

(1) 일반적 제한(수용제도 본질상의 제한)

공용수용의 목적물은 재산권 보호 측면에서 필요최소한도 내에서 이루어져야 하며, 비대체적이어야 한다. 이때 필요최소한도는 비례의 원칙을 통해 판단된다.

(2) 토지의 세목고시에 따른 제한

수용목적물은 사업인정의 고시 중 토지세목에 포함된 물건에 한한다. 따라서 토지세목고시에 포함되지 않는 물건은 확장수용의 경우를 제외하고는 수용목적물이 되지 못한다.

(3) 수용목적물의 성질에 따른 제한

목적물의 성질상 치외법권 토지, 국 • 공유지, 사업시행자 소유토지, 공익사업에 이용되고 있는 토지 등은 수용의 목적물이 되지 못한다.

Check!

공물의 수용가능성

1. 문제점

공물이란 국가 • 지방자치단체 등의 행정주체에 의하여 직접적으로 행정목적에 공용된 개개의 유체물을 말한다. 토지보상법 제19조 제2항은 특별한 필요가 있는 경우에 수용할 수 있다고 보는데 용도폐지 여부와 특별한 필요의 해석 논의가 필요하다.

2. 학설

① **긍정설** : 공물을 사용하고 있는 기존의 사업의 공익성보다 해당 공물을 수용하고자 하는 사업의 공익성이 큰 경우에 해당 공물에 대한 수용이 가능해지며, '공익사업에 수용되거나 사용되고 있는 토지 등'에는 공물도 포함된다고 본다. 따라서 용도폐지의 선행행위가 없이도 수용이 가능하다고 본다.

② **부정설** : 공물을 수용에 의하여 다른 행정목적에 제공하는 것은 해당 공물의 본래의 목적에 배치되므로, 공물 그 자체를 직접 공용수용의 목적으로 할 수 없고 공용폐지가 선행되어야 한다고 본다.

3. 판례

헌법재판소는 공물의 수용가능성을 인정한 것으로 보이고, 대법원 판례에서도 광평대군 묘역 관련 판례, 풍납토성 관련 판례에서 공물의 수용가능성을 인정하고 있다.

4. 검토

공물의 수용가능성을 일률적으로 부정하는 것은 법 제19조 제2항의 해석상 타당하지 않으므로, 특별한 필요가 있는 경우 공물도 수용이 가능할 것이고, 이에 대한 판단은 공익 간 이익형량에 대한 비례원칙이 적용될 것이다.

Ⅱ. 확장수용

1. 의의 및 취지, 종류

확장수용이란 특정한 공익사업을 위하여 필요한 범위를 넘어서는 재산권의 수용을 말한다. 수용은 최소필요한도 원칙이나, 피수용자의 권리보호 및 사업의 원활한 시행을 위하여 취지가 인정된다. 토지보상법상 규정된 확장수용에는 완전수용(제72조), 잔여지수용(제74조), 이전수용(제75조) 등이 있다.

2. 확장수용의 법적 성질

(1) 문제점

확장수용이 일반적으로 피수용자의 청구에 의해 이루어진다는 점에서 그 법적 성질에 대하여 견해가 나뉘며, 적용법규 및 쟁송형태 등이 달라지는 데 실익이 있다.

(2) 학설

① **사법상 매매설** : 확장수용은 피수용자의 청구에 의하여 사업시행자가 피수용자의 재산권을 취득하는 것이므로, 사업시행자의 재산취득은 피수용자와의 합의에 의하여 이루어지는 사법상의 매매행위라고 한다.

② **공용수용설** : 확장수용이 공용수용에 있어서 하나의 특수한 예이기는 하나, 그 본질에 있어서는 일반의 공용수용과 다를 바 없다는 점에서 공용수용이라 한다.

③ **공법상 특별행위설** : 확장수용은 일반적으로 피수용자의 청구에 의하여 이루어지고 해당 공익사업의 필요한도를 넘는다는 점에서 수용이 아니라 일종의 특별한 공법행위라고 본다.

(3) 판례

잔여지수용청구권이 그 요건을 구비한 때에는 토지수용위원회의 특별한 조치를 기다릴 것 없이 청구에 의하여 수용의 효과가 발생하므로 이는 형성권의 성질을 갖는다고 판시한 바 공용수용설의 입장이다.

(4) 검토

확장수용은 피수용자의 청구를 요건으로 하는 사업시행자의 일방적인 권리취득행위로 볼 수 있기에 그 본질은 다른 일반적인 수용과 다를 바 없으므로 공용수용으로 보는 것이 타당하다.

3. 완전수용(토지보상법 제72조)

(1) 의의 및 근거

완전수용이란 토지소유자가 받게 되는 토지이용의 현저한 장해 내지 제한에 따른 수용보상을 가능하게 하기 위해 마련된 제도이다. 따라서 완전수용은 '사용에 갈음하는 수용'이라고도 하며, 토지보상법 제72조에 근거를 두고 있다.

(2) 내용

① 토지의 사용기간이 3년 이상인 경우, ② 토지의 사용으로 인하여 토지의 형질이 변경되는 경우, ③ 사용하고자 하는 토지에 그 토지소유자의 건축물이 있는 때를 요건으로 한다.

완전수용의 청구권은 토지소유자만이 가지며, 사업시행자나 관계인은 갖지 못한다. 이 경우 관계인은 사업시행자 또는 토지수용위원회에 그 권리의 존속을 청구할 수 있다.

4. 잔여지수용(토지보상법 제74조)

(1) 의의 및 취지

잔여지수용이란 동일한 소유자에게 속하는 일단의 토지의 일부가 취득됨으로 인하여 잔여지를 종래의 목적에 사용하는 것이 현저히 곤란한 경우 토지소유자의 청구에 의해 일단의 토지의 전부를 매수하거나 수용하는 것을 말한다. 이는 손실보상정책의 일환으로 부여된 것으로서 피수용자의 권리보호에 취지가 인정된다.

(2) 법적 성질

확장수용의 성질을 공용수용으로 보면 공권으로 봄이 타당하며, 판례는 요건충족 시에 토지수용위원회의 특별한 조치를 기다릴 것 없이 청구에 의하여 수용의 효과가 발생하므로 형성권적 성질을 가진다고 판시하였다.

(3) 잔여지수용의 요건

토지보상법 제74조에서는

① 잔여지를 종래의 목적으로 사용하는 것이 현저히 곤란한 경우
② 사업완료일까지(가격감소는 완료 후 1년까지) 청구할 수 있다고 규정하고 있다.

토지보상법 시행령 제39조에서는

① 대지로서 면적 등의 사유로 인하여 건축물을 건축할 수 없거나 현저히 곤란한 경우
② 농지로서 농기계의 진입과 회전이 곤란할 정도로 폭이 좁고 길게 남거나 부정형 등의 사유로 인하여 영농이 현저히 곤란한 경우
③ 공익사업의 시행으로 인하여 교통이 두절되어 사용 또는 경작이 불가능하게 된 경우
④ ①부터 ③까지에서 규정한 사항과 유사한 정도로 잔여지를 종래의 목적대로 사용하는 것이 현저히 곤란하다고 인정되는 경우라고 규정하고 있다.

(4) 절차

협의취득은 사업시행자에게 잔여지를 매수하여 줄 것을 청구할 수 있으며, 수용취득은 사업시행자에게 매수를 청구하거나, 매수에 관한 협의가 성립되지 아니한 경우 토지수용위원회에 수용을 청구한다.

(5) 효과

① **잔여지의 취득** : 사업시행자는 매수청구에 의한 경우 수용목적물을 승계취득하며, 잔여지를 수용하는 경우 수용목적물을 원시취득하고, 목적물에 존재하던 모든 권리는 소멸한다.

② **관계인의 권리보호** : 매수 또는 수용청구가 있는 잔여지 및 잔여지에 있는 물건에 관하여 권리를 가진 자는 사업시행자나 관할 토지수용위원회에 그 권리의 존속을 청구할 수 있다(제74조 제2항).

③ **사업인정의 의제** : 사업인정고시가 된 후 사업시행자가 잔여지를 매수하는 경우 그 잔여지에 대하여는 사업인정(법 제20조) 및 사업인정고시(법 제22조)가 된 것으로 본다(제74조 제3항).

④ **손실보상** : 잔여지 및 잔여지에 있는 물건에 대한 구체적인 보상액 산정 및 평가방법 등에 대하여는 토지보상법 규정을 준용한다(제74조 제4항).

5. 이전수용(토지보상법 제75조)(이전에 갈음하는 수용)

(1) 의의 및 요건

건축물 등은 이전비 보상이 원칙이나, ① 건축물 등을 이전하기 어렵거나 그 이전으로 인하여 건축물 등을 종래의 목적대로 사용할 수 없게 된 경우, ② 이전비가 그 물건의 가격을 넘는 경우, ③ 사업시행자가 공익사업에 직접 사용할 목적으로 취득하는 경우 등 이전에 갈음하여 수용하는 것을 말하며, 토지보상법 제75조에 근거를 두고 있다.

(2) 법적 성질

수용효과가 발생하므로 공용수용의 성질을 가지며, 공권이면서 형성권이다.

6. 확장수용과 권리구제

(1) 이의신청(토지보상법 제83조 제1항)

확장수용의 재결이나 확장수용의 거부에 이의가 있는 자는 재결서 정본을 받은 날부터 30일 이내에 이의신청을 할 수 있다. 행정소송법 제18조 및 토지보상법 제83조의 규정상 이의신청은 특별법상 행정심판으로 임의적 절차이며, 이의신청을 거치지 않고 바로 행정쟁송의 제기가 가능하다.

(2) 확장수용에 대한 행정소송의 형태(보상금증감청구소송의 가능성)

① 문제점

확장수용의 결정은 토지수용위원회의 재결에 의해 결정되므로 재결에 대한 일반적인 불복수단이 적용될 것이다. 이 경우 제85조 제2항의 보상금증감청구소송의 심리범위에 손실보상의 범위가 포함되는지에 따라 실효적인 쟁송형태가 달라지게 된다.

② 학설

㉠ **취소소송설** : 보상금증감청구소송은 보상금의 다과만을 대상으로 하며, 확장수용은 범위문제이므로 재결에 대해 다투어야 하므로 항고소송만 가능하다고 본다.

㉡ **보상금증감청구소송설** : 손실보상의 범위와 보상금액은 밀접한 관련성을 가지고 있고, 보상금증감청구소송의 인정취지가 보상금에 관한 다툼을 신속히 종결하려는 것이므로 이런 취지를 고려하여 보상금증감청구소송을 제기할 수 있다고 보는 견해이다.

㉢ **손실보상청구소송설** : 확장수용청구권은 형성권이므로 청구권의 행사에 의해 수용의 효과가 발생하여 손실보상청구권이 존재한다는 점을 논거로 일반 당사자소송을 제기하여야 한다는 견해이다.

③ 판례

수용효과가 생기는 형성권의 성질을 지니므로, 토지소유자의 수용청구를 받아들이지 아니한 토지수용위원회의 재결에 대하여 토지소유자가 불복하여 제기하는 소송은 토지보상법 제85조 제2항에 규정되어 있는 '보상금의 증감에 관한 소송'에 해당하고, 피고는 토지수용위원회가 아니라 사업시행자로 하여야 한다(대판 2010.8.19, 2008두822).

④ 검토

분쟁의 일회적 해결이라는 보상금증감청구소송의 취지와, 보상의 범위에 따라 보상금액이 달라지는 사정 등을 고려하여 보상금증감청구소송설이 타당하다.

CHAPTER

02 공익사업의 준비

Ⅰ. 공익사업의 준비

1. 의의 및 취지

공익사업의 준비란 사업시행자가 공익사업의 시행을 위해 행하는 준비행위로서, 타인이 점유하는 토지에 출입하여 측량·조사를 하거나 장해물을 제거하는 등의 일련의 행위를 말한다. 공익사업의 원활한 준비와 사업목적에 적합한지 여부를 판단하도록 배려하는 데 취지가 인정된다.

2. 법적 성질

타인토지에 출입 및 장해물 제거의 법적 성질에 대해 ① 이는 자연적 자유를 회복시켜 준다는 점에서 허가로 보는 견해, ② 억제적 금지의 해제인 예외적 승인으로 보는 견해, ③ 사용권을 형성하므로 특허라고 보는 견해가 있다. 생각건대, 사업시행자에게 해당 토지를 일시적으로 사용할 수 있는 권리가 부여된다는 점에서 특허의 성질을 갖는다고 보며, 이처럼 학문상 허가가 아닌 새로운 권리의 설정 측면이 특허의 성질을 갖는다고 보면 출입허가는 재량행위로 평가된다.

Ⅱ. 타인토지에의 출입(토지보상법 제9조)

1. 의의 및 근거

토지보상법 제9조 이하에서는 공익사업의 시행을 위한 준비절차로서 타인의 토지에 출입하여 측량·조사를 행하거나 장해물의 제거 등의 행위를 할 수 있도록 규정하고 있다.

2. 법적 성질

타인토지출입은 공용제한 중 사용제한이며 일시적 사용으로 볼 수 있다. 또한 이는 사실행위로써 행정조사이며, 권력적 사실행위에 해당한다.

3. 절차(허가 - 통지 - 출입)

사업시행자가 특별자치도지사, 시장・군수・구청장의 허가를 받아야 하며, 출입 5일 전까지 그 일시 및 장소를 특별자치도지사, 시장・군수・구청장에게 통지해야 한다. 일출 전이나 일몰 후에는 점유자의 승낙 없이 출입할 수 없으며, 출입하고자 하는 때에는 증표 등을 휴대하여야 한다.

4. 효과

① 사업시행자에게는 타인토지출입권, 사용기간 만료 시 반환 및 원상회복의무 등이 발생하며, ② 토지소유자에게는 손실보상청구권, 인용의무 등이 발생한다.

Ⅲ. 장해물의 제거 등(토지보상법 제12조)

1. 의의 및 근거

측량・조사 시 장해물 제거 등을 해야 할 부득이한 사유가 있는 경우 소유자 및 점유자의 동의를 얻어야 하고, 동의를 얻지 못한 때에는 허가를 받아 장해물 제거를 할 수 있다는 것으로 토지보상법 제12조에 근거를 두고 있다.

2. 법적 성질

장해물 제거 등의 행위는 공용제한 중 부담제한으로서 사업제한에 해당된다.

3. 절차

장해물의 제거 등을 하고자 하는 경우에는 소유자 및 점유자의 동의를 얻거나 시장 등의 허가를 받아야 하며, 이 경우 소유자 및 점유자의 의견을 들어야 한다. 소유자 및 점유자에게 3일 전 통지하고 신분을 표시하는 증표나 허가증을 휴대・제시하여야 한다.

4. 효과

장해물의 제거 등은 사실행위로서 법적인 효과가 발생하지는 않으나, 이를 수인하여야 할 의무가 발생한다. 또한 장해물 제거로 인해 발생한 손실에 대한 손실보상청구권, 사용기간 만료 시 반환 및 원상회복의무, 기타 행정쟁송권이 발생한다.

Ⅳ. 권리구제

1. 피수용자(토지소유자) 입장

(1) 사전적 권리구제

출입허가 시 통지, 장해물 제거 시 의견청취 등의 제도가 있으며, 예방적 금지소송과 가처분이 사전적 권리구제의 방법으로 논의될 수 있으나, 판례에서는 이를 인정하지 않고 있다.

(2) 사후적 권리구제

① **행정쟁송** : 타인토지출입, 장해물 제거 행위는 권력적 사실행위로써 처분성이 인정되므로 행정쟁송으로 다툴 수 있다.

② **국가배상과 결과제거청구** : 위법한 행정조사로 인하여 신체 또는 재산상의 손해를 입은 경우 국가배상법에 따른 손해배상청구가 가능하며, 위법한 상태가 지속되는 경우 결과제거청구권을 행사할 수 있다.

③ **손실보상** : 사업시행자는 적법한 행정조사로 인해 발생한 손실을 보상하여야 하고, 손실을 입은 자는 손실이 있는 것을 안 날부터 1년, 발생한 날부터 3년 이내에 청구하여야 한다.

④ **손실보상의 재결에 대한 불복** : 손실보상청구권을 공법적 원인에 의한 공권으로 보고, 보상금결정 재결의 처분성을 인정하면 수용재결에 대한 불복방법과 같이 이의신청을 거친 후 보상금증감청구소송을 제기하여 불복할 수 있다.

2. 사업시행자 입장

(1) 허가신청을 거부한 경우

출입허가 신청에 대한 거부는 처분성이 인정되는바, 거부처분에 대한 권리구제수단으로서 의무이행심판, 거부처분취소소송, 의무이행소송, 집행정지, 가처분 등의 논의가 가능하다.

(2) 허가신청에 대해 부작위한 경우

부작위에 대해서는 의무이행심판, 부작위위법확인소송, 의무이행소송, 가처분 등의 논의가 가능하다.

CHAPTER 03

사업인정 전 협의취득

1. 의의 및 취지(토지보상법 제16조)

협의란 공익사업에 필요한 토지 등을 공용수용절차에 의하지 아니하고, 사업시행자와 피수용자 간 임의적 합의에 의하여 수용목적물의 권리를 취득하는 것을 말한다. 이는 협의절차를 통해 최소침해의 원칙을 구현하고 토지소유자 및 관계인에게 해당 공익사업의 취지를 이해시켜 신속하게 사업을 수행하고자 함에 취지가 있다.

2. 법적 성질

(1) 문제점(논의 실익)

사업인정 전 협의의 법적 성질에 따라 분쟁 시 쟁송형태와 적용법규가 달라짐에 구별 실익이 있다.

(2) 학설

① **공법상 계약설** : 협의 불성립 시 차후에 수용 등의 강제절차가 예정되어 있고, 그 공익적 성격으로 인하여 수용에 의한 취득과 동일한 효과가 발생하므로 공법상 계약으로 보는 견해이다.

② **사법상 계약설** : 사업인정 전 협의는 당사자 간의 협의에 의하므로, 사법상 매매와 다를 바 없다는 견해이다.

(3) 판례

대법원은 협의취득은 공공기관이 사경제주체로서 행하는 사법상 계약의 실질을 가지는 것으로 사법상 계약으로 본다.

(4) 검토

협의취득은 대등한 지위에서 사경제주체로서 토지 등을 매매하는 행위와 다를 바 없다고 보이는 바, 사법상 계약으로 보는 것이 타당하다고 본다.

3. 절차

① 토지·물건조서작성과 함께 소유자와 관계인의 서명날인을 받는다.

② 보상계획을 공고, 열람하고 이의가 있는 경우 서면으로 이의제기를 한다.

③ 사업시행자는 보상에 관하여 30일 이상의 협의기간을 두고 협의 및 계약체결의 절차를 거친다.

4. 협의의 효과

사업시행자는 토지소유자 및 관계인에게 보상금을 지급하고 공익사업에 필요한 토지 등을 취득하게 된다. 이 경우 취득은 승계취득으로서 등기를 요하게 된다.

CHAPTER 04

공용수용의 절차

01 절 사업인정

Ⅰ. 사업인정

1. 의의 및 취지

사업인정이란 공용수용의 제1단계 절차로서 공익사업을 토지 등을 수용 또는 사용할 사업으로 결정하는 것을 말한다. 사업인정은 절차를 법정화함으로써 피수용자의 권리를 보호하고, 수용행정의 적정화를 기하는 사전적 권리구제수단으로써 그 취지가 인정된다.

2. 법적 성질

(1) 처분성

국토교통부장관이 토지보상법 제20조에 따라서 사업인정을 함으로써 수용권이 설정되므로, 이는 국민의 권리에 영향을 미치는 처분이다. 판례는 일정한 절차를 거칠 것을 조건으로 수용권을 설정하는 형성행위라고 판시한 바 있다.

(2) 재량행위

토지보상법 제20조에서는 "사업인정을 받아야 한다"고 규정하고 있어 법문언의 표현이 불명확하나, 국토교통부장관이 사업인정 시에 이해관계인의 의견청취를 거치고 사업과 관련된 제 이익과의 형량을 거치는바 재량행위이다. 판례 또한 사업의 공익성 여부를 모든 사항을 참작하여 구체적으로 판단해야 하므로 행정청의 재량에 속한다고 판시한 바 있다.

(3) 제3자효 행정행위

사업시행자에게는 수익적 효과를, 제3자인 피수용자에게는 침익적 효과를 동시에 발생시키는 바, 제3자효 행정행위이다.

3. 사업인정의 요건

① 토지보상법 제4조 공익사업에 해당할 것
② 사업을 시행할 공공필요성(공익성)이 있을 것
③ 비례의 원칙을 통한 공익성의 판단
④ 사업시행자의 공익사업 수행능력과 의사가 있을 것

Check!

사업인정 요건 관련판례(사업시행자의 공익사업수행능력과 의사가 없으면 수용권 남용)

공익성을 상실하거나 사업인정에 관련된 자들의 이익이 현저히 비례의 원칙에 어긋나게 된 경우 또는 사업시행자가 해당 공익사업을 수행할 의사나 능력을 상실하였음에도 여전히 그 사업인정에 기하여 수용권을 행사하는 것은 공익목적에 반하는 수용권의 남용에 해당하여 허용되지 않는다(대판 2011.1.27, 2009두1051).

4. 사업인정의 절차

① 사업시행자가 국토교통부장관에게 사업인정을 신청하면, ② 국토교통부장관은 관계기관 및 시・도지사와 협의를 하고, ③ 중앙토지수용위원회와 협의(공익성 협의 내지 공익성 검토)하고 이해관계인의 의견을 청취해야 한다. ④ 사업인정을 하는 경우 사업시행자, 토지소유자 및 관계인에게 통지하고 관보에 고시하여야 한다.

Check!

■ 공익성 협의(공익성 검토)기준

- 공익성 판단의 구분
  • 공익성 판단기준은 형식적 심사와 실질적 심사로 구분하여 판단
- 형식적 심사는 토지보상법 제4조상 토지수용이 가능한 사업인지 여부, 의견 수렴 및 사업시행절차의 준수여부 등 형식적 요건을 판단
  • 토지수용사업에 해당하지 않는 경우에는 사업인정 신청을 반려
  • 의견수렴절차와 사업시행절차를 이행하지 않은 경우에는 보완요구 또는 각하
- 실질적 심사는 헌법상 공공필요의 요건에 따라 토지수용사업의 공공성과 토지수용의 필요성으로 구분하여 공익성에 대한 실질적 내용을 판단

• 사업의 공공성 심사는 ① 사업시행의 공공성, ② 사업의 공공기여도, ③ 사업시행자의 유형, ④ 사업재원의 공공성, ⑤ 사업수행능력, ⑥ 목적 및 상위계획 부합 여부, ⑦ 공익의 지속성, ⑧ 시설의 대중성을 심사
• 사업의 필요성 심사는 ① 피해의 최소성, ② 방법의 적절성, ③ 사업의 시급성을 평가

5. 사업인정의 효력

① 사업인정은 그 고시가 있는 날로부터 즉시 효력이 발생하며, ② 사업시행자에게는 수용권의 설정, 토지물건조사권(제27조), 협의성립확인신청권(제29조), 재결신청권(제28조) 등의 효력이 발생하고, ③ 토지소유자에게는 수용목적물의 범위확정, 피수용자의 범위확정, 토지등보전의무(제25조), 재결신청청구권(제30조) 등의 효력이 발생한다.

6. 사업인정의 효력소멸

(1) 재결신청기간의 경과로 인한 실효(제23조)

사업시행자가 사업인정의 고시가 있은 날부터 1년 이내에 재결신청을 하지 아니한 때에는 사업인정고시가 있은 날부터 1년이 되는 날의 다음 날에 사업인정은 그 효력을 상실한다. 이는 토지수용절차의 불안정 상태를 장기간 방치하지 않기 위함이다.

(2) 사업의 폐지·변경으로 인한 실효(제24조)

사업인정고시가 있은 후 사업의 폐지 또는 변경 등으로 인하여 토지 등을 수용 또는 사용할 필요가 없게 된 경우에, 시·도지사는 이를 고시하여야 하며, 고시된 내용에 따라 사업인정의 전부 또는 일부는 효력을 상실한다. 이는 계속적 공익실현을 담보하기 위한 것이다.

7. 권리구제

(1) 피수용자의 권리구제

① **사전적 권리구제수단** : 사전적 권리구제제도로서 토지보상법 제21조에 의견청취절차 규정이 있으며, 재산권의 침해를 받는 국민은 예방

적 금지소송과 가처분을 권리구제수단으로 취할 수 있으나, 판례는 이를 인정하고 있지 않다.

② **사후적 권리구제수단** : 사업인정이 위법한 경우에는 행정쟁송 및 국가배상청구가 가능하다. 적법한 사업인정으로 인해 손실이 발생한 경우에는 토지보상법상 규정이 없어, 요건을 충족하는 경우 보상규정 흠결의 문제로 다루어질 것이다. 다만, 토지보상법 제23조, 제24조에서 사업인정의 실효 등으로 인한 손실보상을 규정하고 있다.

(2) 사업시행자의 경우

① **거부한 경우** : 사업인정신청 후 거부 시 의무이행심판, 거부처분취소소송 등을 제기할 수 있으며, 의무이행소송 인정 여부에 대해서는 판례는 부정설의 입장이다. 가구제에 대해서는 거부처분과 관련하여 집행정지 가능성이 문제되며, 이를 위해 가처분을 준용할 수 있는지 문제되나 판례는 부정설의 입장이다. 위법한 사업인정의 거부로 손해가 발생 시 국가배상청구가 가능하다.

② **부작위한 경우** : 사업인정의 부작위 시, 의무이행심판, 부작위위법확인소송 등을 제기할 수 있으며, 의무이행소송 인정 여부에 대해서는 판례는 부정설의 입장이다. 가구제에 대해서는 현행 행정소송법에서는 집행정지 가능성이 문제되며, 이를 위해 가처분을 준용할 수 있는지 문제되나, 판례는 부정설의 입장이다. 부작위로 인한 손해를 입은 자는 국가배상법에 따라 국가배상이 가능할 것이다.

(3) 제3자의 권리구제

사업인정에 대한 직접 상대방은 사업시행자라 할 수 있고, 사업인정에 대한 제3자란 토지수용자와 관계인, 간접손실을 받을 자, 사업시행지구 밖의 인근 주민이 될 수 있다. 이는 원고적격과 관련하여 문제된다.

8. 사업인정 관련문제(사업인정과 재결의 관계)

(1) 사업인정의 구속력

토지수용위원회는 행정쟁송에 의하여 사업인정이 취소되지 않는 한 그 기능상 사업인정 자체를 무의미하게 하는, 즉 사업의 시행이 불가능하게 되는 것과 같은 재결을 행할 수는 없다.

(2) 하자승계

사업인정에 하자가 있지만 재결이 진행된 경우, 재결에 대한 불복쟁송에서 사업인정의 하자를 주장할 수 있는지의 하자승계가 문제될 수 있다. 판례는 ① 사업인정의 목적은 목적물의 공익성 판단이고, ② 재결은 수용범위의 확인인바 양자는 별개의 독립된 법률효과로 하자승계를 부정한다.

(3) 검토

공익의 목적을 위해 현실적 문제에서 판례는 하자승계를 부정했지만 국민의 권리보호 측면에서 하자승계를 긍정하는 것이 일면 타당하다고 생각된다.

Ⅱ. 사업인정의제제도

1. 문제점

현행 「택지개발촉진법」, 「주택법」, 「국토의 계획 및 이용에 관한 법률」, 「도로법」 등 개별법에서는 사업인정을 의제하는 특례규정을 두고 있다. 사업인정의제제도는 형식적으로는 개개의 공익사업의 특성을 반영하여 사업인정의 예외를 인정하는 것이지만 실질적 법치주의에 반하는 문제점이 있다. (문제로 출제될 시, 사업인정의 의의, 법적 성질을 함께 써줄 것)

2. 사업인정의제제도의 의의

사업인정의제란 개별법률들이 개별적으로 정하고 있는 일정한 절차가 있는 경우 이를 토지보상법의 사업인정이 있는 것으로 보도록 하는 것을 말한다.

3. 사업인정의제제도의 법적 문제점

(1) 공공성 판단의 문제

사업인정은 토지를 수용 또는 사용하기 위한 전제절차이고, 공공성을 개별·구체적으로 판단하는 절차이다. 그러나 개별법상 사업인정의제는 이러한 공공성 판단이 미흡하다는 문제가 있다.

(2) 이해관계인 등의 절차참여 배제

토지보상법 제21조에 의하여 사업인정 시 이해관계인의 의견을 청취하도록 규정하고 있으나, 개별법상 사업인정을 의제하는 실시계획인가 등에서는 이해관계인의 의견을 듣는 절차를 두고 있지 아니한 경우가 있어 문제된다. 최근 토지보상법 제21조 제2항과 제3항이 신설되어 일부 보완된 상태이다.

(3) 토지세목고시절차의 부재

사업인정을 의제하는 개별법에서는 토지세목고시 등을 생략하여 절차를 간소화하여, 토지소유자는 자신의 토지가 공익사업에 편입되는지조차도 알지 못하여 사업인정절차에 참여할 수 없고, 또한 사업인정에 대하여 행정쟁송을 제기할 기회마저 잃게 되는 문제를 야기하고 있다.

(4) 재결신청기간 규정(법 제23조)의 배제로 인한 문제

토지보상법상의 사업인정 효력기간인 1년은 사문화되었고 사업시행자는 개별법의 규정에 의거 사업시행기간 내에는 언제나 재결신청을 할 수 있게 된다. 이에 따라 사업인정 후 재결신청이 지연되어 피수용자는 형질변경금지 등의 재산권 행사에 많은 불이익이 있게 된다.

(5) 기타

사업인정의제는 사업신청 권한이 없는 시·도지사 또는 다른 행정청이 승인하거나 승인권자가 직접 시행하는 사업에 대해서까지 사업인정을 받은 것으로 보도록 규정하여 수용권 주체의 정당성에 의문이 있을 수 있으며, 재결청을 대부분 중앙토지수용위원회로 하고 있기에 지역에 따른 수용절차의 번잡이나 비용의 증가를 피하기 어려운 문제점 등이 있을 수 있다.

4. 개정 법령에 대한 검토

(1) 개정 토지보상법 규정 검토

최근 토지보상법 제4조 제8호의 개정과 제4조의2 별표규정을 신설하고, 제21조 제2항 및 제3항을 신설하여 개별법률에서 토지보상법상 사업인정으로 의제되는 경우에도 중앙토지수용위원회 및 사업인정에 이해관계가 있는 자의 의견을 듣도록 개정되었다.

(2) 개정 토지보상법의 의의

개정법률을 통해 ① 무분별한 공익사업의 확대제한, ② 사업인정의제절차의 개선, ③ 공익성 순위 결정의 개선을 도모하였다.

5. 개선방안

(1) 단기적 개선방안

사업의 홍보 등을 통해 사업의 계획과정에 지역주민의 참가가 적극적으로 이루어져 사전적 권리구제가 이루어질 수 있도록 하여야 할 것이다.

(2) 장기적 개선방안

사업인정의제제도는 공익사업주체의 편의만을 도모하는 편법적인 제도로서 입법적인 개선이 필요할 것으로 보인다. 최근 토지보상법 제21조 제2항 및 제3항을 신설하여 중앙토지수용위원회 및 별표의 규정된 법률에 따라 사업인정이 의제되는 경우에는 개별법률에서 의견청취절차를 규정하고 있지 않은 경우에도 토지보상법에 의해 의견청취절차를 거치도록 하고 있다. 다만, 이를 강제하는 실효규정이 없어 사실상 한계가 있는바 강제하는 실효규정을 두고 전체 법률로 확대되어야 할 것이다.

6. 결

공용수용절차에 있어서 사업인정은 피수용자의 이해관계를 충분히 반영함으로써 절차적 정당성을 확보함과 아울러 국민들과 공익사업의 타당성을 공유하는 중요한 과정이기도 하다. 비록 강제적인 절차로 진행할 수밖에 없는 불가피한 조치이지만, 공사익 형량의 과정은 반드시 행해져야 하고, 사업인정의제제도는 원천적으로 이를 봉쇄하는 조치로써 매우 엄격하게 이루어져야 할 것이다. 공익사업과 관련 총괄청을 두어 사전 타당성 검토와 사후 재평가의 과정을 거치는 피드백과정을 통해 투명하고 공정한 공익사업이 실행되어야 할 것이다. 토지보상법 제21조 개정법률에서는 별표의 법률에 따라 사업인정의제 시 이해관계인의 의견청취규정을 두었으나 이를 강제하는 실효규정이 없어 그 한계가 있다.

02 절 토지 · 물건조서의 작성

1. 의의 및 취지

토지 · 물건조서란 공익사업을 위하여 수용 또는 사용을 필요로 하는 토지와 그 토지상에 있는 물건의 내용을 사업시행자가 작성하는 문서를 말한다. 토지 · 물건조서의 작성은 공용수용의 제2단계 절차로서, 수용 또는 사용할 토지 및 물건의 내용을 확정하는 절차이다. 이는 분쟁의 사전예방, 절차진행의 원활화 등에 취지가 있다.

2. 법적 성질

타인토지출입조사행위는 권력적 사실행위이며, 행정조사이자 일시적 사용제한에 해당한다. 토지 · 물건조서 작성행위는 비권력적 사실행위이다.

3. 조서작성의 절차

사업시행자는 토지 및 물건조서를 작성하여 서명 또는 날인을 하고 토지소유자 및 관계인의 서명 또는 날인을 받아야 한다. 토지소유자 및 관계인이 서명을 하지 아니하거나 할 수 없는 경우에 사업시행자는 해당 조서에 그 사유를 기재하여야 한다.

4. 토지 · 물건조서의 효력

(1) 진실의 추정력(법 제27조 제3항)

진실의 추정력이란 별도의 입증 없이도 일응 진실한 것으로 추정하는 것으로, 토지 · 물건조서는 피수용자가 이의를 제기한 경우를 제외하고는 그 조서의 내용에 관해 증거력을 다투지 못한다. 단, 기재사항이 진실에 반함을 입증하는 경우에는 예외로 한다.

(2) 하자 있는 조서의 효력

① 내용상 하자 있는 조서의 효력

내용상 하자는 물적 상태, 권리관계에 대한 오기, 틀린 계산 등의 사실과 다른 기재가 있을 수 있으며, 이러한 내용상 하자는 진실의 추정력으로 조서의 기재가 진실에 반하는 것을 입증하기 전에는 그 효력을 부인할 수 없다. 단, 반증에 의해 번복이 가능하며 이 경우 입증책임은 토지소유자나 관계인에게 있다.

② 절차상 하자 있는 조서의 효력

절차상 하자는 서명 · 날인의 누락이나 누락사유의 기재의 누락 등의 하자로서, 절차상 하자 있는 조서는 진실의 추정력이 인정되지 아니한다. 따라서 이의제기 없이도 이의를 제기할 수 있다. 단, 피수용자의 추인이 있는 경우에는 적법하다.

③ 하자 있는 조서가 재결에 미치는 효력

조서작성의 하자를 이유로 재결단계에서 이를 다툴 수 있는지 여부가 문제된다. 판례는 조서작성의 절차상 하자는 기재에 대한 증명력에 관하여 추정력이 인정되지 않는다는 것일 뿐, 수용재결 또는 이의재결의 효력에 영향을 미치지 않는다고 판시하였다. 생각건대 조서가 토지수용위원회의 심리상 중요하기는 하나 유일한 증거방법이 아니고, 조서의 기재 내용에 토지수용위원회의 사실인정을 구속하는 법률상의 힘이 부여되는 것이 아니기 때문에 재결에 영향이 없는 것으로 봄이 타당하다.

5. 권리구제

(1) 사전적 권리구제(이의부기)

조서작성 시 토지소유자 등과 사업시행자의 의견이 일치하지 아니하는 경우에는 피수용자는 이의를 부기하고 서명 · 날인할 수 있으며, 이에 이의부기된 내용은 수용재결에 의하여 판단하게 된다.

(2) 행정쟁송

조서작성행위는 비권력적 사실행위이므로 행정쟁송으로 다툴 수 없다. 조서작성을 위한 타인토지출입 측량 · 조사행위는 권력적 행정조사로서 권력적 사실행위이므로 처분성이 인정되어 항고쟁송으로 다툴 수 있으나, 짧은 시간 안에 완성되는 것이므로 협의 소익이 없어 각하될 가능성이 높다. 다만, 장기간을 요하는 측량 · 조사행위는 협의 소익이 인정될 수 있고, 집행정지 신청이 필요하다.

(3) 손실보상

사업시행자는 타인이 점유하는 토지에 출입하여 측량 · 조사함으로써 발생하는 손실을 보상하여야 한다(제27조 제3항). 손실보상에 관하여는 손실보상의 청구(제9조 제5항), 협의결정(제9조 제6항), 재결신청(제9조 제7항) 규정을 준용한다(제27조 제4항).

03 절 사업인정고시 후 협의취득

Ⅰ. 사업인정고시 후 협의취득

1. 의의 및 취지(토지보상법 제26조)

사업인정 후 협의란 사업인정의 고시가 있은 후에 사업시행자가 수용목적물을 취득하거나 소멸시키기 위하여 피수용자와 합의하는 것으로 공용수용의 제3단계 절차이다. 이는 협의절차를 통해 최소침해의 원칙을 구현하고, 토지소유자 및 관계인에게 해당 공익사업의 취지를 이해시켜 신속하게 사업을 수행하고자 함에 취지가 있다.

2. 필수절차인지 여부

토지보상법은 "사업시행자는 토지 등에 대한 보상에 관하여 토지소유자 및 관계인과 성실하게 협의하여야 한다."(제26조 제1항, 제16조)고 규정하면서, "사업인정 이전에 협의절차를 거쳤으나 협의가 성립되지 아니한 경우로써, 토지 및 물건조서의 내용에 변동이 없는 때에는 협의절차를 생략할 수 있다."(제26조 제2항)고 규정하고 있어, 원칙상 필수적 절차인데, 사업인정 전후 협의 중에서 하나의 협의는 생략할 수 있지만 한 번의 협의는 반드시 거쳐야 하는 필수적 절차이다.

3. 법적 성질

(1) 문제점

사업인정 후 협의와 관련하여 분쟁이 발생한 경우 적용법규 및 소송형태와 관련하여 법적 성질이 문제된다.

(2) 학설

① **사법상 계약설** : 협의는 대등한 지위에서 토지 등에 관한 권리를 취득하기 위하여 행하는 임의적 합의이고, 수용권 행사가 아닌 사법상의 매매계약과 성질상 동일한 것으로 보는 견해이다.

② **공법상 계약설** : 협의는 사업시행자가 국가적 공권의 주체로서 수용권을 실행하는 방법의 하나이며, 협의가 성립되지 않으면 재결에 의하게 된다는 점에서 수용계약이라고 할 수 있는 공법상 계약이라고 보는 견해이다.

(3) 판례

대법원은 수용권의 주체에 관하여 사업시행자수용권설의 입장에 있지만 사업인정 이후의 협의 그 자체는 사법상 법률행위에 불과하다고 판시하여 사법상 계약설의 입장이다.

(4) 검토

협의는 수용권의 주체인 사업시행자가 사실상의 공권력의 담당자로서 우월적인 지위에서 공익을 실현하는 공용수용절차의 하나이므로 공법상 계약으로 볼 수 있다. 따라서 사업인정 이후의 협의에 대하여는 공법이 적용되며, 그에 대한 분쟁은 공법상 당사자소송으로 하는 것이 타당하다.

4. 협의의 방법과 절차

(1) 협의방법

사업시행자는 토지 등에 대한 보상에 관하여 토지소유자 및 관계인과 성실하게 협의하여야 한다(법 제16조). 성실한 협의란 사업의 목적・계획 등을 성의 있고 진실하게 설명하여 이해할 수 있도록 하는 것을 말한다.

(2) 협의의 당사자

협의는 토지소유자 및 관계인 등 피수용자 전원을 대상으로 하되, 개별적으로 하여야 한다. 또한 협의는 진정한 권리자와 하여야 한다.

(3) 협의의 절차

협의를 하려는 경우에는 보상협의요청서에 ① 협의기간・협의장소 및 협의방법, ② 보상의 시기・방법・절차 및 금액, ③ 계약체결에 필요한 구비서류를 통지하여야 한다. 다만, 토지소유자 및 관계인을 알 수 없거나 그 주소・거소 또는 그 밖에 통지할 장소를 알 수 없을 때에는 공고로써 갈음할 수 있다(시행령 제8조 제1항).

(4) 협의기간

협의기간은 특별한 사유가 없으면 30일 이상으로 하여야 한다(시행령 제8조 제3항). 협의의 최대기간에 대하여 수용절차상 재결 전까지를 시한으로 하므로, 협의의 최대기간 역시 사업인정고시일로부터 1년 이내에 하여야 한다.

(5) 협의의 내용(범위)

협의의 범위는 토지조서 및 물건조서의 작성범위 내이어야 한다. 일정한 절차에 따라 작성된 토지조서 및 물건조서는 진실성의 추정을 받는 효력이 있으므로 그 범위를 넘어서는 원칙적으로 협의할 수 없다. 따라서 협의는 ① 수용 또는 사용할 토지의 구역 및 사용방법, ② 손실보상, ③ 수용 또는 사용의 개시일과 기간, ④ 그 밖에 이 법 및 다른 법률에서 규정한 사항 등에 대하여 행하여야 한다(법 제50조).

5. 협의의 효과

(1) 협의성립의 효과

협의가 성립하면 공용수용의 절차는 종결되고, 수용의 효과가 발생한다. 즉, 사업시행자는 수용 또는 사용의 개시일까지 보상금을 지급 또는 공탁하고, 피수용자는 그 시기까지 해당 토지 · 물건을 인도하거나 이전함으로써, 사업시행자는 목적물에 대한 권리를 취득하고 피수용자는 그 권리를 상실한다.

이때, 사업시행자가 토지 · 물건을 취득하는 형태가 원시취득인지 승계취득인지 문제되나, 협의는 계약이므로 그것이 공법상 계약이라 하더라도 승계취득으로 봄이 타당하다. 따라서 협의취득의 경우에는 종전의 소유자의 권리 위에 존재하던 부담 · 제한은 모두 사업시행자에게 그대로 승계된다.

(2) 협의불성립의 효과

협의가 불성립한 경우 사업시행자는 토지수용위원회에 재결신청을 할 수 있는 권리가 인정되고, 이에 상응하여 피수용자에게는 재결신청의 청구권이 인정된다.

6. 협의에 대한 다툼

협의성립 후 협의성립 확인 전에 계약체결상의 하자로서 착오를 이유로 협의의 법률관계의 효력을 부인할 수 있다 할 것이다. 공법상 계약설에 의하면 공법상 당사자소송을 제기하여야 하고, 사법상 계약설에 의하면 민사소송을 제기하여 다툴 수 있다. 공법상 계약설에 따르는 경우에는 개별법상 명문규정이 없는 경우 계약에 관한 사법의 규정이 적용될 것이나, 공공적 특성 때문에 공법원리에 의하여 제한을 받는다.

7. 관련문제

(1) 위험부담의 이전

① 문제점(토지보상법 제46조)

민법의 채무자위험부담주의의 예외로서, 토지보상법 제46조는 재결 후에 사업시행자가 위험부담을 지도록 규정하고 있는바 협의성립 후 목적물이 멸실된 경우에도 적용될 수 있는지 문제된다.

② 판례의 태도

토지보상법 제46조상의 위험부담의 이전 규정의 취지는 피수용자의 권익보장을 위하여 인정된 제도로 협의성립 후 귀책사유 없이 목적물이 멸실된 경우에도 적용되는 것이 타당하다고 생각된다. 판례도 토지를 매수하고 지상입목에 대하여 적절한 보상을 하기로 특약하였다면 보상금이 지급되기 전에 그 입목이 멸실된 경우에도 보상을 하여야 한다고 판시한 바 있다.

(2) 사업시행자가 보상금을 지급하지 않은 경우(재결실효 규정의 준용 여부)

① 문제점

협의가 성립하여 계약을 체결하였으나, 사업시행자가 계약의 내용에 따라서 손실보상의무를 이행하지 아니하는 경우 피수용자의 보호가 문제된다. 이에 대하여 토지보상법 제42조(재결실효) 규정을 준용하자는 견해와 준용할 수 없다는 견해가 있다.

② 재결실효의 규정이 준용되는지 여부

현행 토지보상법상 협의의 실효에 관한 명문의 규정이 없으므로 재결실효의 규정을 적용할 수 없다고 본다. 따라서 피수용자는 사업시행자가 손실보상의무를 이행하지 아니하는 경우에는 계약의 불이행에 대한 손해배상의 청구, 이행강제, 계약해제 등을 주장할 수 있다고 본다. 협의는 공법상 계약으로 보는 것이 타당하므로 공법상 당사자소송에 의하면 될 것이다. 다만, 판례에 의하면 민사소송으로 해결한다.

(3) 인도 · 이전의무를 이행하지 아니하는 경우(대행 · 대집행 규정의 준용 여부)

후술함

Ⅱ. 협의성립확인

1. 의의 및 취지(토지보상법 제29조)

협의성립확인이란, 협의가 성립한 경우 사업시행자가 수용재결의 신청기간 이내에 피수용자의 동의를 얻어 관할 토지수용위원회에 협의성립확인을 받음으로써 재결로 간주하는 제도를 말한다. 이는 계약불이행에 따른 위험을 방지하고 원활한 공익사업의 진행을 도모함에 취지가 인정된다.

2. 법적 성질

① 법률관계의 존부 또는 정부를 판단하는 행위로 협의성립확인을 강학상 확인으로 보는 견해와, ② 의문 또는 다툼이 없는 특정한 사실 또는 법률관계의 존부를 공적 권위로서 이를 증명하는 행위인 공증으로 보는 견해가 있다. ③ 생각건대, 협의성립확인을 재결로 간주(법 제29조 제4항)하는 점에 비추어 볼 때 확인으로 보는 것이 타당하다.

3. 협의성립확인의 요건 및 절차

(1) 협의성립확인의 신청요건(법 제29조 제1항)

당사자 사이에 협의가 성립한 후에 수용재결의 신청기간 내에 토지소유자 및 관계인의 동의를 얻어 관할 토지수용위원회에 협의성립확인을 신청하여야 한다.

(2) 일반적 절차(법 제29조 제2항)

사업시행자는 피수용자의 동의를 얻어 관할 토지수용위원회에 신청함으로써 협의성립확인을 한다.

(3) 공증에 의한 절차(법 제29조 제3항)

공증인의 공증을 받아 관할 토지수용위원회에 확인을 신청하고 이것을 수리함으로써 협의성립이 확인된 것으로 본다.

Check!

■ 협의성립확인 시에 진정한 토지소유자 동의를 요한다는 최근 핵심판례 대법원 2018.12.13, 2016두51719 판결[협의성립확인신청수리처분취소]

【판시사항】

① 협의성립의 확인신청에 필요한 동의의 주체인 토지소유자는 협의 대상이 되는 '토지의 진정한 소유자'를 의미하는지 여부(적극)

② 사업시행자가 진정한 토지소유자의 동의를 받지 못한 채 등기부상 소유명의자의 동의만을 얻은 후 관련 사항에 대한 공증을 받아 위 제29조 제3항에 따라 협의성립의 확인을 신청하였으나 토지수용위원회가 신청을 수리한 경우, 수리행위가 위법한지 여부(원칙적 적극)

③ 이와 같은 동의에 흠결이 있는 경우 진정한 토지소유자 확정에서 사업시행자의 과실 유무를 불문하고 수리행위가 위법한지 여부(적극) 및 이때 진정한 토지소유자가 수리행위의 위법함을 이유로 항고소송으로 취소를 구할 수 있는지 여부(적극)

【판결요지】

공익사업을 위한 토지 등의 취득 및 보상에 관한 법률(이하 '토지보상법'이라 한다) 제29조에서 정한 협의 성립 확인제도는 수용과 손실보상을 신속하게 실현시키기 위하여 도입되었다. 토지보상법 제29조는 이를 위한 전제조건으로 협의 성립의 확인을 신청하기 위해서는 협의취득 내지 보상협의가 성립한 데에서 더 나아가 확인신청에 대하여도 토지소유자 등이 동의할 것을 추가적 요건으로 정하고 있다. 특히 토지보상법 제29조 제3항은, 공증을 받아 협의 성립의 확인을 신청하는 경우에 공증에 의하여 협의 당사자의 자발적 합의를 전제로 한 협의의 진정 성립이 객관적으로 인정되었다고 보아, 토지보상법상 재결절차에 따르는 공고 및 열람, 토지소유자 등의 의견진술 등의 절차 없이 관할 토지수용위원회의 수리만으로 협의 성립이 확인된 것으로 간주함으로써, 사업시행자의 원활한 공익사업 수행, 토지수용위원회의 업무 간소화, 토지소유자 등의 간편하고 신속한 이익실현을 도모하고 있다.
한편 토지보상법상 수용은 일정한 요건하에 그 소유권을 사업시행자에게 귀속시키는 행정처분으로서 이로 인한 효과는 소유자가 누구인지와 무관하게 사업시행자가 그 소유권을 취득하게 하는 원시취득이다. 반면, 토지보상법상 '협의취득'의 성격은 사법상 매매계약이므로 그 이행으로 인한 사업시행자의 소유권 취득도 승계취득이

> 다. 그런데 토지보상법 제29조 제3항에 따른 신청이 수리됨으로써 협의 성립의 확인이 있었던 것으로 간주되면, 토지보상법 제29조 제4항에 따라 그에 관한 재결이 있었던 것으로 재차 의제되고, 그에 따라 사업시행자는 사법상 매매의 효력만을 갖는 협의취득과는 달리 확인대상 토지를 수용재결의 경우와 동일하게 원시취득하는 효과를 누리게 된다.
> 이처럼 간이한 절차만을 거치는 협의 성립의 확인에, 원시취득의 강력한 효력을 부여함과 동시에 사법상 매매계약과 달리 협의 당사자들이 사후적으로 그 성립과 내용을 다툴 수 없게 한 법적 정당성의 원천은 사업시행자와 토지소유자 등이 진정한 합의를 하였다는 데에 있다. 여기에 공증에 의한 협의 성립 확인 제도의 체계와 입법 취지, 그 요건 및 효과까지 보태어 보면, 토지보상법 제29조 제3항에 따른 협의 성립의 확인 신청에 필요한 동의의 주체인 토지소유자는 협의 대상이 되는 '토지의 진정한 소유자'를 의미한다. 따라서 사업시행자가 진정한 토지소유자의 동의를 받지 못한 채 단순히 등기부상 소유명의자의 동의만을 얻은 후 관련 사항에 대한 공증을 받아 토지보상법 제29조 제3항에 따라 협의 성립의 확인을 신청하였음에도 토지수용위원회가 신청을 수리하였다면, 수리 행위는 다른 특별한 사정이 없는 한 토지보상법이 정한 소유자의 동의 요건을 갖추지 못한 것으로서 위법하다. 진정한 토지소유자의 동의가 없었던 이상, 진정한 토지소유자를 확정하는 데 사업시행자의 과실이 있었는지 여부와 무관하게 그 동의의 흠결은 위 수리 행위의 위법사유가 된다. 이에 따라 진정한 토지소유자는 수리 행위가 위법함을 주장하여 항고소송으로 취소를 구할 수 있다.

4. 협의성립확인의 효력

(1) 수용재결로 간주(법 제29조 제4항)

협의성립확인은 이 법에 따른 재결로 보며, 재결의 효과와 같은 동일한 효과가 발생한다. 따라서 이때의 목적물에 대한 권리의 취득은 원시취득이 된다.

(2) 협의에 대한 차단효 발생

사업시행자, 토지소유자 및 관계인은 협의의 성립이나 내용에 대하여 다툴 수 없는 확정력이 발생한다.

(3) 확인의 실효 여부

협의성립확인은 재결로 간주되므로, 협의에서 정한 보상의 시기까지 보상을 하지 않으면 재결실효규정이 적용되어 확인의 효력은 상실된다 볼 것이다. 이때 협의의 효력도 상실되는지 논란이 있으나, 협의는 계약이므로 계약불이행의 문제가 발생되고, 곧바로 협의의 효력이 상실된다고 볼 수는 없다.

5. 권리구제

협의성립확인이 있게 되면 재결로 간주되므로, 재결에 대한 불복과 동일한 절차에 의해 토지보상법 제83조, 제85조에 따라 이의신청 및 행정소송을 제기할 수 있다. 협의 자체에 대한 불복 시에는 협의성립 자체나 그 내용은 협의성립확인의 차단효 때문에 다툴 수 없으므로, 행정쟁송을 제기하여 해당 확인의 효력을 소멸시킨 후에 협의 자체에 대하여 다툴 수 있다.

6. 문제점 및 개선방안

피수용자는 재결의 효과가 발생하는 사실을 명확히 인식하지 못하고 동의할 수 있다. 또한 공증에 의할 경우 의견제출 기회도 부여받지 못하므로 협의성립확인이 있다는 사실을 알 수 없는 경우가 있다. 이런 문제점을 해결하기 위해 협의성립확인과정상 피수용자의 절차참여 방안이 모색되어야 하고, 동의요구 시 확인의 효과를 고지하는 사전고지제도를 도입할 필요성이 인정된다.

7. 최근 대법원 판례

협의성립확인 시 진정한 소유자의 동의요건을 갖추지 못한 협의성립확인은 위법하다고 판시하였다(대판 2018.12.13, 2016두51719).

Check!

■ 협의성립확인 시에 진정한 토지소유자 동의를 요한다는 최근 핵심판례
대법원 2018.12.13, 2016두51719 판결[협의성립확인신청수리처분취소]

【판결요지】

공익사업을 위한 토지 등의 취득 및 보상에 관한 법률(이하 '토지보상법'이라 한다) 제29조에서 정한 협의 성립 확인제도는 수용과 손실보상을 신속하게 실현시키기 위하여 도입되었다. 토지보상법 제29조는 이를 위한 전제조건으로 협의 성립의 확인을 신청하기 위해서는 협의취득 내지 보상협의가 성립한 데에서 더 나아가 확인 신청에 대하여도 토지소유자 등이 동의할 것을 추가적 요건으로 정하고 있다. 특히 토지보상법 제29조 제3항은, 공증을 받아 협의 성립의 확인을 신청하는 경우에 공증에 의하여 협의 당사자의 자발적 합의를 전제로 한 협의의 진정 성립이 객관적으로 인정되었다고 보아, 토지보상법상 재결절차에 따르는 공고 및 열람, 토지소유자 등의 의견진술 등의 절차 없이 관할 토지수용위원회의 수리만으로 협의 성립이 확인된 것으로 간주함으로써, 사업시행자의 원활한 공익사업 수행, 토지수용위원회의 업무 간소화, 토지소유자 등의 간편하고 신속한 이익실현을 도모하고 있다.
한편 토지보상법상 수용은 일정한 요건하에 그 소유권을 사업시행자에게 귀속시키는 행정처분으로서 이로 인한 효과는 소유자가 누구인지와 무관하게 사업시행자가 그 소유권을 취득하게 하는 원시취득이다. 반면, 토지보상법상 '협의취득'의 성격은 사법상 매매계약이므로 그 이행으로 인한 사업시행자의 소유권 취득도 승계취득이다. 그런데 토지보상법 제29조 제3항에 따른 신청이 수리됨으로써 협의 성립의 확인이 있었던 것으로 간주되면, 토지보상법 제29조 제4항에 따라 그에 관한 재결이 있었던 것으로 재차 의제되고, 그에 따라 사업시행자는 사법상 매매의 효력만을 갖는 협의취득과는 달리 확인대상 토지를 수용재결의 경우와 동일하게 원시취득하는 효과를 누리게 된다.
이처럼 간이한 절차만을 거치는 협의 성립의 확인에, 원시취득의 강력한 효력을 부여함과 동시에 사법상 매매계약과 달리 협의 당사자들이 사후적으로 그 성립과 내용을 다툴 수 없게 한 법적 정당성의 원천은 사업시행자와 토지소유자 등이 진정한 합의를 하였다는 데에 있다. 여기에 공증에 의한 협의 성립 확인 제도의 체계와 입법 취지, 그 요건 및 효과까지 보태어 보면, 토지보상법 제29조 제3항에 따른 협의 성립의 확인 신청에 필요한 동의의 주체인 토지소유자는 협의 대상이 되는 '토지의 진정한 소유자'를 의미한다. 따라서 사업시행자가 진정한 토지소유자의 동의를 받지 못한 채 단순히 등기부상 소유명의자의 동의만을 얻은 후 관련 사항에 대한 공증을 받아 토지보상법 제29조 제3항에 따라 협의 성립의 확인을 신청하였음에도 토지수용위원회가 신청을 수리하였다면, 수리 행위는 다른 특별한 사정이 없는 한 토지보상법이 정한 소유자의 동의 요건을 갖추지 못한 것으로서 위법하다. 진정한 토지소유자의 동의가 없었던 이상, 진정한 토지소유자를 확정하는 데 사업시행자의 과실이 있었는지 여부와 무관하게 그 동의의 흠결은 위 수리 행위의 위법사유가 된다. 이에 따라 진정한 토지소유자는 수리 행위가 위법함을 주장하여 항고소송으로 취소를 구할 수 있다.

III. 사업인정 전 · 후 협의 비교

구분	사업인정 전 협의	사업인정 후 협의
	공통점	
취지	사업시행자와 토지소유자 및 관계인 간의 임의적 합의를 전제로 한다는 점에서 '최소침해의 원칙을 구현'하고 원활한 공익사업의 시행을 도모하기 위한 취지	
계약의 형태	양자 모두 공공성이 인정되고, 공공용지의 취득을 위한 것으로 쌍방적 행위인 계약의 형태	
협의의 내용	목적물의 범위, 목적물의 취득시기, 손실보상의 구체적 내용	
취득의 효과	모두 계약에 의한 승계취득	
	차이점	
법적 성질	학설 · 판례 모두 사법상 계약설	학설 : 공법상 계약설 판례 : 사법상 계약설
적용법규	사법이 전면적으로 적용	토지보상법을 기본으로 하여 없는 사항에 대해서 사법의 일반 법리적 규정 적용, 이 외에 사법 규정도 유추적용
협의성립 확인제도	협의성립확인제도 없음	사업인정 후 협의제도에만 인정
협의 불성립 시 효과	사업인정을 신청	재결을 신청 및 재결신청청구권
권리구제	민사소송	공법상 당사자소송 (단, 판례는 민사소송)
	양자의 관계	
절차상 선후관계	사업인정고시 전 · 후에 따른 선후관계. 다만, 사업인정 전 협의에서 결정된 사항이 사업인정 후 협의에 대한 구속력은 없다.	
절차생략규정	사업인정 전 협의를 거쳤으나 협의 불성립 시 조서내용에 변경이 없는 때에는 사업인정 후 협의절차 생략가능. 단, 상대방이 협의를 요구할 때에는 협의 필요	

	협의와 협의성립확인의 관계
법적 성질	판례의 태도에 따르면 협의는 사법상, 계약이며, 협의성립은 토지보상법 제29조 제4항에 의거 재결로 간주되어 공법적 관계로 처분성 인정
취득효과	• 협의에 의한 취득은 계약에 의한 승계취득 • 협의성립확인을 받으면 재결로 간주되어 원시취득
성립효과	• 협의가 성립되면 협의 내용에 따른 계약의 효과 • 협의성립확인이 되면 재결과 동일한 효과로 손실보상, 환매권, 인도・이전의무, 대행・대집행청구권, 위험부담의 이전 등의 효과가 발생
권리구제	• 판례에 의하면 사업인정 전・후 협의는 사법상 계약으로 보는 바 민사소송 • 협의성립확인은 재결로 간주되어 협의성립 내용에 대해 직접 다툴 수 없고 재결에 대한 불복으로 제83조 이의신청 및 제85조 행정소송 제기

04 절 재결신청청구권 및 재결

Ⅰ. 재결신청청구권

1. 의의 및 취지(토지보상법 제30조)

재결신청청구권은 사업인정 후 협의가 성립되지 않은 경우 피수용자가 사업시행자에게 서면으로 재결신청을 조속히 할 것을 청구하는 권리이다. 이는 피수용자에게는 재결신청권을 부여하지 않았으므로 수용법률관계의 조속한 안정과 재결신청지연으로 인한 피수용자의 불이익을 배제하기 위한 것으로서 사업시행자와의 형평의 원리에 입각한 제도이다.

2. 성립요건

(1) 당사자 및 청구형식

청구자는 토지소유자 및 관계인이며, 피청구자는 사업시행자와 대행자이다. 청구형식은 서면에 의하여야 하며, 판례는 신청서 일부 누락도 청구의사가 명백하다면 효력이 있다고 본다.

(2) 청구기간

① 원칙

토지소유자 등은 사업시행자에게 협의기간 만료일부터 재결신청기간 만료일(사업인정고시일부터 1년 내)까지 재결을 신청할 것을 청구할 수 있다.

② 예외

㉠ 협의 불성립 또는 불능 시, ㉡ 사업인정 후 상당기간이 지나도록 사업시행자의 협의통지가 없는 경우, ㉢ 협의기간 내에도 협의 의사가 전혀 없는 경우(협의 불성립이 명백한 경우) 재결신청이 가능하다고 본다. 단, 협의기간이 종료되는 시점부터 60일을 기산한다. 이에 대해 토지보상법 제30조 제2항은 청구가 있은 날부터 60일 이내에 재결을 신청해야 한다고 규정하고 있으므로 기간종료 후부터 기산하는 것은 타당하지 않다는 비판이 있다.

3. 재결신청청구의 효과

재결신청을 받은 사업시행자는 청구가 있은 날부터 60일 이내에 관할 토지수용위원회에 재결을 신청하여야 한다. 또한 사업시행자가 피수용자로부터 재결신청의 청구를 받은 날로부터 60일을 경과하여 재결을 신청한 때에는 그 경과한 기간에 대하여 재결보상금에 가산하여 지연가산금을 지급하여야 한다.

4. 권리구제

(1) 사업시행자가 재결신청을 거부하거나 부작위하는 경우

① 항고쟁송 가능 여부

토지소유자는 재결을 직접 신청할 수 없고 민사소송 이행불가, 거부, 부작위, 일반적인 경우 직접 법률관계의 변동이 없기 때문에 행정쟁송을 할 수 없다고 종전에는 보았으나, 최근 판례는 재결신청청구에 대해 거부처분취소소송으로 다툴 수 있다고 판시하였다.

Check!

재결신청청구거부에 대하여 거부처분취소소송으로 다툼 ▸32회 기출

공익사업을 위한 토지 등의 취득 및 보상에 관한 법률 제28조, 제30조에 따르면, 편입토지 보상, 지장물 보상, 영업·농업보상에 관해서는 사업시행자만이 재결을 신청할 수 있고 토지소유자와 관계인은 사업시행자에게 재결신청을 청구하도록 규정하고 있으므로, 토지소유자나 관계인의 재결신청청구에도 사업시행자가 재결신청을 하지 않을 때 토지소유자나 관계인은 사업시행자를 상대로 거부처분취소소송 또는 부작위위법확인소송의 방법으로 다투어야 한다(대판 2019.8.29, 2018두57865).

② 민사소송 또는 공법상 당사자소송의 가능성

판례는 가산금제도로 사업시행자의 재결신청의무를 강제하고 있으며, 사업인정의 실효규정에 따른 손실보상 규정을 이유로 민사소송 등에 의한 방법으로 그 이행을 청구할 수 없다고 판시하였다. 이러한 판례의 태도에 비추어 공법상 당사자소송으로 인정하기 어렵다.

(2) 지연가산금에 대한 다툼

지연가산금은 손실보상과는 다른 "법정 지연손해배상금"의 성격을 갖지만, 판례는 지연가산금은 수용보상금과 함께 수용재결로 정하도록 규정하고 있으므로 이에 대한 불복은 수용보상금의 증액에 관한 소에 의하여야 한다.

5. 재결실효 및 재결신청의 실효와 사업인정의 효력

재결의 효력이 상실되면 재결신청 역시 그 효력을 상실하게 되고, 사업인정의 고시가 있은 날로부터 1년 이내에 재결신청을 하지 않는 것이 되었다면 사업인정도 효력을 상실하게 된다.

6. 문제점

사업시행자가 재결신청청구를 받고도 재결을 신청하지 않을 경우, 단지 경과된 기간에 한하여 가산금 규정만을 부과하고 있다는 점에서 이는 토지수용에 따른 문제를 조속히 해결하고자 하는 토지소유자의 권리보호에 미흡한 제도라 할 것이다. 따라서 재결신청청구권의 효력을 사업시행자에 대한

요구권에 한정하지 아니하고 직접 토지수용위원회에 재결신청이 이루어지는 효력을 부여하는 정도로 강화할 필요가 있다.

Ⅱ. 재결

1. 의의 및 취지(토지보상법 제34조)

재결이란 사업인정의 고시 후 협의 불성립 또는 불능의 경우 사업시행자의 신청에 의해 관할 토지수용위원회가 행하는 공용수용의 종국적 절차이다. 수용재결은 수용의 최종단계에서 공익과 사익의 조화를 도모하여 수용목적을 달성함에 제도적 의미가 인정된다.

2. 법적 성질

(1) 형성적 행정행위

재결의 본질이 수용권의 내용을 확정하고 그 실행의 완성에 있으므로 형성적인 행정처분으로 보는 것이 타당하다. 대법원도 '일정한 법률효과의 발생을 목적으로 하는 점에서 일반의 행정처분과 다를 바 없다'고 판시한 바 있다.

(2) 기속행위 및 재량행위

수용목적의 필요성은 사업인정단계에서 판단하므로 토지수용위원회는 재결신청의 요건을 갖춘 경우 재결을 해야 하는 기속성이 인정된다고 본다. 다만, 손실보상금에 관하여는 토지수용위원회가 증액재결을 할 수 있다는 점에서 재량행위성을 갖는다.

(3) 제3자효 행정행위

수용재결은 사업시행자에게는 재산권 취득의 수익적 효과를, 피수용자에게는 재산권 박탈의 침익적 효과를 부여하므로, 제3자효 행정행위이다.

(4) 준사법적 행위 여부

양 당사자의 이해관계를 독립적인 행정기관에서 판단 · 조정하는 행위인 점에서 준사법적 작용의 성질을 갖는다는 견해가 통설이다.

3. 재결의 요건과 절차

협의가 불성립할 것을 요건으로 하고 ① 사업시행자는 토지수용위원회에 재결을 신청, ② 토지수용위원회의 재결결정을 절차로 한다.

4. 재결의 효력

(1) 행정처분의 일반적 효력

재결은 행정행위로서 행정행위의 구속력, 공정력, 확정력, 강제력 등이 발생한다. 특히 준사법적 행위로서 재결청의 직권에 의한 취소 또는 변경이 제한되는 불가변력이 발생한다.

(2) 토지보상법상의 효과(구속력의 구체적 내용)

사전보상 실현 및 사업의 원활한 시행을 위해 수용재결 시와 수용개시일로 효력발생시기를 달리하고 있다. ① '수용재결 시'에는 손실보상청구권, 담보물권자의 물상대위권, 인도 · 이전의무, 위험부담 이전의 효과가 생기고, ② '수용개시일'에는 사업시행자에게는 목적물의 원시취득 및 대행 · 대집행권, 토지소유자에게는 환매권 등의 효과가 발생한다.

5. 재결의 실효(토지보상법 제42조)

(1) 의의 및 취지

재결의 실효란 유효하게 성립한 재결에 대해 객관적 사실의 발생에 의해 그 효력이 당연히 상실되는 것을 말한다. 이는 수용의 개시일까지 보상금을 지급공탁하지 않는 경우 실효를 규정하고 있으며 사전보상원칙을 이행하기 위함에 취지가 있다.

(2) 재결의 실효사유

사업시행자가 수용 · 사용의 개시일까지 관할 토지수용위원회가 재결한 보상금을 지급공탁하지 않는 경우 재결의 효력이 상실된다. 재결 이후 수용 · 사용의 개시일 이전에 사업인정이 취소 또는 변경되면, 그 고시 결과에 따라 재결의 효력은 상실된다. 다만, 보상금의 지급 또는 공탁이 있은 후에는 이미 수용의 효과가 발생하는 것이므로 재결의 효력에는 영향이 없다.

(3) 권리구제

사업시행자는 재결이 실효됨으로 인해 토지소유자 또는 관계인이 입은 손실을 보상하여야 한다. 손실의 보상은 손실이 있은 것을 안 날부터 1년, 발생한 날부터 3년 이내에 청구하여야 하며, 보상액은 사업시행자와 손실을 입은 자가 협의하여 결정하되, 협의 불성립 시 관할 토지수용위원회에 재결을 신청할 수 있다. 실효 여부에 대하여 다툼이 있는 경우에는 실효확인소송을 제기할 수 있다.

(4) 관련문제(재결의 실효와 재결신청효력, 사업인정의 효력)

재결의 효력이 상실되면 재결신청 또한 그 효력이 상실되는 것이므로 고시가 있은 날로부터 1년 이내 재결신청을 하지 않은 것으로 되었다면 사업인정도 역시 효력을 상실하여 결국 수용절차 일체가 백지상태로 환원된다(대판 1987.3.10, 84누158)고 판시한 바 있다.

6. 재결 불복

토지보상법은 공익사업의 원활한 수행과 피수용자의 권리구제의 신속을 도모하기 위해 법 제83조 내지 제85조에서 이의신청과 행정소송에 관한 명시적인 규정을 두어 일반법인 행정쟁송법에 대한 특례를 규정하고 있다. 따라서 토지보상법에 규정이 없는 사항에 대해서는 행정심판법 제3조 제1항 및 행정소송법 제8조 제1항에 의거 일반법인 행정심판법 및 행정소송법이 적용된다. 이러한 재결의 불복에 대해 상세히 후술하도록 한다.

7. 최근 재결 이후 수용개시일 이전에 협의가 가능하다고 본 대법원 판례

Check!

■ 대법원 2017.4.13, 2016두64241 판결[수용재결무효확인]

【판결요지】

[1] 공익사업을 위한 토지 등의 취득 및 보상에 관한 법률(이하 '토지보상법'이라 한다)은 사업시행자로 하여금 우선 협의취득 절차를 거치도록 하고, 협의가 성립되지 않거나 협의를 할 수 없을 때에 수용재결취득 절차를 밟도록 예정하고 있기는 하다. 그렇지만 일단 토지수용위원회가 수용재결을 하였더라도 사업시행

자로서는 수용 또는 사용의 개시일까지 토지수용위원회가 재결한 보상금을 지급 또는 공탁하지 아니함으로써 재결의 효력을 상실시킬 수 있는 점, 토지소유자 등은 수용재결에 대하여 이의를 신청하거나 행정소송을 제기하여 보상금의 적정 여부를 다툴 수 있는데, 그 절차에서 사업시행자와 보상금액에 관하여 임의로 합의할 수 있는 점, 공익사업의 효율적인 수행을 통하여 공공복리를 증진시키고, 재산권을 적정하게 보호하려는 토지보상법의 입법 목적(제1조)에 비추어 보더라도 수용재결이 있은 후에 사법상 계약의 실질을 가지는 협의취득 절차를 금지해야 할 별다른 필요성을 찾기 어려운 점 등을 종합해 보면, 토지수용위원회의 수용재결이 있은 후라고 하더라도 토지소유자 등과 사업시행자가 다시 협의하여 토지 등의 취득이나 사용 및 그에 대한 보상에 관하여 임의로 계약을 체결할 수 있다고 보아야 한다.

[2] 중앙토지수용위원회가 지방국토관리청장이 시행하는 공익사업을 위하여 갑 소유의 토지에 대하여 수용재결을 한 후, 갑과 사업시행자가 '공공용지의 취득협의서'를 작성하고 협의취득을 원인으로 소유권이전등기를 마쳤는데, 갑이 '사업시행자가 수용개시일까지 수용재결보상금 전액을 지급·공탁하지 않아 수용재결이 실효되었다'고 주장하며 수용재결의 무효확인을 구하는 소송을 제기한 사안에서, 갑과 사업시행자가 수용재결이 있은 후 토지에 관하여 보상금액을 새로 정하여 취득협의서를 작성하였고, 이를 기초로 소유권이전등기까지 마친 점 등을 종합해 보면, 갑과 사업시행자가 수용재결과는 별도로 '토지의 소유권을 이전한다는 점과 그 대가인 보상금의 액수'를 합의하는 계약을 새로 체결하였다고 볼 여지가 충분하고, 만약 이러한 별도의 협의취득 절차에 따라 토지에 관하여 소유권이전등기가 마쳐진 것이라면 설령 갑이 수용재결의 무효확인 판결을 받더라도 토지의 소유권을 회복시키는 것이 불가능하고, 나아가 무효확인으로써 회복할 수 있는 다른 권리나 이익이 남아 있다고도 볼 수 없다고 한 사례

05 절 재결 불복

Ⅰ. 이의신청(토지보상법 제83조)(특별법상 행정심판)

1. 의의 및 성격

관할 토지수용위원회의 위법, 부당한 재결에 불복이 있는 토지소유자 및 사업시행자가 중앙토지수용위원회에 이의를 신청하는 것을 말한다. 수용재결과 보상재결 중 어느 한 부분만에 대하여 불복이 있는 경우에도 이의신청의 대상이 되며, 특별법상 행정심판에 해당하며 임의주의 성격을 갖는다.

2. 청구요건

수용재결, 보상재결에 이의가 있는 경우 재결서 정본을 받은 날부터 30일 이내에 처분청을 경유하여 중앙토지수용위원회에 이의를 신청할 수 있다. 사업시행자가 수용재결에 불복하는 경우 자기가 산정한 보상금을 지급하고 그 금액과 토지수용위원회가 재결한 보상금의 차액을 공탁해야 한다. 이 경우 보상금을 받을 자는 이의신청재결의 종결 시까지 이를 수령할 수 없다.

3. 이의신청의 효과

중앙토지수용위원회는 이의신청에 대하여 심리·재결하여야 한다. 또한 동법 제88조에 따라 이의신청은 사업의 진행 및 토지의 수용 또는 사용을 정지시키지 아니한다.

4. 이의재결의 효력

① 중앙토지수용위원회는 이의신청을 받은 경우 재결이 위법 또는 부당하다고 인정하는 때에는 그 재결의 전부 또는 일부를 취소하거나 보상액을 변경할 수 있다. ② 보상금 증액 시 재결서의 정본을 받은 날부터 30일 이내에 사업시행자는 보상금을 받을 자에게 증액된 보상금을 지급하여야 한다. ③ 쟁송기간 도과 등으로 이의재결이 확정된 경우에는 확정판결이 있는 것으로 보고 재결서 정본은 집행력 있는 판결의 정본과 동일한 효력을 갖는 것으로 본다.

5. 원처분주의를 명시한 대법원 판결

Check!

■ 대법원 2010.1.28, 2008두1504 판결[수용재결취소등]

【판시사항】

토지소유자 등이 수용재결에 불복하여 이의신청을 거친 후 취소소송을 제기하는 경우 피고적격(=수용재결을 한 토지수용위원회) 및 소송대상(=수용재결)

【판결요지】

공익사업을 위한 토지 등의 취득 및 보상에 관한 법률 제85조 제1항 전문의 문언 내용과 같은 법 제83조, 제85조가 중앙토지수용위원회에 대한 이의신청을 임의적 절차로 규정하고 있는 점, 행정소송법 제19조 단서가 행정심판에 대한 재결은 재결 자체에 고유한 위법이 있음을 이유로 하는 경우에 한하여 취소소송의 대상으로 삼을 수 있도록 규정하고 있는 점 등을 종합하여 보면, 수용재결에 불복하여 취소소송을 제기하는 때에는 이의신청을 거친 경우에도 수용재결을 한 중앙토지수용위원회 또는 지방토지수용위원회를 피고로 하여 수용재결의 취소를 구하여야 하고, 다만 이의신청에 대한 재결 자체에 고유한 위법이 있음을 이유로 하는 경우에는 그 이의재결을 한 중앙토지수용위원회를 피고로 하여 이의재결의 취소를 구할 수 있다고 보아야 한다.

Ⅱ. 취소소송[토지보상법 제85조 제1항]

1. 의의 및 유형

재결에 대한 취소소송이란 관할 토지수용위원회의 위법한 재결이나 중앙토지수용위원회의 위법한 이의재결의 취소나 변경을 구하는 소송을 말한다. 재결에 불복하는 사업시행자, 토지소유자 및 관계인은 재결취소소송, 무효 또는 실효를 주장하는 경우에는 무효등확인소송을 제기할 수 있다.

2. 제기요건 및 효과

토지보상법 제85조 제1항은 "제34조의 규정에 의한 재결에 대하여 불복이 있는 때에는 재결서를 받은 날부터 90일, 이의신청을 거친 때에는 이의재결서 정본을 받은 날부터 60일 이내에 각각 행정소송을 제기할 수 있다"고 규정하여 원처분주의를 명시하고 있다. 따라서 1차수용재결의 관할 토지수용위원회를 피고로 원처분을 대상으로 하여 소를 제기할 수 있으며, 행정소송법 제23조, 토지보상법 제88조에 의거 행정소송의 제기는 사업의 진행 및 수용, 사용의 효과를 정지시키지 않는다.

3. 심리 및 판결

심리의 내용은 요건심리와 본안심리로 구분되며, 심리의 방식은 행정소송법의 심리규정이 그대로 적용된다. 판결은 각하, 기각, 인용, 사정판결이 가능하며, 위법성의 판단시점 및 판결의 효력은 행정소송법이 그대로 적용된다.

4. 판결의 효력

인용판결이 있게 되면 소송당사자와 관할 토지수용위원회는 판결의 내용에 따라 구속되며 사업시행자가 행정소송을 제기하였으나 그 소송이 각하, 기각 또는 취소된 경우에는 법정이율을 적용하여 산정한 금액을 보상금에 가산하여 지급해야 한다. 토지보상법에서는 무효등확인소송을 규정하고 있지 않으나, 판례에서는 이를 인정하고 있다.

Check!

■ **대법원 2010.1.28, 2008두1504 판결[수용재결취소등]**

【판결요지】

공익사업을 위한 토지 등의 취득 및 보상에 관한 법률 제85조 제1항 전문의 문언 내용과 같은 법 제83조, 제85조가 중앙토지수용위원회에 대한 이의신청을 임의적 절차로 규정하고 있는 점, 행정소송법 제19조 단서가 행정심판에 대한 재결은 재결 자체에 고유한 위법이 있음을 이유로 하는 경우에 한하여 취소소송의 대상으로 삼을 수 있도록 규정하고 있는 점 등을 종합하여 보면, 수용재결에 불복하여 취소소송을 제기하는 때에는 이의신청을 거친 경우에도 수용재결을 한 중앙토지수용위원회 또는 지방토지수용위원회를 피고로 하여 수용재결의 취소를 구하여야 하고, 다만 이의신청에 대한 재결 자체에 고유한 위법이 있음을 이유로 하는 경우에는 그 이의재결을 한 중앙토지수용위원회를 피고로 하여 이의재결의 취소를 구할 수 있다고 보아야 한다.

Ⅲ. 보상금증감청구소송(제85조 제2항)

1. 의의 및 취지

보상금증감청구소송은 보상금 증감의 다툼에 대하여 직접적인 이해당사자인 사업시행자와 토지소유자 및 관계인이 소송의 제기를 통해 직접 다툴 수 있도록 하는 당사자소송이다. 이는 재결 자체의 취소 없이 보상금과 관련된 분쟁을 일회적으로 해결하여 신속한 권리구제를 도모함에 취지가 있다.

2. 소송의 성질

(1) 형식적 당사자소송

형식적 당사자소송이란 처분 등을 원인으로 하는 법률관계에 관한 소송으로 실질적으로 처분 등의 효력을 다투면서 법률관계의 일방 당사자를 피고로 하여 제기하는 소송을 말한다. 현행 토지보상법 제85조에서는 형식적 당사자소송임을 규정하고 있다.

(2) 확인·급부소송

① 학설

㉠ 법원이 재결을 취소하고 보상금을 결정하여 형성소송이라고 하는 견해, ㉡ 법원이 정당보상액을 확인하고 금전지급을 명하거나 과부과된 부분을 돌려줄 것을 명하는 확인·급부소송이라는 견해가 대립한다.

② 판례

판례는 이의재결에서 정한 보상금액이 증액, 변경될 것을 전제로 하여 보상금의 지급을 구하는 확인·급부소송으로 판시하였다.

③ 검토

형성소송설은 권력분립에 반할 수 있으며, 보상액 확인 및 부족액의 급부를 구하고, 일회적 권리구제를 도모하기 위해 확인·급부소송으로 보는 것이 타당하다.

3. 소송의 제기요건

(1) 소송의 당사자

손실보상금에 관한 법률관계의 당사자인 피수용자와 사업시행자에게 당사자적격이 인정된다.

(2) 소송의 대상

형식적 당사자소송의 대상은 법률관계이다. 따라서 보상금증감청구소송은 관할 토지수용위원회가 행한 재결로 형성된 법률관계인 보상금의 증감에 관한 것을 소송의 대상으로 삼아야 하며 보상금의 증감에 관한 사항 외에는 소송의 대상이 될 수 없다. 토지보상법은 행정소송법 제19조에 입각한 원처분주의를 채택한 것으로 해석되는 바, 이의재결에 고유한 위법이 있는 경우를 제외하고는 원재결로 형성된 법률관계인 보상금의 증감에 관한 것을 소송의 대상으로 삼아야 한다.

(3) 제소기간

당사자소송은 원칙적으로 제소기간의 제한이 없으나, 토지보상법 제85조 제1항의 취소소송의 제소기간을 보상금증감청구소송에 적용하고 있다. 즉 재결서를 받은 날부터 90일 이내에, 이의신청을 거친 때에는 이의신청에 대한 재결서를 받은 날부터 60일 이내에 관할법원에 제기할 수 있다.

4. 심리 및 판결

(1) 심리의 범위

손실보상금의 증감, 손실보상의 방법(금전보상, 채권보상 등), 보상항목의 인정(잔여지보상 등의 손실보상의 인정 여부), 이전 곤란한 물건의 수용보상, 보상면적 등을 심리한다. 보상액의 항목 상호 간 유용에 대해 대법원은 행정소송의 대상이 된 물건 중 일부 항목에 관한 보상액이 과소하고 다른 항목의 보상액은 과다한 경우에는 그 항목 상호 간의 유용을 허용하여 과다부분과 과소부분을 합산하여 보상금액을 결정해야 한다고 판시한바 있다.

(2) 법원의 판결(판결의 효력)

법원이 직접 보상금을 결정함으로 소송당사자는 판결의 결과에 따라 이행하여야 하며, 중앙토지수용위원회는 별도의 처분을 할 필요가 없다.

5. 관련문제(청구의 병합)

수용재결취소소송과 보상금증감청구소송의 병합 여부에 대하여 구법과 달리 현행 민사소송법 제70조에서 주관적・예비적 병합을 인정하고 있으므로 수용재결에 대한 취소소송을 주관적으로 보상금증감청구소송을 예비적으로 병합할 수 있다.

6. 보상금증감청구소송에 대한 대법원 판례 유형

Check!

[1] 구 '공익사업을 위한 토지 등의 취득 및 보상에 관한 법률'(2007.10.17. 법률 제8665호로 개정되기 전의 것) 제74조 제1항에 규정되어 있는 잔여지 수용청구권은 손실보상의 일환으로 토지소유자에게 부여되는 권리로서 그 요건을 구비한 때에는 잔여지를 수용하는 토지수용위원회의 재결이 없더라도 그 청구에 의하여 수용의 효과가 발생하는 형성권적 성질을 가지므로, 잔여지 수용청구를 받아들이지 않은 토지수용위원회의 재결에 대하여 토지소유자가 불복하여 제기하는 소송은 위 법 제85조 제2항에 규정되어 있는 '보상금의 증감에 관한 소송'에 해당하여 사업시행자를 피고로 하여야 한다(대판 2010.8.19, 2008두822).

[2] 구 공익사업을 위한 토지 등의 취득 및 보상에 관한 법률(2007.10.17. 법률 제8665호로 개정되기 전의 것) 제78조 제5항, 제7항, 같은 법 시행규칙 제54조 제2항 본문, 제3항의 각 조문을 종합하여 보면, 세입자의 주거이전비 보상청구권은 그 요건을 충족하는 경우에 당연히 발생하는 것이므로, 주거이전비 보상청구소송은 행정소송법 제3조 제2호에 규정된 당사자소송에 의하여야 한다. 다만, 구 도시 및 주거환경정비법(2007.12.21. 법률 제8785호로 개정되기 전의 것) 제40조 제1항에 의하여 준용되는 구 공익사업을 위한 토지 등의 취득 및 보상에 관한 법률 제2조, 제50조, 제78조, 제85조 등의 각 조문을 종합하여 보면, 세입자의 주거이전비 보상에 관하여 재결이 이루어진 다음 세입자가 보상금의 증감 부분을 다투는 경우에는 같은 법 제85조 제2항에 규정된 행정소송에 따라, 보상금의 증감 이외의 부분을 다투는 경우에는 같은 조 제1항에 규정된 행정소송에 따라 권리구제를 받을 수 있다(대판 2008.5.29, 2007다8129).

[3] 구 공익사업을 위한 토지 등의 취득 및 보상에 관한 법률(2013.3.23. 법률 제11690호로 개정되기 전의 것, 이하 '토지보상법'이라 한다) 제26조, 제28조, 제30조, 제34조, 제50조, 제61조, 제83조 내지 제85조의 규정 내용과 입법 취지 등을 종합하면, 공익사업에 영업시설 일부가 편입됨으로 인하여 잔여 영업시설에 손실을 입은 자가 사업시행자로부터 구 공익사업을 위한 토지 등의 취득 및 보상에 관한 법률 시행규칙(2014.10.22. 국토교통부령 제131호로 개정되기 전의 것) 제47조 제3항에 따라 잔여 영업시설의 손실에 대한 보상을 받기 위해서는, 토지보상법 제34조, 제50조 등에 규정된 재결절차를 거친 다음 그 재결에 대하여 불복이 있는 때에 비로소 토지보상법 제83조 내지 제85조에 따라 권리구제를 받을 수 있을 뿐이다. 이러한 재결절차를 거치지 않은 채 곧바로 사업시행자를 상대로 손실보상을 청구하는 것은 허용되지 않는다.
재결절차를 거쳤는지 여부는 보상항목별로 판단하여야 한다. 피보상자별로 어떤 토지, 물건, 권리 또는 영업이 손실보상대상에 해당하는지, 나아가 보상금액이 얼마인지를 심리·판단하는 기초 단위를 보상항목이라고 한다. 편입토지·물건 보상, 지장물 보상, 잔여 토지·건축물 손실보상 또는 수용청구의 경우에는 원칙적으로 개별물건별로 하나의 보상항목이 되지만, 잔여 영업시설 손실보상을 포함하는 영업손실보상의 경우에는 '전체적으로 단일한 시설 일체로서의 영업' 자체가 보상항목이 되고, 세부 영업시설이나 영업이익, 휴업기간 등은 영업손실보상금 산정에서 고려하는 요소에 불과하다. 그렇다면 영업의 단일성·동일성이 인정되는 범위에서 보상금 산정의 세부요소를 추가로 주장하는 것은 하나의 보상항목 내에서 허용되는 공격방법일 뿐이므로, 별도로 재결절차를 거쳐야 하는 것은 아니다.

[4] 어떤 보상항목이 공익사업을 위한 토지 등의 취득 및 보상에 관한 법령상 손실보상대상에 해당함에도 관할 토지수용위원회가 사실을 오인하거나 법리를 오해함으로써 손실보상대상에 해당하지 않는다고 잘못된 내용의 재결을 한 경우에는, 피보상자는 관할 토지수용위원회를 상대로 그 재결에 대한 취소소송을 제기할 것이 아니라, 사업시행자를 상대로 구 공익사업을 위한 토지 등의 취득 및 보상에 관한 법률(2013.3.23. 법률 제11690호로 개정되기 전의 것) 제85조 제2항에 따른 보상금증감소송을 제기하여야 한다(대판 2018.7.20, 2015두4044).

[5] 어떤 보상항목이 공익사업을 위한 토지 등의 취득 및 보상에 관한 법령상 손실보상대상에 해당함에도 관할 토지수용위원회가 사실을 오인하거나 법리를 오해함으로써 손실보상대상에 해당하지 않는다고 잘못된 내용의 재결을 한 경우에는, 피보상자는 관할 토지수용위원회를 상대로 그 재결에 대한 취소소송을 제기할 것이 아니라, 사업시행자를 상대로 공익사업을 위한 토지 등의 취득 및 보상에 관한 법률 제85조 제2항에 따른 보상금증감소송을 제기하여야 한다(대판 2019.11.28, 2018두227).

Ⅳ. 사업인정과 수용재결의 불복방법상 차이

1. 사업인정과 수용재결의 구분

구분	사업인정	재결
적용법률의 차이	사업인정에 대해서는 토지보상법상 명문의 불복규정을 두고 있지 않다. 사업인정의 불복은 행정심판법 및 행정소송법이 적용된다.	토지보상법은 재결에 대해서만 불복규정을 두고 있다(제84조, 제85조). 따라서 특별법 우선원칙에 따라 재결은 행정심판법 및 행정소송법에 우선하여 토지보상법의 규정이 적용된다.
불복사유의 차이	사업인정은 실체적 · 절차적 하자를 불복사유로 삼되, 사업인정에 대한 재량권의 일탈 · 남용 여부가 사유로 인정된다.	수용재결은 실체적 · 절차적 하자 이외에 보상금의 증감을 불복사유로 할 수 있다(보증소 가능).
행정심판의 차이		
① 처분청 경유주의	행정심판법의 일반원리에 의하는 바 임의주의를 취한다.	처분청 경유주의를 취한다.
② 심판청구 기간	안 날로부터 90일, 있은 날로부터 180일 이내에 청구하여야 한다.	재결서 정본을 받은 날부터 30일 이내에 청구하여야 한다.
③ 심판기관의 차이	중앙행정심판위원회가 심리 · 의결한다.	중앙토지수용위원회가 심리 · 의결한다.
④ 이의재결의 효력		토지보상법 제86조에 의거 이의재결이 확정되는 경우 소송법적 확정력이 부여된다(집행력 있는 판결의 정본과 동일한 효력).

행정소송의 차이		
① 소송의 대상	행정심판임의주의, 원처분주의를 취한다.	이의신청은 임의주의, 토지보상법상 원처분주의를 취한다.
② 제소기간의 차이	행정소송법에 의해 안 날로부터 90일, 있은 날로부터 1년 이내 제소가 가능하다.	재결서 정본을 받은 날부터 90일 이내, 이의신청을 거친 경우 60일 이내에 제소하도록 규정되어 있다.
③ 손실보상의 차이	실효 등과 같이 그로 인해 발생하는 손실에 한해 손실보상청구권이 인정된다.	수용재결은 손실보상을 직접 결정하는 절차로 그 자체가 손실보상을 인정해주는 구제수단이다.
④ 사전적 권리구제	협의, 의견청취의 절차를 거친다.	공고, 공문서의 열람, 의견진술 등의 절차를 거치며, 행정절차법 시행령 제2조 제7호에 의해 적용이 제외된다.

2. 사업인정과 수용재결의 공통점

① **항고쟁송이 가능** : 둘 다 처분에 해당하여 항고쟁송을 통한 불복이 가능하다.

② **항고쟁송의 제기효과** : 쟁송제기 시 중앙토지수용위원회, 중앙행정심판위원회는 심리・재결의무, 집행부정지의 효과가 발생한다.

③ **실효 시 손실보상** : 사업인정 및 재결의 실효로 손실발생 시 손실보상이 요구된다.

④ **사전적 권리구제로서 참여절차** : 사업인정 시에는 의견청취절차가, 재결 시에는 공고, 문서열람, 의견진술절차 등의 절차가 요구된다.

CHAPTER 05

공용수용의 효과

01 절 보상금의 지급 또는 공탁

1. 보상금의 공탁 의의 및 취지(토지보상법 제40조)

보상금의 공탁이란 사업시행자가 보상금을 관할 공탁소에 공탁함으로써 보상금 지급에 갈음하게 하는 것을 말한다. 이는 재결실효 방지, 사전보상 원칙의 실현 및 담보물권자의 권익보호 도모에 취지가 인정된다.

2. 법적 성질

(1) 보상금 지급의무를 면하기 위한 경우(제40조 제2항 제1호, 제2호)

판례는 공탁은 보상금 지급의무에 갈음되어 재결실효를 방지할 목적이 있으므로 변제공탁과 다를 바 없다고 판시하였다. 생각건대, 사업시행자가 토지수용위원회가 재결한 보상금을 공탁하는 경우에는 그로써 보상금 지급에 갈음하게 되는 바, 변제공탁으로 봄이 타당하다.

(2) 재결로 결정된 보상금에 사업시행자가 불복하는 경우(제40조 제2항 제3호)

사업시행자가 불복이 있는 경우라 하더라도 재결에서 정한 보상금 전액이 지급 또는 공탁되어 보상금 지급에 갈음하고 이로써 재결이 실효되는 것을 방지하기 위한 것이므로 변제공탁으로 봄이 타당하다.

(3) 압류 또는 가압류에 의하여 보상금의 지급이 금지된 경우(제40조 제2항 제4호)

이에 대하여 변제공탁으로 보는 판례와 집행공탁으로 보는 판례가 모두 존재한다. 생각건대, 압류 또는 가압류에 의하여 보상금의 지급이 금지된 경우 공탁을 함으로써 채무가 변제되는 것으로 볼 수 있으므로 변제공탁으로 봄이 타당하다.

(4) 검토

토지보상법 제40조에 의한 공탁은 동조 제2항에 따른 일정한 경우 사업시행자의 보상금의 지급의무를 이행하기 위함과 재결의 실효방지 등을 위한 것으로서, 민법상 변제공탁과 다를 바 없다고 판단된다.

3. 공탁의 요건

(1) 내용상 요건(법 제40조 제2항)

① 보상금을 받을 자가 그 수령을 거부하거나 보상금을 수령할 수 없을 때

② 사업시행자의 과실 없이 보상금을 받을 자를 알 수 없을 때

③ 관할 토지수용위원회가 재결한 보상금에 대하여 사업시행자가 불복할 때

④ 압류 또는 가압류에 의하여 보상금의 지급이 금지되었을 때

(2) 형식상 요건

① 재결 당시 수용목적물의 소유자 또는 관계인이 수령권자가 된다.

② 토지보상법은 토지소재지의 공탁소에 보상금을 공탁할 수 있도록 하고 있다.

③ 공탁은 현금보상의 원칙상 현금으로 하여야 하나, 사업시행자가 국가인 경우에는 채권으로 공탁이 가능하다.

4. 공탁의 효과

(1) 정당한 공탁의 효과

보상금의 지급의무를 이행한 것으로 보아 수용 또는 사용개시일에 목적물을 원시취득한다.

(2) 미공탁의 효과

수용의 개시일까지 보상금을 공탁하지 아니하면 재결의 효력은 상실된다. 단, 이의재결에 의한 증액된 보상금은 공탁하지 않아도 이의재결은 실효되지 않는다.

(3) 하자 있는 공탁

① 요건 미충족, ② 일부공탁, ③ 조건부 공탁의 경우 공탁의 효과가 발생하지 않는다. 따라서 수용·사용의 개시일까지 공탁의 하자가 치유되지 않으면 재결은 실효되고 손실보상의무를 부담하게 된다.

5. 공탁금 수령의 효과

(1) 정당한 공탁금 수령의 효과

아무런 이의유보 없이 공탁금을 수령한다면 수용법률관계의 종결효과를 가져온다고 볼 수 있다. 그러나 이의유보를 남긴 경우 수용·사용개시일이 도과하더라도 수용법률관계는 종결되지 않는다고 본다.

(2) 하자 있는 공탁금 수령의 효과

① 이의유보 후 수령한 경우 하자치유는 인정되지 않는다. 판례는 묵시적 표현(구두)으로도 이의유보가 가능하다고 본다.

② 이의유보 없이 수령한 경우에는 하자치유가 인정되어 보상금 수령거부의사를 철회한 것으로 본다.

③ 쟁송제기를 이의유보로 볼 수 있는가에 대하여 판례는 수령 당시 단순히 소송이나 이의신청을 하고 있다는 사실만으로 묵시적 공탁의 수령에 관한 이의를 유보한 것과 같이 볼 수 없다고 하나, 최근 대법원은 단순한 사실이 아닌 경우 소송 중 사실을 종합적으로 판단하여 묵시적 유보로 본 바 있다.

6. 공탁제도의 문제점 및 개선방안

(1) 공탁요건에 대한 이해 부족

토지보상법에서 공탁의 요건을 규정하고 있기는 하나, 사업시행자의 이해 부족으로 인해 공탁요건에 해당하지 않음에도 불구하고 공탁하는 사례가 많으며, 이로 인해 보상금 지급의무 불이행으로 재결이 실효되는 사태가 발생하여 사업진행을 곤란하게 하는 경우가 있다.

(2) 이의유보 있는 공탁금 수령

공탁금을 수령함에 있어 보상금에 불복이 있거나 공탁에 하자가 있는 경우 이의를 유보한 후 공탁금을 수령해야 함에도 불구하고 이의유보 없이 보상금을 수령하여 이의제기를 더 이상 할 수 없는 불이익이 발생하고 있다.

(3) 개선방안

공탁에 대한 세부규정이 미흡하므로 쉽게 공탁제도를 이해할 수 있는 해설서 등을 발간하여 피수용자나 사업시행자의 불이익을 최소화시킬 필요가 있다.

7. 최근 대법원 판례에서는 묵시적 이의유보로 판결

Check!

토지수용절차에서 보상금 수령 시 사업시행자에 대한 이의유보의 의사표시는 반드시 명시적으로 하여야 하는 것은 아니므로(대판 1989.7.25, 88다카11053 참조), 위와 같이 원고가 이의재결에 따라 증액된 보상금을 수령할 당시 수용보상금의 액수를 다투어 행정소송을 제기하고 상당한 감정비용(그 이후 결정된 이의재결의 증액된 보상금을 초과하는 금액이다)을 예납하여 시가감정을 신청한 점, 원고가 수령한 이의재결의 증액 보상금은 원고가 이 사건 소장에 시가감정을 전제로 잠정적으로 기재한 최초 청구금액의 1/4에도 미치지 못하는 금액인 점, 수용보상금의 증감만을 다투는 행정소송에서 통상 시가감정 외에는 특별히 추가적인 절차비용의 지출이 요구되지는 않으므로 원고로서는 이의재결의 증액 보상금 수령 당시 이 사건 소송결과를 확인하기 위하여 더 이상의 부담되는 지출을 추가로 감수할 필요는 없는 상황이었던 점, 피고 소송대리인도 위와 같은 증액 보상금의 수령에 따른 법률적 쟁점을 제1심에서 즉시 제기하지 아니하고 그로부터 약 6개월이 경과하여 원심에서 비로소 주장하기 시작한 점 등에 비추어 보면, 이미 상당한 금액의 소송비용을 지출한 원고가 이 사건 소장에 기재한 최초 청구금액에도 훨씬 못 미치는 이의재결의 증액분을 수령한 것이 이로써 이 사건 수용보상금에 관한 다툼을 일체 종결하려는 의사는 아니라는 점은 피고도 충분히 인식하였거나 인식할 수 있었다고 봄이 상당하고, 따라서 원고는 위와 같은 소송 진행 과정과 시가감정의 비용지출 등을 통하여 이의재결의 증액 보상금에 대하여는 이 사건 소송을 통하여 확정될 정당한 수용보상금의 일부로 수령한다는 묵시적인 의사표시의 유보가 있었다고 볼 수 있다(대판 2009.11.12, 2006두15462).

02 절 토지 · 물건의 인도 등 거부 시 실효성 확보수단

Ⅰ. 인도 · 이전의무(토지보상법 제43조)

토지소유자 및 관계인과 기타 수용 · 사용할 목적물에 대해 권리를 가진 자는 수용 또는 사용의 개시일까지 해당 토지나 물건을 사업시행자에게 인도하거나 이전하여야 한다.

Ⅱ. 대행(토지보상법 제44조)

1. 의의 및 취지

토지나 물건을 인도하거나 이전하여야 할 자가 고의나 과실 없이 그 의무를 수행할 수 없을 때 또는 사업시행자가 과실 없이 토지나 건물을 인도하거나 이전하여야 할 의무가 있는 자를 알 수 없을 때 사업시행자의 청구에 의하여 특별자치도지사, 시장 · 군수 또는 구청장이 대행하는 것으로 사업의 원활한 시행을 위해 인정된다.

2. 법적 성질

토지보상법 규정상 행정대집행의 일종으로 봄이 타당하고, 직접강제를 인정한 것으로 볼 수는 없다.

3. 요건 및 절차

인도 · 이전의무자가 고의, 과실 없이 의무를 이행할 수 없거나 사업시행자가 과실 없이 의무자를 알 수 없을 때 사업시행자의 청구에 의하여 대행한다.

4. 대행청구대상의 범위

수용목적물이 아니더라도 사업추진에 방해가 되는 것이면 대행청구의 대상이 된다고 본다.

Ⅲ. 대집행(토지보상법 제89조)

1. 의의 및 취지

공법상 대체적 작위의무의 불이행 시 행정청이 그 의무를 스스로 행하거나 제3자로 하여금 행하게 하고 의무자로부터 비용을 징수하는 것으로 토지보상법 제89조에서 규정하고 있다. 이는 공익사업의 원활한 수행을 위한 제도적 취지가 인정된다.

2. 요건

(1) 토지보상법상 요건(법 제89조)

① 이 법 또는 이법에 의한 처분으로 인한 의무를 이행하여야 할 자가 의무를 이행하지 않거나, ② 기간 내 의무를 완료하기 어려운 경우, ③ 의무자로 하여금 그 의무를 이행하게 하는 것이 현저히 공익을 해한다고 인정되는 사유가 있는 경우 사업시행자가 시·도지사나 시장·군수 또는 구청장에게 대집행을 신청할 수 있다고 규정하고 있다.

(2) 행정대집행법상 요건(행정대집행법 제2조)

① 공법상 대체적 작위의무의 불이행이 있을 것, ② 다른 수단으로 이행의 확보가 곤란할 것, ③ 불이행을 방치함이 심히 공익을 해할 것의 요건을 모두 충족해야 한다.

(3) 행정기본법상 대집행의 요건(행정기본법 제30조 제1항 제1호)

행정청은 행정목적을 달성하기 위하여 필요한 경우에는 법률로 정하는 바에 따라 필요한 최소한의 범위에서 다음의 어느 하나에 해당하는 조치를 할 수 있다.

> 행정대집행 : 의무자가 행정상 의무(법령 등에서 직접 부과하거나 행정청이 법령 등에 따라 부과한 의무를 말한다. 이하 이 절에서 같다)로서 타인이 대신하여 행할 수 있는 의무를 이행하지 아니하는 경우 법률로 정하는 다른 수단으로는 그 이행을 확보하기 곤란하고 그 불이행을 방치하면 공익을 크게 해칠 것으로 인정될 때에 행정청이 의무자가 하여야 할 행위를 스스로 하거나 제3자에게 하게 하고 그 비용을 의무자로부터 징수하는 것

(4) 의무이행자 보호(법 제89조 제3항)(용산참사)

국가나 지방자치단체는 의무를 이행해야 할 자의 보호를 위하여 노력해야 한다. 이는 공익사업 현장에서 인권침해 방지를 위한 노력을 강구하고자 하는 입법적 취지가 있다.

3. 인도 · 이전의무가 대집행의 대상인지

(1) 문제점

인도 · 이전의무는 비대체적 작위의무인데 토지보상법 제89조에서는 의무로 규정하고 있는바 행정대집행법의 특례규정으로 보아 대집행을 실행할 수 있는지가 문제된다. 즉, 인도를 신체의 점유로써 거부하는 경우 이를 실력으로 배제할 수 있는지가 문제된다.

(2) 학설

① 토지보상법 제89조는 수용자 본인이 인도한 것과 같은 법적 효과 발생을 목적으로 하므로 대집행을 긍정하는 견해와, ② 제89조의 의무도 대체적 작위의무에 한정된다고 보아 부정하는 견해가 있다.

(3) 판례

① 도시공원시설인 매점점유자의 점유배제는 대체적 작위의무에 해당하지 아니하므로 대집행의 대상이 아니라고 판시하였다.

② 토지보상법 제89조의 '인도'에는 명도도 포함되는 것으로 보아야 하고, 이러한 명도의무는 그것을 강제적으로 실현하면서 직접적인 실력행사가 필요한 것이지 대체적 작위의무라고 볼 수 없으므로 특별한 사정이 없는 한 행정대집행법에 의한 대집행의 대상이 될 수 있는 것은 아니라고 판시하였다.

③ 철거의무 약정을 하였다 하더라도 그 명도의무는 사법상의 매매 내지 사법상 계약의 성질을 갖는 것이므로 대집행의 대상이 아니라고 판시한 바 있다.

Check!

■ **대법원 2006.10.13, 2006두7096 판결[건물철거대집행계고처분취소]**

【판결요지】

[1] 행정대집행법상 대집행의 대상이 되는 대체적 작위의무는 공법상 의무이어야 할 것인데, 구 공공용지의 취득 및 손실보상에 관한 특례법(2002.2.4. 법률 제6656호 공익사업을 위한 토지 등의 취득 및 보상에 관한 법률 부칙 제2조로 폐지)에 따른 토지 등의 협의취득은 공공사업에 필요한 토지 등을 그 소유자와의 협의에 의하여 취득하는 것으로서 공공기관이 사경제주체로서 행하는 사법상 매매 내지 사법상 계약의 실질을 가지는 것이므로, 그 협의취득 시 건물소유자가 매매대상 건물에 대한 철거의무를 부담하겠다는 취지의 약정을 하였다고 하더라도 이러한 철거의무는 공법상의 의무가 될 수 없고, 이 경우에도 행정대집행법을 준용하여 대집행을 허용하는 별도의 규정이 없는 한 위와 같은 철거의무는 행정대집행법에 의한 대집행의 대상이 되지 않는다.

[2] 구 공공용지의 취득 및 손실보상에 관한 특례법(2002.2.4. 법률 제6656호 공익사업을 위한 토지 등의 취득 및 보상에 관한 법률 부칙 제2조로 폐지)에 의한 협의취득 시 건물소유자가 협의취득대상 건물에 대하여 약정한 철거의무는 공법상 의무가 아닐 뿐만 아니라, 공익사업을 위한 토지 등의 취득 및 보상에 관한 법률 제89조에서 정한 행정대집행법의 대상이 되는 '이 법 또는 이 법에 의한 처분으로 인한 의무'에도 해당하지 아니하므로 위 철거의무에 대한 강제적 이행은 행정대집행법상 대집행의 방법으로 실현할 수 없다.

(4) 검토

대집행은 국민의 권익침해의 개연성이 높으므로 토지보상법 제89조의 의무를 법치행정의 원리상 명확한 근거 없이 비대체적 작위의무로까지 확대해석할 수 없다고 할 것이다.

4. 비대체적 작위의무의 불이행의 대책

독일은 실력행사를 규정하고, 일본은 공무집행방해죄 등을 적용하고 있으며, 우리나라는 실무상 인도불응 시 소유권이전등기 및 명도소송을 활용하고 있다. 공익사업의 홍보 및 피수용자와 관계개선을 통하여 자발적 인도를 도모하는 것이 중요하고, 입법적으로 직접강제 및 실효성 확보수단의 법적 근거를 마련해야 할 것이다.

5. 인도 거부시 대행규정의 적용 가능성

대행규정은 의무자의 고의, 과실이 없을 것을 요건으로 하기 때문에 의무자가 인도, 이전을 고의적으로 거부하는 경우에 대책으로 논의되기는 어렵다.

03 절 위험부담의 이전

1. 의의 및 취지(토지보상법 제46조)

토지수용위원회의 재결이 있은 후 수용할 토지나 물건이 토지소유자 또는 관계인의 고의나 과실 없이 멸실 또는 훼손된 경우 그로 인한 손실을 사업시행자의 부담으로 하는 제도로서, 이는 민법 제537조의 채무자위험부담주의의 예외로서 피수용자의 권익보호에 취지가 인정된다.

2. 요건

(1) 위험부담의 이전기간

위험부담이전은 재결에 의한 것이며, 사업시행자는 수용의 개시일에 소유권을 원시취득하므로 위험부담이 이전되는 기간은 수용재결이 있은 후부터 수용의 개시일까지이다.

(2) 피수용자의 귀책사유가 없을 것

목적물의 멸실에 피수용자의 귀책사유가 있는 경우에는 피수용자가 그 위험부담을 지게 되며, 피수용자의 귀책사유가 없는 경우에 한하여 목적물의 멸실에 따른 위험부담을 면하게 된다.

(3) 위험부담의 범위

위험부담은 목적물의 멸실·훼손 등에 한하고 목적물의 가격하락의 경우에는 적용되지 않는다.

3. 효과와 보상약정을 해제할 수 없다는 대법원 판결

수용목적물의 멸실 · 훼손에 대한 손실은 사업시행자가 부담하게 되며 보상금의 감액이나 면제를 주장할 수 없다. 판례는 지상입목에 대한 보상협약 후 목적물이 홍수로 멸실되었다고 하더라도 보상하기로 한 자는 이행불능을 이유로 보상약정을 해제할 수 없다고 판시하였다.

04 절 담보물권자의 물상대위

1. 물상대위의 의의

물상대위란 약정담보물권에 있어서 그 목적물이 멸실 · 훼손 또는 공용징수로 인하여 보상금청구권 등으로 변하는 경우 그 청구권 등에 담보물권의 효력이 미치는 것을 말한다.

2. 취지(토지보상법 제47조)

토지보상법 제47조는 "담보물권의 목적물이 수용 · 사용된 경우 그 담보물권은 채무자가 받을 보상금에 대하여 행사할 수 있다. 다만 그 지급 전에 압류하여야 한다."라고 규정하고 있다. 이는 공법상 보상청구권에 대해 대위권 행사를 확인적으로 인정하고, 사업인정고시일 이후 설정된 담보물권자의 지위를 보장하기 위해 규정의 취지가 인정된다.

3. 물상대위의 요건

지급 전 압류를 법 제47조에서 규정하고 있으며, 판례는 압류를 반드시 본인이 할 필요는 없고 제3자가 해도 된다고 판시하고 있다. 이는 특정성이 유지 · 보전되는 한도 안에서 우선변제권을 인정하고자 함에 그 취지가 인정된다.

4. 담보권자의 권리구제

관계인인 담보물권자는 수용절차상 사전적 권리구제가 가능하다. 다만 수용재결에 대한 불복은 곤란한 바, 토지보상법 제83조의 이의신청 및 제85조의 보상금증감청구소송은 가능하다고 할 것이다.

관계인이 아닌 담보물권자는 제83조의 이의신청 규정상 '이의 있는 자'에 해당하여 이의신청이 가능하다. 그러나 보상금증감청구소송은 관련규정상 곤란하지만 행정소송법 제16조 제3자의 소송참가 규정에 의거 소송의 참가가 가능할 것이다.

5. 물상대위와 관련된 대법원 판례

Check!

■ 대법원 2008.4.10, 2006다60557 판결[배당이의][미간행]

【판시사항】

[1] 국세징수법상의 체납처분에 의한 압류만을 이유로 공익사업을 위한 토지 등의 취득 및 보상에 관한 법률 제40조 제2항 제4호 또는 민사집행법 제248조 제1항에 의한 집행공탁을 할 수 있는지 여부(소극)

[2] 공익사업을 위한 토지 등의 취득 및 보상에 관한 법률상의 보상금채권에 관하여 부적법한 집행공탁이 이루어지고 이에 기한 배당절차가 진행되는 경우, 수용되는 부동산의 근저당권자가 위 배당절차에서 배당요구를 하였다면 적법하게 물상대위권을 행사한 것으로 볼 수 있는지 여부(적극)

[3] 공익사업을 위한 토지 등의 취득 및 보상에 관한 법률상의 보상금채권에 관하여 이루어진 집행공탁이 요건을 갖추지 못한 경우, 집행공탁의 하자가 치유되고 보상금채무 변제의 효력이 발생하기 위한 요건

[4] 부적법한 집행공탁에 기한 공탁사유 신고 이후 배당금의 지급 전에 물상대위권을 행사한 근저당권자를 제외하는 것으로 배당표가 작성된 경우, 위 근저당권자는 배당이의 소를 제기할 수 있는지 여부(적극)

【판결요지】

1. 국세징수법상의 체납처분에 의한 압류만을 이유로 하여 사업시행자가 공익사업을 위한 토지 등의 취득 및 보상에 관한 법률(이하 '공익사업보상법'이라 한다) 제40조 제2항 제4호 또는 민사집행법 제248조 제1항에 의한 집행공탁을 할 수는 없으므로, 체납처분에 의한 압류만을 이유로 집행공탁이 이루어지고 사업시

행자가 민사집행법 제248조 제4항에 따라 법원에 공탁사유를 신고하였다고 하더라도, 이러한 공탁사유의 신고로 인하여 민사집행법 제247조 제1항에 따른 배당요구 종기가 도래하고 그 후의 배당요구를 차단하는 효력이 발생한다고 할 수는 없다(대판 2007.4.12, 2004다20326 참조).

민법 제370조, 제342조에 의하여 저당권자는 저당물의 멸실, 훼손 또는 공용징수로 인하여 저당권설정자가 받을 금전에 대하여 그 지급 또는 인도 전에 압류하여 물상대위권을 행사할 수 있으므로, 공익사업보상법상의 보상금채권에 관하여 위와 같이 요건을 흠결한 집행공탁이 이루어지고 이에 기하여 배당절차가 진행되는 경우, 수용되는 부동산의 근저당권자가 사업시행자의 공탁사유신고 이후 배당금이 지급되기 전에 공탁금출급청구권에 관한 압류 및 추심명령을 받아 위 배당절차에서 배당요구를 하였다면, 이는 적법하게 물상대위권을 행사한 것으로 볼 수 있다.

또한, 공익사업보상법상의 보상금채권에 관하여 이루어진 집행공탁이 요건을 갖추지 못한 경우라 하더라도, 수용부동산의 소유자 또는 공익사업보상법 제2조 제5호 소정의 관계인 등 보상금채권에 관한 채권자가 집행공탁의 하자를 추인하며 그 집행공탁에 기초하여 진행된 배당절차에 참여하여 배당요구를 함에 따라 보상금채권에 관계된 채권자들에게 우선순위에 따라 배당이 이루어졌다면, 집행공탁의 하자는 치유되고 보상금채무 변제의 효력이 발생한다.

따라서 위와 같이 요건을 흠결한 집행공탁에 기한 공탁사유 신고 이후 배당금의 지급 전에 물상대위권을 행사한 근저당권자를 제외하는 것으로 배당표가 작성된 경우, 위 근저당권자는 그가 배당받을 수 있었던 금액 상당의 금원을 배당받은 후순위의 채권자를 상대로 배당이의 소를 제기할 수 있다.

05 절 환매권

Check!

제91조(환매권)

① 공익사업의 폐지・변경 또는 그 밖의 사유로 취득한 토지의 전부 또는 일부가 필요 없게 된 경우 토지의 협의취득일 또는 수용의 개시일(이하 이 조에서 "취득일"이라 한다) 당시의 토지소유자 또는 그 포괄승계인(이하 "환매권자"라 한

다)은 다음 각 호의 구분에 따른 날부터 10년 이내에 그 토지에 대하여 받은 보상금에 상당하는 금액을 사업시행자에게 지급하고 그 토지를 환매할 수 있다.

1. 사업의 폐지·변경으로 취득한 토지의 전부 또는 일부가 필요 없게 된 경우 : 관계 법률에 따라 사업이 폐지·변경된 날 또는 제24조에 따른 사업의 폐지·변경 고시가 있는 날
2. 그 밖의 사유로 취득한 토지의 전부 또는 일부가 필요 없게 된 경우 : 사업완료일

② 취득일부터 5년 이내에 취득한 토지의 전부를 해당 사업에 이용하지 아니하였을 때에는 제1항을 준용한다. 이 경우 환매권은 취득일부터 6년 이내에 행사하여야 한다.

③ 제74조 제1항에 따라 매수하거나 수용한 잔여지는 그 잔여지에 접한 일단의 토지가 필요 없게 된 경우가 아니면 환매할 수 없다.

④ 토지의 가격이 취득일 당시에 비하여 현저히 변동된 경우 사업시행자와 환매권자는 환매금액에 대하여 서로 협의하되, 협의가 성립되지 아니하면 그 금액의 증감을 법원에 청구할 수 있다.

⑤ 제1항부터 제3항까지의 규정에 따른 환매권은 「부동산등기법」에서 정하는 바에 따라 공익사업에 필요한 토지의 협의취득 또는 수용의 등기가 되었을 때에는 제3자에게 대항할 수 있다.

⑥ 국가, 지방자치단체 또는 「공공기관의 운영에 관한 법률」 제4조에 따른 공공기관 중 대통령령으로 정하는 공공기관이 사업인정을 받아 공익사업에 필요한 토지를 협의취득하거나 수용한 후 해당 공익사업이 제4조 제1호부터 제5호까지에 규정된 다른 공익사업(별표에 따른 사업이 제4조 제1호부터 제5호까지에 규정된 공익사업에 해당하는 경우를 포함한다)으로 변경된 경우 제1항 및 제2항에 따른 환매권 행사기간은 관보에 해당 공익사업의 변경을 고시한 날부터 기산(起算)한다. 이 경우 국가, 지방자치단체 또는 「공공기관의 운영에 관한 법률」 제4조에 따른 공공기관 중 대통령령으로 정하는 공공기관은 공익사업이 변경된 사실을 대통령령으로 정하는 바에 따라 환매권자에게 통지하여야 한다.

[헌법불합치, 2019헌바131, 2020.11.26, 공익사업을 위한 토지 등의 취득 및 보상에 관한 법률(2011.8.4. 법률 제11017호로 개정된 것) 제91조 제1항 중 '토지의 협의취득일 또는 수용의 개시일(이하 이 조에서 "취득일"이라 한다)부터 10년 이내에' 부분은 헌법에 합치되지 아니한다. 법원 기타 국가기관 및 지방자치단체는 입법자가 개정할 때까지 위 법률조항의 적용을 중지하여야 한다.]

Ⅰ. 환매권 일반

1. 의의 및 취지

환매권이란 수용의 목적물인 토지가 공익사업의 폐지, 변경 그 밖의 사유로 인해 필요 없게 되거나, 수용 후 오랫동안 그 공익사업에 현실적으로 이용되지 아니할 경우, 수용 당시의 토지소유자 또는 그 포괄승계인이 보상금에 상당하는 금액을 지급하고 수용의 목적물을 다시 취득할 수 있는 권리를 말한다. 이는 재산권 존속보장 및 토지소유자의 소유권에 대한 감정존중을 도모하고 공평의 원칙에 취지가 인정된다.

2. 인정 근거

(1) 이론적 근거

피수용자의 감정존중(다수설) 및 공평의 원칙(판례)에서 찾는 견해와 재산권의 존속보장 및 정책적 배려에서 찾는 견해가 있다.

(2) 법적 근거

헌법상 재산권 보장이념을 구체화하여 토지보상법 제91조와 제92조에서 환매권에 관한 사항을 규정하였다. 환매권은 헌법의 재산권에 포함된 권리이지만 개별법의 명문의 규정이 없는 때에도 헌법을 직접적인 근거로 하여 환매권 행사가 가능한지 문제되나, 판례는 실정법의 근거가 있어야만 환매권을 행사할 수 있다는 취지의 판결을 한 바 있다.

3. 법적 성질

(1) 형성권

형성권이란 요건충족 시 형성적 효력이 발생하는 권리를 말하며 청구권과 달리 상대방이 동시이행항변권을 주장하지 못하는 권리이다. 환매권은 제척기간 내에 이를 일단 행사하면 형성적 효력으로 매매의 효력이 생기는 것으로 보고 있다.

(2) 공권인지 여부

① 문제점

환매권이 형성권인 점에 대해서는 학설과 판례가 일치하나, 공권과 사권에 대한 견해가 나뉜다. 논의실익은 환매권에 대한 다툼이 있는 경우 적용법규와 쟁송형태에 있다.

② 학설

㉠ **공권설** : 환매권은 공법적 원인에 의해 상실된 권리를 회복하는 제도이므로 공권력 주체에 대해 사인이 가지는 공법상 권리라고 보는 견해이다.

㉡ **사권설** : 환매권은 피수용자가 자기의 이익을 위하여 일방적으로 행사함으로써 환매의 효과가 발생하는 형성권으로 사업시행자의 동의를 요하지 않고, 이 권리는 공용수용의 효과로 발생하기는 하나 사업시행자에 의해 해제처분을 요하지 않는 직접 매매의 효과를 발생하는 것으로 사법상 권리로 보는 견해이다.

③ 판례

헌법재판소는 공익사업용지에 대한 환매권의 법적 성질을 사법상의 권리로 보고, 사업시행자의 환매권 행사를 거부하는 의사표시는 공권력의 행사가 아니라고 결정한 바 있다.

④ 검토

환매권은 공권에 의한 침해로 발생한 권리인바 공권으로 보는 견해가 일면 타당하나, 환매권은 자기이익을 위한 일방적 권리이므로 판례의 태도에 따라 사권으로 보는 것이 타당할 것이다.

Ⅱ. 환매권의 행사요건

1. 환매권의 행사

환매권은 수용의 효과로서 수용의 개시일에 법률상 당연히 성립·취득하는 것이므로 토지보상법상 요건은 이미 취득·성립된 환매권을 현실적으로 행사하기 위한 행사요건의 검토가 필요하다.

2. 당사자 및 목적물

환매권자는 토지소유자 또는 그 포괄승계인이고, 상대방은 사업시행자 또는 현재의 소유자이다. 환매목적물은 토지소유권에 한한다. 단, 잔여지의 경우 접속된 부분이 필요 없게 된 경우가 아니면 환매는 불가하다.

3. 환매권의 행사요건

(1) 사업의 폐지, 변경 그 밖의 사유로 필요 없게 된 때(토지보상법 제91조 제1항)

① 해당 사업의 폐지・변경으로 취득한 토지의 전부 또는 일부가 필요 없게 된 경우 사업이 폐지・변경된 날 또는 사업의 폐지・변경고시가 있는 날부터 10년 이내에, ② 그 밖의 사유로 취득한 토지의 전부 또는 일부가 필요 없게 된 경우 사업완료일로부터 10년 이내에 토지에 대하여 받은 보상금에 상당하는 금액을 사업시행자에게 지급하고 그 토지를 환매할 수 있다.

(2) 취득한 토지의 전부를 사업에 이용하지 아니한 때(토지보상법 제91조 제2항)

취득일부터 5년 이내에 취득한 토지의 전부를 해당 사업에 이용하지 아니하였을 때에는 취득일부터 6년 이내에 환매권을 행사하여야 한다. 여기서 토지의 전부란 사용・수용한 토지 전체를 말한다.

(3) 제1항 및 제2항의 행사요건 관계

제1항과 제2항은 요건을 서로 달리하고 있으므로 한 쪽의 요건에 해당되어도 다른 쪽의 요건을 주장할 수 있고, 국민의 권익보호를 위해 둘 중 긴 쪽의 요건을 적용할 수 있다고 봄이 타당하다.

4. 환매금액

환매금액은 원칙상 사업시행자가 지급한 보상금에 상당한 금액이며, 가격변동이 현저한 경우 양 당사자는 법원에 그 금액의 증감을 청구할 수 있다(보상금증감청구소송이 아니라 민사소송이다).

5. 환매권의 행사절차

(1) 사업시행자의 통지 또는 공고(토지보상법 제92조 통지의무)

사업시행자는 환매할 토지가 생겼을 때 지체 없이 환매권자에게 통지하거나 환매권자를 알 수 없는 경우 이를 공고하여야 한다.

(2) 환매권의 행사

환매권자는 환매금액을 지급하고 환매의사를 표시함으로써 환매권을 행사하게 된다. 환매권은 형성권으로 환매권자가 환매금액을 지급하고 일방적으로 환매의사를 표시함으로써 사업시행자의 동의와 관계없이 환매의 효과가 발생한다.

Ⅲ. 환매권 행사의 효과와 소멸

1. 환매권 행사의 효력

(1) 환매권 행사의 효력발생시점

환매권자는 환매금액을 지급한 후 환매의사를 표시함으로써 환매를 한다.

(2) 환매권의 효력(대항력)

토지의 협의취득의 등기 또는 수용등기가 되어 있으면 제3자가 환매목적물을 취득하더라도 환매권자의 지위가 제3자의 지위보다 우선하여 환매권자는 제3자에 대하여 환매권 행사가 가능하다.

Check!

[1] 구 공익사업을 위한 토지 등의 취득 및 보상에 관한 법률(2007.10.17. 법률 제8665호로 개정되기 전의 것) 제91조 제5항은 '환매권은 부동산등기법이 정하는 바에 의하여 공익사업에 필요한 토지의 협의취득 또는 수용의 등기가 된 때에는 제3자에게 대항할 수 있다'고 정하고 있다. 이는 협의취득 또는 수용의 목적물이 제3자에게 이전되더라도 협의취득 또는 수용의 등기가 되어 있으면 환매권자의 지위가 그대로 유지되어 환매권자는 환매권을 행사할 수 있고, 제3자에 대해서도 이를 주장할 수 있다는 의미이다(대판 2017.3.15, 2015다238963).

2. 환매권 행사의 효과

① 환매권을 행사한 경우 물권적 효력설의 입장에서는 소유권 이전의 효과가 발생한다고 본다. 반면, ② 채권적 효력의 입장에서는 소유권이전등기 청구 또는 소유권이전등기말소청구권이 발생하는 효과가 있다고 본다. 판례는 환매권의 행사에 대해 이는 채권적 효과로서 소유권이전등기청구권이 발생한다고 보며 10년을 시효로 소멸한다고 한다.

3. 환매권의 소멸

① 사업시행자는 제91조 제1항 및 제2항에 따라 환매할 토지가 생겼을 때에는 지체 없이 그 사실을 환매권자에게 통지하여야 한다. 다만, 사업시행자가 과실 없이 환매권자를 알 수 없을 때에는 대통령령으로 정하는 바에 따라 공고하여야 한다.

② 환매권자는 제92조 제1항에 따른 통지를 받은 날 또는 공고를 한 날부터 6개월이 지난 후에는 제91조 제1항 및 제2항에도 불구하고 환매권을 행사하지 못한다.

Ⅳ. 환매권 행사의 제한(공익사업변환 특칙, 법 제91조 제6항)

1. 의의 및 취지

공익사업의 변환이란 공익사업이 다른 공익사업으로 변경된 경우, 별도의 절차 없이 해당 토지를 변경된 다른 공익사업에 이용하도록 하는 제도를 말하며, 이는 환매와 재취득이라는 무용한 절차의 반복을 방지하기 위한 제도이다.

2. 요건

(1) 사업시행자 요건

1) 원칙

사업인정을 받은 사업시행자가 국가 · 지방자치단체 또는 공공기관이어야 한다.

2) 사업시행자의 변경이 있는 경우에도 공익사업변환 특칙이 적용되는지 여부

① 학설

㉠ 공익사업변환은 공익성이 더 큰 공익사업으로 변경된 경우에 적용되는 규정으로 사업시행자의 변경까지 제한하는 것은 아니라는 긍정설과, ㉡ 환매권 행사제한규정은 환매권의 인정에 대한 예외적 규정이므로 좁게 해석되어야 하기에 부정하는 견해가 대립한다.

② 판례

대법원은 공익사업변환 특칙이 국가, 지방자치단체 또는 공공기관 등 사업시행자가 동일한 입장에서만 허용되는 것은 아니라고 하여 긍정하였다. 반드시 공공기관일 필요는 없지만 공공성이 있는 사업시행자가 해야 한다고 보고 있다.

③ 검토

환매권제도는 공공필요의 소멸이라는 수용본질의 한계상 인정되는 것이므로 이러한 취지에 반하는 예외적 규정은 좁게 해석함이 국민의 권리구제에 유리하다. 또한 현실적으로 행정청의 용도담합에 의해 환매권이 형해화(形骸化)되는 결과를 초래할 우려가 있으므로 사업시행자 변경 시에는 공익사업변환은 인정되지 않는 것으로 봄이 타당하다.

(2) 대상사업요건

변경 전 공익사업은 사업인정을 받아야 하고, 변경 후 공익사업은 토지보상법 제4조 제1호부터 제5호까지에 규정된 공익사업이어야 한다. 새로운 공익사업은 사업인정을 받거나 받은 것으로 의제되어야 한다.

(3) 사업시행자의 토지소유요건

공익사업을 위해 협의취득하거나 수용한 토지가 변경된 사업의 사업시행자가 아닌 제3자에게 처분된 경우에는 공익사업변환을 인정할 수 없다고 판시하여 사업시행자는 대상토지를 계속 소유하고 있어야 한다.

3. 공익사업변환의 효과

변환이 인정되면 환매권 행사가 제한되고 환매권의 행사기간은 관보에 공익사업의 변경을 고시한 날부터 기산한다. 판례는 새로 변경된 사업을 기준으로 다시 행사요건을 갖추지 못하는 한 환매권을 행사할 수 없고, 요건을 갖춘 경우에 행사기간은 사업의 변경을 관보에 고시한 날부터 기산한다고 판시하였다.

4. 공익사업변환의 위헌성

(1) 문제점

토지보상법 제91조 제6항은 공익사업변환에 해당하는 경우 환매권 행사를 제한하고 있다. 헌법은 재산권의 존속보장과 본질적 내용의 침해금지를 규정하고 있는 바, 공익사업변환이 비례의 원칙 등에 위반되는지가 문제된다.

(2) 학설

① 합헌설(헌법재판소의 다수견해)은 공익사업변환제도는 공익사업의 신속한 수행이라는 목적의 정당성 및 대상사업의 범위를 제한하여 수단으로서 적정성이 인정된다고 본다. 또한 피해최소성의 원칙, 법익균형의 원칙에도 부합하여 헌법상 비례원칙에 위배되지 않는다고 본다.

② 위헌설은 계속적 변환을 인정 시 실질적으로 환매권 취득기회를 상실시켜 기본권 제한과 과잉금지의 원칙에 위배된다고 본다.

(3) 검토

공익사업의 변환은 환매권자의 참여가 배제된 상태에서 이루어지므로 최소침해, 법익균형에 문제가 있다고 볼 수 있다. 따라서 공익사업의 변환특칙은 위헌적 소지가 많은 규정이라는 비판을 피할 수 없다.

5. 관련문제(사업인정 전 협의취득으로 인한 환매권에 공익사업변환 특칙의 적용 여부)

대법원은 구법하에서 사업인정 전 협의취득으로 인한 환매권에 공익사업변환 특칙이 적용된다고 보았다. 생각건대, 토지보상법 제91조 제6항은 사업인정을 받을 것을 규정하고 있는 바, 사업인정을 받아서 취득한 후 공익사업이 변경된 경우만을 상정하여 규정하고 있으므로 사업인정 전 협의취득으로 인한 환매권 행사제한에 적용될 여지는 없다고 판단된다.

V. 권리구제

1. 환매권 행사에 대한 권리구제

환매권 행사요건의 성립 여부에 대한 다툼은 공권설의 입장에서는 공법상 당사자소송에 의할 것이며, 사권설의 입장에서는 민사소송(사업시행자 : 소유권확인의소, 환매권자 : 소유권이전등기이행의소)에 의하게 될 것이나, 실무상 민사소송에 의한다.

2. 환매금액에 대한 다툼

환매금액에 대한 다툼은 사업시행자 및 환매권자가 협의하되, 협의가 불성립할 경우 법원에 환매금액의 증감을 청구할 수 있다(보상금증감청구소송이 아니라, 민사소송에 의해 다툰다).

Check!

환매권 관련 판례

1. 환매권 미통지로 인한 환매권 행사기간 경과 시 손해배상책임 판례

원소유자를 보호할 필요성 및 공평의 원칙 등 환매권을 규정한 입법이유에 비추어 환매권의 통지는 환매권 행사의 실효성을 보장하기 위한 것이라 할 것이므로 환매권 통지의 규정은 사업시행자의 법적인 의무를 정한 것이라고 보아야 한다. 그러므로 환매권 통지의무 위반으로 불법행위로 인한 손해배상책임이 발생한다(대판 2000.11.14, 99다45864).

2. 제3자에게 매매 등이 된 경우 환매권의 대항력(제91조 제5항) - 미기출

수용의 목적물이 제3자에게 이전되더라도 협의취득, 수용의 등기가 되어 있으면 환매권자의 지위가 그대로 유지되어 환매권자는 환매권을 행사할 수 있다. 즉 환매권이 발생한 때부터 제척기간이 도과로 소멸할 때까지 사이에 언제라도 환매권을 행사하고 이로써 제3자에게 대항할 수 있다(대판 2017.3.15, 2015다238963).

3. 환매권 상실 손해배상금액 판례

환매권 상실 당시의 감정평가금액 - (환매권 상실 당시 감정평가금액 - 지급보상금 × 지가상승률)(대판 2017.3.15, 2015다238963)

4. 환매권 제한, 공익사업변경 관련 판례(제91조 제6항) 종전 사업뿐만 아니라 새로운 사업도 사업인정을 받아야 환매권 행사가 제한된다. 초등학교, 중학교 학교부지 간 교환사건 - 미기출

제91조 제6항에 정한 공익사업의 변환은 같은 법 제20조에 규정에 의한 사업인정을 받은 공익사업으로 변경된 경우에 한하여 환매권의 행사를 제한하는 것이므로 사업인정이나 사업인정의제를 받은 것으로 볼 수 있는 경우에만 공익사업의 변환에 의한 환매권의 제한을 인정할 수 있다. 제3자에게 처분된 경우 공익사업의 변환을 인정할 여지도 없다(대판 2010.9.30, 2010다30782).

5. 공익사업의 변환 시 반드시 사업시행자가 공공기관이어야 하는가? (부정)

변경된 공익사업이 토지보상법 제4조 제1호 내지 제5호에 정한 공익사업에 해당하면 인정되는 것이지 변경된 공익사업의 시행자가 국가, 지방자치단체, 공공기관일 필요까지는 없다(대판 2015.8.19, 2014다201391).

판례변경 : 토지보상법 제91조 제1항 10년 이내 부분 헌법불합치 결정
2020.11.26, 2019헌바131 헌법불합치 결정 토지보상법 제91조 제1항 10년 적용 부분

헌법재판소는 2020년 11월 26일 재판관 6:3의 의견으로, 환매권의 발생기간을 제한한 공익사업을 위한 토지 등의 취득 및 보상에 관한 법률(2011.8.4. 법률 제11017호로 개정된 것) 제91조 제1항 중 '토지의 협의취득일 또는 수용의 개시일부터 10년 이내에' 부분이 헌법에 합치되지 아니한다는 결정을 선고하였다. [헌법불합치]
이에 대하여 위 조항이 재산권을 침해하지 아니한다는 재판관 이선애, 재판관 이종석, 재판관 이미선의 반대의견이 있다.

■ **사건개요**

• 창원시는 2005.9.경 내지 2006.1.경 청구인들로부터 '괴정-외성 간 해양관광도로 개설공사'를 추진하기 위하여 '공익사업을 위한 토지 등의 취득 및 보상에 관한 법률'(이하 '토지보상법'이라 한다)에 따라 창원시 진해구 ○○ 등 6필지 토지(이하 '이 사건 토지'라 한다)에 관하여 공공용지 협의취득에 의한 소유권이전등기를 마쳤다.

- 창원시는 위 해양관광도로 개설공사를 진행하던 중 부산-진해 경제자유구역청이 추진하는 '남산유원지 개발계획'과 중복되는 부분이 있음이 밝혀져 사업진행을 보류하다가, 2017.5.25. 이 사건 토지를 위 해양관광도로 사업부지에서 제외하는 내용의 창원도시관리계획 결정(변경) 고시를 하였다(창원시 고시 제2017-102호).
- 청구인들은 2018.1.8. 창원시를 상대로 주위적으로 환매를 원인으로 한 소유권이전등기절차 이행을 구하고, 예비적으로 환매권 통지를 하지 않은 불법행위에 기한 손해배상을 구하는 소를 제기하였다.
- 청구인들은 위 소송 계속 중인 2019.3.14. 토지보상법 제91조 제1항에 대하여 위헌법률심판제청을 신청하였고, 2019.4.5. 위 신청이 기각되자 같은 달 19. 이 사건 헌법소원심판을 청구하였다.

■ 심판대상

- 이 사건 심판대상은 '공익사업을 위한 토지 등의 취득 및 보상에 관한 법률'(2011.8.4. 법률 제11017호로 개정된 것) 제91조 제1항 중 '토지의 협의취득일 또는 수용의 개시일(이하 이 조에서 "취득일"이라 한다)부터 10년 이내에' 부분(이하 '이 사건 법률조항'이라 한다)이 헌법에 위반되는지 여부이다.

[심판대상조항]

공익사업을 위한 토지 등의 취득 및 보상에 관한 법률(2011.8.4. 법률 제11017호로 개정된 것)

제91조(환매권)

① 공익사업의 폐지·변경 또는 그 밖의 사유로 취득한 토지의 전부 또는 일부가 필요 없게 된 경우 토지의 협의취득일 또는 수용의 개시일(이하 이 조에서 "취득일"이라 한다) 당시의 토지소유자 또는 그 포괄승계인(이하 "환매권자"라 한다)은 다음 각 호의 구분에 따른 날부터 10년 이내에 그 토지에 대하여 받은 보상금에 상당하는 금액을 사업시행자에게 지급하고 그 토지를 환매할 수 있다.

1. 사업의 폐지·변경으로 취득한 토지의 전부 또는 일부가 필요 없게 된 경우 : 관계 법률에 따라 사업이 폐지·변경된 날 또는 제24조에 따른 사업의 폐지·변경 고시가 있는 날
2. 그 밖의 사유로 취득한 토지의 전부 또는 일부가 필요 없게 된 경우 : 사업완료일

■ 결정주문

1. 공익사업을 위한 토지 등의 취득 및 보상에 관한 법률(2011.8.4. 법률 제11017호로 개정된 것) 제91조 제1항 중 '토지의 협의취득일 또는 수용의 개시일(이하 이 조에서 "취득일"이라 한다)부터 10년 이내에' 부분은 헌법에 합치되지 아니한다.
2. 법원 기타 국가기관 및 지방자치단체는 입법자가 개정할 때까지 위 법률조항의 적용을 중지하여야 한다.

■ 이유의 요지

환매권의 법적 성격과 심사기준

- 우리 헌법은 국민의 재산권 보장을 원칙으로 하고 예외적으로 공공필요 등 헌법상 요건을 갖춘 경우 토지수용 등을 인정하고 있다. 따라서 토지수용 등 절차를 종료하였다고 하더라도 공익사업에 해당 토지가 필요 없게 된 경우에는 토지수용 등의 헌법상 정당성이 장래를 향하여 소멸한 것이므로, 이러한 경우 종전 토지소유자가 소유권을 회복할 수 있는 권리인 환매권은 헌법이 보장하는 재산권의 내용에 포함되는 권리이다.
- 이 사건 법률조항은 '취득일로부터 10년 이내'로 환매권의 발생기간을 제한하고 있는데, 이러한 제한은 환매권의 구체적 행사를 위한 내용을 정한 것이라기보다는 환매권 발생 여부 자체를 정하는 것이어서 사실상 원소유자의 환매권을 배제하는 결과를 초래할 수 있으므로, 헌법 제37조 제2항에서 정한 기본권 제한입법의 한계를 준수하고 있는지 살펴본다.

과잉금지원칙 위반 여부

- 환매권의 발생기간을 제한한 것은 사업시행자의 지위나 이해관계인들의 토지이용에 관한 법률관계 안정, 토지의 사회경제적 이용 효율 제고, 사회일반에 돌아가야 할 개발이익이 원소유자에게 귀속되는 불합리 방지 등을 위한 것인데, 그 입법목적은 정당하고 이와 같은 제한은 입법목적 달성을 위한 유효적절한 방법이라 할 수 있다.
- 그러나 2000년대 이후 다양한 공익사업이 출현하면서 공익사업 간 중복·상충 사례가 발생하였고, 산업구조 변화, 비용 대비 편익에 대한 지속적 재검토, 인근 주민들의 반대 등에 직면하여 공익사업이 지연되다가 폐지되는 사례가 발생하고 있다. 2020년 6월 기준 토지취득절차 돌입 후 10년 6개월이 경과하였음에도 공사가 완료되지 않은 공익사업이 156건, 이를 위해 사인으로부터 취득한 토지가 약 14,000필지에 이른다.
- 이와 같은 상황에서 이 사건 법률조항의 환매권 발생기간 '10년'을 예외 없이 유지하게 되면 토지수용 등의 원인이 된 공익사업의 폐지 등으로 공공필요가 소멸하였음에도 단지 10년이 경과하였다는 사정만으로 환매권이 배제되는 결과가 초래될 수 있다. 다른 나라의 입법례에 비추어 보아도 발생기간을 제한하지 않거나 더 길게 규정하면서 행사기간 제한 또는 토지에 현저한 변경이 있을 때 환매거절권을 부여하는 등 보다 덜 침해적인 방법으로 입법목적을 달성하고 있다. 이 사건 법률조항은 침해의 최소성 원칙에 어긋난다.
- 이 사건 법률조항으로 제한되는 사익은 헌법상 재산권인 환매권의 발생 제한이고, 이 사건 법률조항으로 환매권이 발생하지 않는 경우에는 환매권 통지의무도 발생하지 않기 때문에 환매권 상실에 따른 손해배상도 받지 못하게 되므로, 사익 제한 정도가 상당히 크다.

• 그런데 10년 전후로 토지가 필요 없게 되는 것은 취득한 토지가 공익목적으로 실제 사용되지 못한 경우가 대부분이다. 토지보상법은 부동산등기부상 협의취득이나 토지수용의 등기원인 기재가 있는 경우 환매권의 대항력을 인정하고 있어 공익사업에 참여하는 이해관계인들은 환매권이 발생할 수 있음을 충분히 알 수 있다. 토지보상법은 이미 환매대금증감소송을 인정하여 당해 공익사업에 따른 개발이익이 원소유자에게 귀속되는 것을 차단하고 있다.
• 따라서 이 사건 법률조항이 추구하고자 하는 공익은 원소유자의 사익침해 정도를 정당화할 정도로 크다고 보기 어려우므로, 법익의 균형성을 충족하지 못한다.
• 결국 이 사건 법률조항은 헌법 제37조 제2항에 반하여 국민의 재산권을 침해하여 헌법에 위반된다.

헌법불합치결정과 적용중지

• 다만 이 사건 법률조항의 위헌성은 환매권의 발생기간을 제한한 것 자체에 있다기보다는 그 기간을 10년 이내로 제한한 것에 있다. 이 사건 법률조항의 위헌성을 제거하는 다양한 방안이 있을 수 있고 이는 입법재량 영역에 속한다. 이 사건 법률조항의 적용을 중지하더라도 환매권 행사기간 등 제한이 있기 때문에 법적 혼란을 야기할 뚜렷한 사정이 있다고 보이지는 않는다.
• 따라서 이 사건 법률조항 적용을 중지하는 헌법불합치결정을 하고, 입법자는 가능한 한 빠른 시일 내에 이와 같은 결정 취지에 맞게 개선입법을 하여야 한다.

■ 반대의견(재판관 이선애, 재판관 이종석, 재판관 이미선)

• 환매권은 헌법상 재산권의 내용에 포함되는 권리이나, 그 구체적인 내용과 한계는 법률에 의하여 정해진다. 이 사건 법률조항은 환매권의 구체적인 모습을 형성하는 것임과 동시에 환매권 행사를 제한하는 것임을 염두에 두고 기본권 제한입법의 한계를 일탈한 것인지 살펴보아야 한다.
• 대체로 10년이라는 기간은 토지를 둘러싼 사업시행자나 제3자의 이해관계가 두껍게 형성되고, 토지의 사회경제적 가치가 질적 변화를 일으키기에 상당한 기간으로 볼 수 있다. 우리나라의 경우 부동산 가치 변화가 상당히 심하고, 토지를 정주 공간보다는 투자의 대상으로 인식하는 사회적 경향이 뚜렷하여 원소유자가 환매권을 행사하는 주된 동기가 상승한 부동산의 가치회수인 경우가 많다.
• 이러한 사정들을 고려하면, 이 사건 법률조항의 환매권 발생기간 제한이 환매권을 형해화하거나 그 본질을 훼손할 정도로 불합리하다고 볼 수 없다.
• 토지보상법은 5년 이내에 취득한 토지 전부를 공익사업에 이용하지 아니하였을 때 환매권을 인정하여 이 사건 법률조항에 따른 환매권 제한을 상당 부분 완화하고 있다. 취득일로부터 10년이 지난 뒤 해당 토지가 다른 공익사업에 편입되는 경우가 있는데, 이 경우에는 이 사건 법률조항으로 달성하고자 하는 토지의 효율적 이용이라는 공익이 작다고 할 수 없다.

- 개발이익 귀속과 관련하여서도, 이 사건 법률조항보다 장기간 환매권 발생기간을 인정하게 되면, 여러 공익사업이 지역개발사업으로 함께 시행되는 경우가 적지 않은 현실에서 해당 공익사업과 관계없는 인근 유사토지의 지가가 다른 지역개발사업에 의하여 현저히 상승하는 경우가 발생하고, 이 경우 사회일반의 이익으로 돌아가야 할 개발이익이 원소유자에게 귀속되는 불합리한 결과가 발생할 수 있다.
- 이 사건 법률조항의 환매권 발생기간 제한은 입법목적 달성을 위해 필요한 범위 내의 것이고 원소유자의 불이익이 달성하려는 공익보다 크다고 할 수 없다.
- 따라서 이 사건 법률조항은 기본권 제한 입법의 한계를 일탈하여 청구인들의 재산권을 침해한다고 볼 수 없다.

■ **결정의 의의**

- 종래 이 사건 법률조항과 동일한 내용의 구 '공공용지의 취득 및 손실보상에 관한 특례법' 및 구 토지수용법 조항이 헌법에 위반되지 아니한다고 판시한 헌재 1994. 2.24, 92헌가15 등 결정은 이 결정 취지와 저촉되는 범위 안에서 이를 변경한다.
- 이 사건은 토지보상법상 환매권의 발생기간을 일률적으로 10년으로 제한한 것이 국민의 재산권을 과도하게 제한하여 헌법에 위반된다고 한 결정이다. 입법자는 이 결정의 취지에 따라 최대한 빠른 시일 내에 개선입법을 하여 위헌적 상태를 제거하여야 한다.

CHAPTER 06

공용수용의 약식절차

Ⅰ. 개설

공익상 특별한 사유가 발생한 때, 사용의 경우에 한하여 보통절차의 일부를 생략하는 약식절차를 토지보상법 제38조와 제39조에서 규정하고 있다. 이는 현실적 필요성에 의해 인정되는 것으로 엄격한 절차를 요한다.

Ⅱ. 천재 · 지변시의 토지의 사용(토지보상법 제38조)

1. 의의 및 근거

천재 · 지변 그 밖의 사변으로 인하여 공공의 안전을 유지하기 위한 공익사업을 긴급히 시행할 필요가 있는 경우 시장 등의 허가를 받아 타인의 토지를 즉시 사용할 수 있는 것으로, 토지보상법 제38조에 근거한다.

2. 요건

① 천재 · 지변 등으로 인하여, ② 공공의 안전을 유지하기 위한 공익사업을 긴급히 시행할 필요가 있을 것, ③ 시장 등의 허가(통지 포함)가 있을 것, ④ 사용기간은 6개월 이내일 것 등을 요건으로 한다.

3. 절차

사업시행자는 허가를 받아 즉시 사용할 수 있고, 사업시행자가 국가 또는 특별시 · 광역시 또는 도일 때에는 통지하고 사용할 수 있다. 허가를 하거나 통지를 받은 경우 또는 직접 타인의 토지를 사용하려는 때에는 즉시 토지소유자 및 점유자에게 통지하여야 한다.

4. 효과

사업시행자는 목적물에 대한 사용권을 취득하며, 사용기간 만료 시 반환 및 원상회복의무, 대행 · 대집행신청권을 가지며, 토지소유자는 목적물의 인도 · 이전의무, 손실보상청구권을 갖는다.

5. 권리구제

(1) 허가에 대한 항고쟁송

시장 등의 허가는 항고쟁송의 대상이 되는 처분에 해당하므로, 당사자는 시장 등의 위법한 허가거부처분이나 허가처분에 대하여 항고쟁송으로 다툴 수 있다.

(2) 손실보상

사업시행자는 타인의 토지를 사용함으로써 발생하는 손실을 협의에 의하여 보상액을 산정하여 보상하여야 하며, 협의 불성립 시에는 토지수용위원회에 재결을 신청할 수 있다.

Ⅲ. 시급한 토지 사용에 대한 허가(토지보상법 제39조)

1. 의의 및 근거

재결신청이 있는 경우 그 재결을 기다려서는 재해를 방지하기 곤란하거나 그 밖에 공공의 이익에 현저한 지장을 줄 우려가 있다고 인정하는 때에는 사업시행자의 신청과 토지수용위원회의 허가에 의해 타인의 토지를 사용하는 제도로, 토지보상법 제39조에 근거한다.

2. 요건

① 허가권자는 관할 토지수용위원회이며, ② 재결의 신청이 있을 것, ③ 재결을 기다려서는 재해를 방지하기 곤란하거나 그 밖에 공공의 이익에 현저한 지장을 줄 우려가 있다고 인정될 것, ④ 사업시행자의 담보제공이 있을 것(사업시행자가 국가 등인 경우 예외), ⑤ 사용기간은 6개월 이내일 것을 요한다.

3. 절차

사업시행자가 신청하여 관할 토지수용위원회의 허가를 받아야 한다. 토지수용위원회가 허가를 한 경우에는 토지소유자 및 점유자에게 즉시 통지하여야 한다.

4. 효과

사업시행자는 목적물에 대한 사용권을 취득하며, 사용기간 만료 시 반환 및 원상회복의무, 대행·대집행신청권을 가지며, 토지소유자는 목적물의 인도·이전의무, 손실보상청구권을 갖는다.

5. 권리구제

(1) 허가에 대한 항고쟁송

관할 토지수용위원회의 허가는 항고쟁송의 대상이 되는 처분에 해당하므로, 당사자는 관할 토지수용위원회의 위법한 허가거부처분이나 허가처분에 대하여 항고쟁송으로 다툴 수 있다.

(2) 손실보상

사업시행자는 토지수용위원회의 재결이 있기 전에 토지소유자 또는 관계인의 청구가 있는 때에는 자기가 산정한 보상금을 토지소유자 또는 관계인에게 지급하여야 하며, 토지소유자 또는 관계인은 사업시행자가 토지수용위원회의 재결에 의한 보상금의 지급시기까지 이를 지급하지 아니하는 때에는 제공된 담보의 전부 또는 일부를 취득한다.

Ⅳ. 약식절차의 비교

<table>
<tr><th colspan="2"></th><th>천재 · 지변 시의 토지의 사용</th><th>시급한 토지 사용에 대한 허가</th></tr>
<tr><td rowspan="4">공통점</td><td>제도적 취지</td><td colspan="2">① 보통절차를 거칠 여유가 없기 때문에 보통절차 중 일부를 생략
② 정식절차에 비해 침해의 정도가 더욱 크므로 피침해자의 권리보호장치가 법정</td></tr>
<tr><td>요건</td><td colspan="2">① 공용사용의 경우에만 허용
② 공공의 안전을 유지하기 위한 공익사업을 긴급히 시행할 필요가 있을 것</td></tr>
<tr><td>사용기간</td><td colspan="2">토지소유자의 재산권 보상취지로 6개월을 초과하지 못함</td></tr>
<tr><td>보상의 특징</td><td colspan="2">토지보상법 제62조의 사전보상원칙의 예외로서 사후보상이 이루어짐</td></tr>
<tr><td rowspan="3">차이점</td><td>내용 및 절차</td><td>시 · 군 · 구청장의 허가 또는 통지를 받은 후 토지소유자에게 통지</td><td>재결신청 → 사업시행자의 담보제공 → 토지수용위원회의 허가 → 토지소유자 통지</td></tr>
<tr><td>보상방법</td><td>토지보상법 제9조 제5항 내지 제7항</td><td>토지보상법 제41조</td></tr>
<tr><td>권리구제</td><td>협의에 의하여 보상액을 산정하되, 협의 불성립 시에는 토지수용위원회에 재결을 신청.
위법사용 시 손해배상 청구</td><td>손실보상의 명문규정 없음. 토지보상법 제41조에 의하여 담보물로 보전</td></tr>
</table>

감정평가 및 보상법규
암기장

공익사업을 위한 토지 등의 보상 (손실보상)

CHAPTER 01

우리나라 헌법 제23조

Ⅰ. 재산권의 존속보장과 가치보장

1. 존속보장

개인의 재산권에 대한 소유권을 박탈당하지 않고 그대로 유지시킴으로써 (재산권의 사용·수익·처분을 향유) 보장해 주는 것이다. 헌법 제23조 제1항·제2항에서는 재산권을 보장(존속보장)하고 있다.

2. 가치보장

공용침해를 허용할 경우 재산권의 존속보장은 깨진다 하여도 그 가치만이라도 보장해 주는 것이다. 헌법 제23조 제3항에서는 공용침해 시 손실보상의무를 규정하여 재산권의 가치를 보장하고 있다.

Ⅱ. 헌법 제23조 제3항의 불가분조항 여부

1. 불가분조항 의의

불가분조항이란 공권력 행사의 허용 여부에 관한 규정과 이에 대한 손실보상의 기준, 방법, 범위에 관한 규정은 모두 하나의 법률로 규정되어야 하며 서로 불가분의 관계를 형성하고 있어야 한다는 것이다.

2. 우리 헌법상 인정 여부에 대한 논의

(1) 학설

① 긍정설은 손실보상의 기준과 범위의 내용 등은 본질적 사항에 해당하는 것으로 반드시 입법자가 스스로 규율하는 데 그 의의가 있다는 견해이며, ② 부정설은 우리 헌법과 독일기본법상의 표현이 다르고, 우리 헌법 규정이 수용 등에 대한 보상은 법률에 의해 배제할 수 있는 취지라 하여 부정한다.

(2) 검토

헌법 제23조 제3항은 불가분조항으로 이해되기는 하지만 독일과 한국이 헌법체계가 다르고 손실보상의 구조가 다르기 때문에 그 차이를 인식하여야 한다. 다만, 보상규정을 두지 아니하거나 불충분한 보상규정을 두는 수용법률은 헌법위반이 될 수 있다.

Ⅲ. 수용적 침해와 수용유사침해

1. 서

손해전보에 대한 가장 전형적인 형태로는 행정상 손실보상과 손해배상을 들 수 있다. 이 제도들에 의한 권리구제방법이나 절차 등은 헌법적 근거와 토지보상법 등 개별법률로서 어느 정도 정비되어 있다고 할 수 있다. 그러나 현실에서는 행정작용으로 인해 개인이 입게 되는 각종의 피해에 대한 권리구제수단으로서 충분하지 못한 문제가 존재한다. 이하 손실보상의 사각지대인 비의도적 침해인 수용적 침해와 결과적 위법상태인 수용유사침해에 대해 검토하기로 한다.

2. 수용적 침해

(1) 수용적 침해의 의의

수용적 침해란 적법한 행정작용의 비의도적인 부수적 결과로서 타인의 재산권에 가해진 침해를 말한다.

(2) 수용적 침해의 요건

① 공익사업으로 인한 재산권 침해가 발생, ② 적법한 행정작용의 부수적 결과로 인한 침해, ③ 침해의 적법성, ④ 특별한 희생이 발생하여 피해자가 입는 재산권의 침해가 사회적 제약인가 특별한 희생인가 여부는 구체적인 상황에 따라 달라질 수 있으므로 특별한 희생에 대한 해석이 중요하다고 할 수 있다.

(3) 우리나라에서 수용적 침해의 인정 여부

① 견해대립

㉠ 긍정설은 헌법 제23조 제3항을 유추적용하여 인정하려는 견해이며, ㉡ 부정설은 수용적 침해를 인정하지 않고 헌법 제23조 제3항을 확대·적용하여 이를 직접적인 근거로 보아 손실보상청구를 행해야 한다고 보는 견해, 입법적으로 해결해야 할 문제로 보는 견해 등으로 구분된다.

② 검토

헌법 제23조 제3항에 따르면 공익사업 시행으로 인해 발생하는 손실에 대해서는 완전보상이 이루어져야 하나, 공익사업 시행으로 인한 비의도적인 부수적 결과로 발생한 재산권 침해는 법의 사각지대에 놓여 있다. 그러나 해당 공익사업 시행에 따른 비의도적인 부수적 결과로 발생한 침해라고 하더라도 해당 공익사업의 시행이 없었더라면 발생하지 않았을 침해라고 판단되는 경우에는 합당한 보상이 주어져야 한다고 판단된다. 따라서 이러한 법의 사각지대를 메울 수 있는 입법적 해결이 시급하다고 생각된다.

3. 수용유사침해

(1) 수용유사침해의 의의

행정기관의 위법한 침해로 피해가 발생하였으나, 그 침해에 대한 보상규정이 없는 경우를 말한다.

(2) 수용유사침해의 요건

① 공권력의 행사가 존재, ② 공용침해로 인한 재산권 침해가 발생, ③ 특별한 희생이 존재하여야 하며, ④ 침해에 대한 보상규정이 결여(침해의 위법성)되어야 한다.

(3) 국가배상과의 구별

수용유사침해에서 말하는 위법은 침해에 대한 보상규정이 결여되었다는 의미로, 국가배상법상의 위법과는 구별되는 개념이다. 수용유사침해는 공공필요를 위해 생긴 희생에 대한 보상인 데 반해, 국가배상은 공무원이 그 직무를 집행함에 있어 고의 또는 과실로 법령에 위반하여 타인에게 가한 손해에 대한 배상이라는 점에서 구별된다.

(4) 수용유사침해의 인정 여부

공무원에 의한 문화방송주식 강제증여사건에서 서울고등법원은 수용유사적 침해를 인정하였으나, 대법원은 이를 증여계약으로 인정하여 손실보상청구권을 부인한 바 있다.

4. 결(수용적 침해와 수용유사침해의 구별)

수용적 침해는 예측할 수 없는 특별한 희생인 데 반해 수용유사침해는 예측가능한 특별한 희생이라는 점에서 구별되며, 침해행위의 적법성 여하에 그 차이가 존재한다. 비의도적인 부수적 결과로 발생한 침해인 수용적 침해와 행정기관의 위법한 침해로 피해가 발생하였으나 그 침해에 대한 보상규정이 없는 경우에 피해를 입은 수용유사침해는 헌법상 완전보상 실현을 위해 적절한 입법적 조치가 요구된다고 할 것이다.

CHAPTER 02

행정상 손실보상

01 절 손실보상의 개관

Check!

손실보상 총론(Tip 요건과 기준이 중요, 내용과 절차는 약술로 나올 수 있음에 유의)

1. **의의** : 공공필요 – 적법한 공권력 행사, 특별한 재산권 침해
2. **근거** : 법적 근거 – 헌법 제23조 제3항, 토지보상법 / 이론적 근거 – 특별한 희생
3. **성질** : 공권(최근 판례), 사권(학설 및 과거 판례)
4. **요건** : 공공필요, 재산권의 침해, 적법한 침해, 특별한 희생, 보상(규정)
5. **기준** : 시가보상, 개발이익 배제, 공시지가기준, 생활보상
6. **원칙** : 사, 전, 현, 개, 일, 상, 시, 개, 복(제61조~제68조)
7. **내용** : 재산권 + 권리 + 생활보상 + 부대적 손실
8. **절차** : 보상협의, 수용재결, 이의신청, 행정소송으로 보상금증감청구소송
9. **주체** : 사업시행자
10. **산정** : 감정평가사, 복수평가의 원칙, 산술평균에 의한 보상액 도출

1. 손실보상의 의의

손실보상이란 공공필요에 의한 적법한 공권력의 행사로 가하여진 개인의 특별한 희생에 대하여 사유재산권 보장과 공평부담의 견지에서 행정주체가 행하는 조절적 재산전보를 말한다.

2. 손실보상의 근거

(1) 이론적 근거

기득권설, 은혜설, 특별한 희생설, 생존권보장설 등의 견해가 있으며, 특별한 희생을 보상하는 것이 일반적 견해이다.

(2) 헌법적 근거

헌법 제23조 제3항에서는 '공공필요에 의한 재산권의 수용, 사용 또는 제한 및 그에 대한 보상은 법률로써 하되, 정당한 보상을 지급하여야 한다'고 규정하고 있다.

(3) 법률적 근거(토지보상법 및 개별법령에서 근거함)

공익사업을 위한 토지 등의 취득 및 보상에 관한 법률과 그 외 개별법에 산재되어 있다.

3. 손실보상의 법적 성질

(1) 학설

① 공권설은 손실보상청구권 행사의 소송을 공권력 행사인 공용침해를 원인으로 하므로 공권으로 보아야 한다는 견해이며, ② 사권설은 손실보상청구권은 기본적으로 금전청구권이므로 사법상 권리라고 보는 견해이다.

(2) 판례

① 종전 판례는 사권으로 보았으나 최근 하천법상 손실보상청구권과 관련하여 행정상 당사자소송의 대상이 된다고 본 바 있다.

② 세입자의 주거이전비는 공법상 권리이고 행정소송에서 다투어야 한다고 판시한 바 있다.

③ '토지보상법상 농업손실보상청구권은 공익사업의 시행 등 적법한 공권력의 행사에 의한 재산상 특별한 희생에 대하여 전체적인 공평부담의 견지에서 공익사업의 주체가 그 손해를 보상하여 주는 손실보상의 일종으로 공법상 권리임이 분명하므로 그에 관한 쟁송은 행정소송절차에 의하여야 할 것'이라고 판시한 바 있다.

④ 토지보상법 시행규칙 제57조에 따른 사업폐지 등에 대한 보상청구권은 공익사업의 시행 등 적법한 공권력의 행사에 의한 재산상 특별한 희생에 대하여 전체적인 공평부담의 견지에서 공익사업의 주체가 손해를 보상하여 주는 손실보상의 일종으로 공법상 권리임이 분명하므로 그에

관한 쟁송은 민사소송이 아닌 행정소송절차에 의하여야 한다고 판시한 바 있다.

(3) 검토

손실보상은 공법상 원인을 이유로 이루어지고, 공법적 법률관계에 의한 손실보상에 관한 소송은 현행 토지보상법에서는 형식적 당사자소송인 보상금증감청구소송으로 진행하고 있어 이러한 실무적인 소송형식으로 비추어 볼 때 공권으로 봄이 타당하다고 판단된다.

02 절 손실보상의 요건

토지보상법에서는 어떠한 경우에 손실보상청구권이 성립하는지에 대한 요건에 관하여 일반적인 내용을 담고 있지 않다. 따라서 헌법 제23조 제3항의 해석을 통해 손실보상의 요건을 도출한다. 헌법 제23조 제3항은 재산권 제한의 허용요건을 규정한 것이지만, 동시에 손실보상요건의 원칙적인 규정이다. 공용침해로 인한 손실에 대한 보상청구권이 성립하기 위하여는, 공공필요를 위하여 적법한 공행정작용에 의하여 개인의 재산권을 침해하여 특별한 희생이 발생하고, 보상규정이 존재하여야 한다.

Ⅰ. 공공필요

공공필요는 공용침해의 실질적 허용요건이자 본질적 제약요소로, 공동체 구성원 전체의 이익인 공익의 필요를 말하며, 수용을 정당화하는 공공필요의 판단은 비례의 원칙에 의해 행해진다. 즉, 수용으로 인하여 달성되는 공익과 침해되는 이익을 비교형량하여 침해되는 이익이 지나치게 크지 않는 한 수용은 정당한 것이 된다.

Ⅱ. 재산권에 대한 공권적 침해

재산적 가치가 있는 공・사법적 권리에 대한 침해를 말하며, 공권력 주체에 의해 지향되거나 최소한 침해의 직접적 원인이 되어야 한다.

Ⅲ. 침해의 적법성(법률의 근거)

법적 근거를 갖는 적법한 침해이어야 한다. 토지보상법 제4조에서는 토지를 수용 또는 사용할 수 있는 사업을 열거하고 있으며 기타 개별법률에 수용 또는 사용의 근거가 규정되어 있다.

Ⅳ. 특별한 희생

1. 의의 및 사회적 제약과 구별실익

특별한 희생이란 타인과 비교하여 불균형하게 과하여진 권익의 박탈, 즉 사회적 제약을 넘어서는 손실을 의미한다. 재산권 행사의 공공복리 적합의무로서 사회적 제약은 보상의 대상이 되지 아니하는 데 구별의 실익이 있다.

2. 학설

① 형식설은 침해행위의 인적 범위를 특정할 수 있는지 여부를 기준으로 형식적으로 판단하는 견해이며, ② 실질설은 침해행위의 본질성과 강도를 기준으로 판단하는 견해로 목절위배설, 사적효용설, 보호가치성설, 수인기대가능성설, 중대성설, 상황구속성설, 사회적비용설이 있다. 또한 ③ 양자를 절충한 절충설도 있다.

3. 판례

대법원은 개발제한구역지정은 공공복리에 적합한 합리적인 제한이라고 판시한 바 있으며, 헌법재판소는 종래목적으로 사용할 수 없거나, 실질적으로 토지의 사용, 수익이 제한된 경우에는 특별한 희생에 해당하는 것으로 본다고 판시한 바 있다.

4. 검토

형식설과 실질설은 일면 타당하므로 양자의 기준을 상호 보완적으로 적용하여 판단하여야 할 것이며, 아울러 재산권 제한의 목적, 태양, 정도, 사회적 수용성, 평등원칙 등을 종합적으로 고려하여 구체적・개별적으로 결정하는 절충적인 입장이 타당하다.

Ⅴ. 보상규정의 존재

1. 문제점(헌법 제23조 제3항의 효력논의)

헌법 제23조 제3항에서 손실보상은 법률로써 하도록 규정하고 있어, 개별법에 보상규정이 있어야 한다. 공공필요에 의한 재산권의 수용, 사용, 제한을 규정하는 법률이 그에 관한 보상규정을 두고 있는 경우에는 그에 근거하여 보상청구하면 되나, 공용제한의 경우처럼 법률에 보상규정을 두고 있지 않은 경우 손실보상청구를 할 수 있는지가 헌법 제23조 제3항의 해석과 관련해 문제된다.

2. 학설

① **방침규정설** : 헌법규정은 입법에 대한 방침규정일 뿐이므로, 입법자가 보상규정을 두지 않았으면 손실보상을 청구할 수 없다고 보는 견해이다.

② **직접효력설** : 헌법 제23조 제3항을 직접 근거로 손실보상청구가 가능하다고 보는 견해이다.

③ **위헌무효설** : 헌법 제23조 제3항은 불가분조항이므로 보상규정이 없으면 이에 반하는 위법한 수용인바, 손해배상을 청구해야 한다는 견해이다.

④ **유추적용설** : 헌법 제23조 제1항 및 헌법 제11조에 근거하고, 헌법 제23조 제3항 및 관계규정을 적용하여 손실보상을 청구할 수 있다는 견해이다.

⑤ **보상입법부작위위헌설** : 손실보상을 규정하지 않은 입법부작위가 위헌으로 입법부작위에 대한 헌법소원을 통해 해결해야 한다는 견해이다.

3. 판례

대법원은 시대적 상황에 따라 직접효력설, 유추적용설 등 태도를 달리하고, 헌법재판소는 최근 보상입법의무의 부과를 통해 보상규정이 없는 경우의 문제로 해결책을 제시하고 있다.

4. 검토

헌법 제23조 제3항이 완전보상의 원칙으로 해석되는 정당보상을 규정하고 있고, 국민의 권리구제의 실효성을 위해 직접효력설이 타당하다고 판단된다. 따라서 개발제한구역지정 등과 같은 공용제한의 경우 헌법 제23조 제3항에 직접 근거하여 손실보상이 가능하다고 판단한다.

03 절 손실보상의 기준

Ⅰ. 헌법상 기준

1. 문제점

헌법 제23조 제3항에서는 손실보상의 기준을 '정당한 보상'이라고 규정하고 있으나, 이는 추상적인바 해석이 문제된다.

2. 학설

① 완전보상설은 피침해 재산의 객관적 가치와 부대적 손실까지 보상해야 한다는 견해이며, ② 상당보상설은 사회통념상 합당한 보상이면 되고, 합리적 사유가 있으면 하회하여 평가할 수 있다는 견해이다. ③ 절충설은 완전보상을 요하는 경우와 상당보상을 요하는 경우로 나누어 평가하는 견해이다.

3. 판례

대법원은 정당한 보상은 완전한 보상을 의미하고, 피침해재산의 객관적 가치를 완전하게 보상하는 것으로 보상금액뿐만 아니라 보상의 시기·방법 등에 어떠한 제한도 없는 완전한 보상을 의미한다고 판시하고, 헌법재판소도 정당한 보상이란 원칙적으로 피수용자의 객관적 가치를 완전하게 보상하여야 한다고 판시한 바 있다.

4. 검토

보상금액뿐만 아니라 보상의 시기, 방법에 어떠한 제한을 두지 않는 완전보상이 타당하고, 피수용자의 객관적 가치를 완전하게 보상함은 물론 대물적 보상만으로는 보상되지 않는 부분에 대한 생활보상과 공익사업시행지구 밖 간접손실보상까지 잘 행해져야 할 것이다.

Ⅱ. 토지보상법상 기준

1. 시가보상(토지보상법 제67조 제1항)

(1) 의의 및 취지

시가보상이란 협의성립 당시의 가격 및 재결 당시의 가격을 기준으로 보상하는 것을 말한다. 이는 개발이익 배제, 보상액의 공평화, 수용절차의 지연방지 등에 취지가 있다.

(2) 시가보상의 정당성

① 판례

토지 등을 수용함으로 인하여 그 소유자에게 보상하여야 할 손실액은 수용재결 당시의 가격을 기준으로 하여 산정하여야 할 것이고 이와 달리 이의재결일을 그 평가기준일로 하여 보상액을 산정해야 한다는 상고 이유는 받아들일 수 없다고 판시하였다(대판 2008.8.21, 2007두13845).

② 검토

시가보상의 취지가 개발이익 배제, 재산권 상실 당시의 완전보상 구현의 목적, 보상액의 적정성·객관성 도모에 있으므로 협의 당시 또는 재결 당시를 기준으로 보상액을 산정함이 합당하다.

2. 개발이익 배제(토지보상법 제67조 제2항)

(1) 의의 및 취지

개발이익이란 공익사업의 계획 또는 시행이 공고 또는 고시되거나 공익사업의 시행에 따른 절차 등으로 인해 토지소유자의 노력에 관계없이 지가가 상승되어 현저하게 받은 이익으로서 정상지가상승분을 초과하여 증가된 부분을 의미한다. 토지보상법 제67조 제2항에서는 개발이익을 배제하여 보상액을 산정하도록 규정하고 있다.

(2) 개발이익 배제의 필요성(잠재적 손실, 형평의 원리, 주관적 가치)

개발이익은 잠재적 손실로서 보상대상이 아니고, 토지소유자의 노력과 관계없이 발생한 것으로 사회에 귀속되도록 하는 것이 형평의 원리에 부합한다. 또한 개발이익은 공익사업에 의해 발생하므로 수용 당시의 객관적 가치가 아니며, 주관적 가치로서 손실보상에서 배제된다.

(3) 개발이익의 범위

개발이익의 범위에 대해 사회적으로 증가된 이익의 전부인지, 해당 사업으로 인해서 증분된 부분인지가 문제되는데 판례는 해당 사업과 관계없는 다른 사업의 시행으로 인한 개발이익은 이를 배제하지 않는 가격으로 평가해야 한다고 판시한 바 있다.

(4) 현행 토지보상법상의 개발이익 배제제도

적용공시지가 적용, 해당 사업과 무관한 지역의 지가변동률 등의 적용, 그 밖의 요인 보정을 통한 배제방법이 있다.

(5) 개발이익 배제의 위헌성(정당성)

학설은 보상금만으로는 주변 토지의 대토가 어렵다는 문제점을 들어 부정하는 견해, 개발이익은 주관적 가치부여에 지나지 않아 객관적 가치라고 볼 수 없다고 보아 긍정하는 견해가 대립한다. 판례에서는 개발이익은 궁극적으로 국민 모두에게 귀속되어야 할 성질의 것이므로 이는 완전보상의 범위에 포함되는 피수용자의 객관적 가치 내지 피수용자의 손실이라고는 볼 수 없다고 판시하였다. 따라서 이를 배제한다고 하여 완전보상의 원칙에 어긋나는 것은 아니라고 판단된다.

(6) 개발이익 배제의 문제점과 개선안

인근 토지소유자와의 형평성 문제에서 토지초과이득세법이 폐지되고 인근 토지소유자들은 개발이익을 향유하는 것이 형평성에 반한다는 비판이 제기된다. 토지초과이득세법이 위헌이라서 폐지된 것이 아니라 경제사정의 악화를 극복하기 위한 정책적 이유로 폐지되었다는 점을 고려할 때,

공익사업주변지역의 개발이익을 환수하기 위해서는 재도입을 검토할 필요가 있다. 최근 대토보상의 도입은 소유자와 형평성을 완화할 수 있는 발판을 마련한 점에서 긍정적으로 평가할 수 있을 것이다.

3. 공시지가기준보상(토지보상법 제70조 제1항)

(1) 의의 및 취지

토지보상법 제70조 제1항에서는 협의나 재결에 의하여 취득하는 토지에 대하여는 공시지가를 기준으로 하여 보상하되, 그 공시기준일부터 가격시점까지의 관계법령에 따른 그 토지의 이용계획, 해당 공익사업으로 인한 지가의 영향을 받지 아니하는 지역의 지가변동률, 생산자물가상승률, 그 밖에 그 토지의 위치·형상·환경·이용상황 등을 고려하여 평가한 적정가격으로 보상하여야 한다. 이는 개발이익 배제에 취지가 인정된다.

(2) 공시지가기준보상의 정당성

① 문제점

공시지가를 기준으로 하여 보상금을 산정하는 것이 보상방법의 제한인지와 공시지가가 시가에 못 미치는 경우 그러한 공시지가를 기준으로 산정한 보상금액이 정당보상인지가 문제된다.

② 학설

㉠ 공시지가를 기준으로 보상액을 선정하는 것은 보상액 산정방법의 제한이며, 시가에 미치지 못하므로 정당한 보상이 아니라는 견해와, ㉡ 공시지가기준은 개발이익을 배제하는 데에 목적이 있는 것이고, 개발이익은 정당보상에 포함되지 않는 것인바, 정당보상이라는 견해가 대립한다.

③ 판례

㉠ 대법원은 공시지가기준은 개발이익을 배제함을 목적으로 하고 공시지가는 인근 토지의 거래가격 등 제 요소를 종합적으로 고려하여 산정되며, 대상지역의 공고일 당시 객관적 가치를 평가하기 위한 적정성이 인정하므로 정당보상에 위배되지 않는다고 판시한 바 있다.

㉡ 헌법재판소는 공시지가가 적정가격을 반영하지 못하고 있다면, 그것은 제도운영상의 문제이므로 정당보상과 괴리되는 것이 아니라고 판시한 바 있다.

④ 검토

공시지가는 인근 토지의 가격 등 제요소를 종합적으로 고려한 객관적 가치이고, 개발이익은 주관적 가치이므로 이를 배제하기 위한 공시지가기준보상은 정당보상에 합치된다.

(3) 그 밖의 요인 보정(=기타 요인 보정, 정당보상 실현을 위한 논의)의 정당성

① 문제점

그 밖의 요인이란 토지보상법 제70조의 해석상 토지의 위치・형상・환경・이용상황 등 개별적 요인을 제외한 요인으로서 해당 토지의 가치에 영향을 미치는 사항을 의미한다. 토지보상법상 기타사항을 참작할 수 있다는 규정이 없어 보상액 산정 시 이를 고려할 수 있는지 여부가 문제된다.

② 학설

㉠ 현 토지보상법에는 기타사항 참작규정이 없다는 점, 공시지가는 적정가격이고 자의성 배제를 위해 기타요인의 참작을 부정하는 견해와, ㉡ 공시지가는 일반적으로 시가에 미달하므로 정당보상이 이루어지기 위하여는 기타사항의 참작이 필요하며, 위치・형상 등의 비교항목은 예시규정에 불과하다는 점에서 긍정하는 견해가 대립한다.

③ 판례

㉠ 판례는 인근 유사토지의 정상거래사례가 있고 그 거래를 참작하는 것으로서 적정한 보상평가에 영향을 미칠 수 있다는 것이 입증된 경우에는 이를 참작할 수 있다고 판시한 바 있다.

㉡ 또한 인근 유사토지의 정상거래사례 외에도 보상선례, 호가, 자연적인 지가상승률 등에 대해 적정한 평가에 영향을 미칠 수 있는 것임이 인정된 때에 한하여 참작할 수 있다고 판시하였다.

④ 검토

공시지가기준보상이 시가에 미달한다는 점과 완전보상의 실현 및 권리구제를 위해 긍정설이 타당할 것이다.

4. 생활보상의 지향

종래의 대물적 보상제도는 재산권의 가치보장 또는 보상보장을 중시하는 것이었으나, 존속보장에 대한 중요성이 커지고 있다. 따라서 손실보상은 대물적 보상에 의한 재산상태의 확보만으로는 부족하며, 적어도 수용이 없었던 것과 같은 생활재건의 확보를 내용으로 하는 재산권의 존속보장으로서의 생활보상이 되어야 한다.

5. 공익사업시행지구 밖 간접손실보상까지 확대 보상

Check!

■ **대법원 2019.11.28, 2018두227 판결[보상금]**

【판시사항】

[1] 공익사업을 위한 토지 등의 취득 및 보상에 관한 법률 시행규칙 제64조 제1항 제2호에서 정한 공익사업시행지구 밖 영업손실보상의 요건인 '공익사업의 시행으로 인한 그 밖의 부득이한 사유로 일정 기간 동안 휴업이 불가피한 경우'에 공익사업의 시행 결과로 휴업이 불가피한 경우가 포함되는지 여부(적극)

[2] 실질적으로 같은 내용의 손해에 관하여 공익사업을 위한 토지 등의 취득 및 보상에 관한 법률 제79조 제2항에 따른 손실보상과 환경정책기본법 제44조 제1항에 따른 손해배상청구권이 동시에 성립하는 경우, 영업자가 두 청구권을 동시에 행사할 수 있는지 여부(소극) 및 '해당 사업의 공사완료일로부터 1년'이라는 손실보상 청구기간이 지나 손실보상청구권을 행사할 수 없는 경우에도 손해배상청구가 가능한지 여부(적극)

[3] 공익사업으로 인하여 공익사업시행지구 밖에서 영업을 휴업하는 자가 공익사업을 위한 토지 등의 취득 및 보상에 관한 법률 제34조, 제50조 등에 규정된 재결절차를 거치지 않은 채 곧바로 사업시행자를 상대로 공익사업을 위한 토지 등의 취득 및 보상에 관한 법률 시행규칙 제47조 제1항에 따라 영업손실에 대한 보상을 청구할 수 있는지 여부(소극)

[4] 어떤 보상항목이 공익사업을 위한 토지 등의 취득 및 보상에 관한 법령상 손실보상대상에 해당함에도 관할 토지수용위원회가 사실을 오인하거나 법리를 오해함으로써 손실보상대상에 해당하지 않는다고 잘못된 내용의 재결을 한 경우, 피보상자가 제기할 소송과 그 상대방

【판결요지】

[1] 모든 국민의 재산권은 보장되고, 공공필요에 의한 재산권의 수용 등에 대하여는 정당한 보상을 지급하여야 하는 것이 헌법의 대원칙이고(헌법 제23조), 법률도 그런 취지에서 공익사업의 시행 결과 공익사업의 시행이 공익사업시행지구 밖에 미치는 간접손실 등에 대한 보상의 기준 등에 관하여 상세한 규정을 마련해 두거나 하위법령에 세부사항을 정하도록 위임하고 있다.
이러한 공익사업시행지구 밖의 영업손실은 공익사업의 시행과 동시에 발생하는 경우도 있지만, 공익사업에 따른 공공시설의 설치공사 또는 설치된 공공시설의 가동·운영으로 발생하는 경우도 있어 그 발생원인과 발생시점이 다양하므로, 공익사업시행지구 밖의 영업자가 발생한 영업상 손실의 내용을 구체적으로 특정하여 주장하지 않으면 사업시행자로서는 영업손실보상금 지급의무의 존부와 범위를 구체적으로 알기 어려운 특성이 있다. 공익사업을 위한 토지 등의 취득 및 보상에 관한 법률 제79조 제2항에 따른 손실보상의 기한을 공사완료일부터 1년 이내로 제한하면서도 영업자의 청구에 따라 보상이 이루어지도록 규정한 것[공익사업을 위한 토지 등의 취득 및 보상에 관한 법률 시행규칙(이하 '시행규칙'이라 한다) 제64조 제1항]이나 손실보상의 요건으로서 공익사업시행지구 밖에서 발생하는 영업손실의 발생원인에 관하여 별다른 제한 없이 '그 밖의 부득이한 사유'라는 추상적인 일반조항을 규정한 것(시행규칙 제64조 제1항 제2호)은 간접손실로서 영업손실의 이러한 특성을 고려한 결과이다.
위와 같은 공익사업시행지구 밖 영업손실보상의 특성과 헌법이 정한 '정당한 보상의 원칙'에 비추어 보면, 공익사업시행지구 밖 영업손실보상의 요건인 '공익사업의 시행으로 인한 그 밖의 부득이한 사유로 일정 기간 동안 휴업이 불가피한 경우'란 공익사업의 시행 또는 시행 당시 발생한 사유로 휴업이 불가피한 경우만을 의미하는 것이 아니라 공익사업의 시행 결과, 즉 그 공익사업의 시행으로 설치되는 시설의 형태·구조·사용 등에 기인하여 휴업이 불가피한 경우도 포함된다고 해석함이 타당하다.

[2] 공익사업을 위한 토지 등의 취득 및 보상에 관한 법률(이하 '토지보상법'이라 한다) 제79조 제2항(그 밖의 토지에 관한 비용보상 등)에 따른 손실보상과 환경정책기본법 제44조 제1항(환경오염의 피해에 대한 무과실책임)에 따른 손해배상은 근거 규정과 요건·효과를 달리하는 것으로서, 각 요건이 충족되면 성립하는 별개의 청구권이다. 다만 손실보상청구권에는 이미 '손해 전보'라는 요소

가 포함되어 있어 실질적으로 같은 내용의 손해에 관하여 양자의 청구권을 동시에 행사할 수 있다고 본다면 이중배상의 문제가 발생하므로, 실질적으로 같은 내용의 손해에 관하여 양자의 청구권이 동시에 성립하더라도 영업자는 어느 하나만을 선택적으로 행사할 수 있을 뿐이고, 양자의 청구권을 동시에 행사할 수는 없다. 또한 '해당 사업의 공사완료일로부터 1년'이라는 손실보상 청구기간(토지보상법 제79조 제5항, 제73조 제2항)이 도과하여 손실보상청구권을 더 이상 행사할 수 없는 경우에도 손해배상의 요건이 충족되는 이상 여전히 손해배상청구는 가능하다.

[3] 공익사업을 위한 토지 등의 취득 및 보상에 관한 법률(이하 '토지보상법'이라 한다) 제26조, 제28조, 제30조, 제34조, 제50조, 제61조, 제79조, 제80조, 제83조 내지 제85조의 규정 내용과 입법 취지 등을 종합하면, 공익사업으로 인하여 공익사업시행지구 밖에서 영업을 휴업하는 자가 사업시행자로부터 공익사업을 위한 토지 등의 취득 및 보상에 관한 법률 시행규칙 제47조 제1항에 따라 영업손실에 대한 보상을 받기 위해서는, 토지보상법 제34조, 제50조 등에 규정된 재결절차를 거친 다음 그 재결에 대하여 불복이 있는 때에 비로소 토지보상법 제83조 내지 제85조에 따라 권리구제를 받을 수 있을 뿐이다. 이러한 재결절차를 거치지 않은 채 곧바로 사업시행자를 상대로 손실보상을 청구하는 것은 허용되지 않는다.

[4] 어떤 보상항목이 공익사업을 위한 토지 등의 취득 및 보상에 관한 법령상 손실보상대상에 해당함에도 관할 토지수용위원회가 사실을 오인하거나 법리를 오해함으로써 손실보상대상에 해당하지 않는다고 잘못된 내용의 재결을 한 경우에는, 피보상자는 관할 토지수용위원회를 상대로 그 재결에 대한 취소소송을 제기할 것이 아니라, 사업시행자를 상대로 공익사업을 위한 토지 등의 취득 및 보상에 관한 법률 제85조 제2항에 따른 보상금증감소송을 제기하여야 한다.

04 절 손실보상의 원칙(사/전/현/개/일/상/시/개/복)

1. 사업시행자 보상의 원칙(토지보상법 제61조)

공익사업에 필요한 토지 등의 취득 또는 사용으로 인하여 토지소유자나 관계인이 입은 손실은 사업시행자가 보상하여야 한다.

2. 사전보상의 원칙(토지보상법 제62조)

(1) 의의

사업시행자는 해당 공익사업을 위한 공사에 착수하기 이전에 토지소유자와 관계인에게 보상액 전액을 지급하여야 한다. 다만 천재지변 시 토지사용과 시급한 토지의 사용의 경우 또는 토지소유자 및 관계인의 승낙이 있는 경우에는 그러하지 아니하다.

(2) 사전보상의 원칙을 보장하기 위한 제도(토지보상법 제42조)

현행법은 사업시행자가 수용 또는 사용의 개시일까지 관할 토지수용위원회가 재결한 보상금을 지급하도록 하고, 수용 또는 사용의 개시일까지 재결한 보상금을 지급 또는 공탁하지 않았을 경우 재결의 효력이 상실되도록 함으로써 사전보상의 원칙을 보장하고 있다.

3. 현금보상의 원칙(토지보상법 제63조 제1항)

(1) 의의 및 취지

손실보상은 다른 법률에 특별한 규정이 있는 경우를 제외하고는 현금으로 지급하여야 한다는 것으로, 이는 자유로운 유통보장과 객관적인 가치변동이 적어 완전한 보상의 실현이 가능함에 취지가 인정된다.

(2) 채권보상

① 채권보상의 의의 및 취지

채권보상은 현금보상의 예외로서 채권으로 하는 손실보상으로, 이는 과도한 투기자금의 공급을 방지하고 사업시행자의 유동성 확보에 취지가 인정된다.

② 채권보상의 요건

㉠ 임의적 채권보상(토지보상법 제63조 제7항)

사업시행자가 국가, 지방자치단체, 공공기관 및 공공단체가 되어야 하며 ㉮ 토지소유자 또는 관계인이 원하는 경우, ㉯ 부재부동산 소유자의 토지 중 보상금이 1억원을 초과하는 경우 그 초과금액에 대하여 사업시행자가 발행하는 채권으로 보상할 수 있다.

㉡ 의무적 채권보상(토지보상법 제63조 제8항)

토지투기가 우려되는 지역에서 택지개발사업, 산업단지개발사업 등의 공익사업을 시행하는 자 중 대통령령으로 정하는 공공기관 및 공공단체는 부재부동산 소유자의 토지에 대한 보상금 중 1억원을 초과하는 금액에 대하여 채권으로 지급하여야 한다.

③ 채권보상의 헌법적 평가

㉠ 문제점

채권보상이 보상방법을 제한하고 부재부동산 소유자에게 채권보상을 강제함이 헌법상 평등원칙에 위배될 수 있다는 문제가 제기되고 있다.

㉡ 학설

㉮ 채권보상은 사실상 사후보상이며, 보상방법의 제한으로 정당보상에 위배되며, 부재부동산 소유자의 경우 채권보상이 강제적이어서 평등원칙에 반하므로 위헌이라는 견해와, ㉯ 통상적인 수익만 보장되면 사후보상이라도 정당보상으로 볼 수 있으며, 부재부동산 소유자는 통상의 소유자와 달리 거주의 목적이 없으므로 차별에 합리적인 이유가 있으므로 합헌이라는 견해가 대립한다.

㉢ 검토

국가의 재정확보나 국고증진목적 등 공익만을 위하여 채권보상하는 것은 허용할 수 없으나, 투기의 방지, 원활한 사업을 위해 채권보상이 가능함이 타당할 것이다. 단, 채권보상을 허용하는 요건을 엄격히하여 적용하고 이율 등을 현실화하여 사유재산권 보장과 조화를 이룰 수 있도록 하여야 할 것이다.

(3) 대토보상

① 의의 및 취지

현금보상원칙의 예외로서 공익사업으로 조성된 토지로 보상하는 것을 말한다. 이는 개발이익 일정부분을 공유하고, 인근 부동산 가격의 상승을 억제함에 취지가 인정된다.

② 대토보상의 요건

대지분할 제한면적 이상의 토지를 사업시행자에게 양도한 토지소유자가 원하는 경우로서 토지이용계획 및 사업계획을 고려하여 토지를 보상하는 것이 가능한 경우이다. 대상자 경합 시에는 부재부동산 소유자가 아닌 자로서 스스로 원하여 채권보상을 받는 자에게 우선하여 토지를 보상하고 그 외에는 사업시행자가 정하여 공고한다.

4. 개인별 보상의 원칙(토지보상법 제64조)

토지소유자 및 관계인에게 개인별로 보상한다. 다만, 개인별로 보상액을 산정할 수 없는 때에는 그러하지 아니한다.

5. 일괄보상의 원칙(토지보상법 제65조)

사업시행자는 동일한 사업지역에 보상시기를 달리하는 동일인 소유의 토지 등이 여러 개 있는 경우 토지소유자나 관계인이 요구할 때에는 한꺼번에 보상금을 지급하여야 한다.

6. 사업시행이익과의 상계금지(토지보상법 제66조)

사업시행자는 동일한 소유자에게 속하는 일단의 토지의 일부를 취득하거나 사용하는 경우 해당 공익사업의 시행으로 인하여 잔여지의 가격이 증가하거나 그 밖의 이익이 발생하는 경우에도 그 이익을 취득 또는 사용으로 인한 손실과 상계할 수 없다. 잔여지의 개발이익은 별도의 방법으로 환수할 성질의 것이다.

7. 시가보상의 원칙(토지보상법 제67조 제1항)

보상액의 산정은 협의에 의한 경우에는 협의성립 당시의 가격을, 재결에 의한 경우에는 수용 또는 사용의 재결 당시의 가격을 기준으로 한다.

8. 개발이익 배제의 원칙(토지보상법 제67조 제2항)

보상액을 산정할 경우에 해당 공익사업으로 인하여 토지 등의 가격이 변동되었을 때에는 이를 고려하지 아니한다. 즉, 토지소유자의 노력과 상관없는 정상지가의 초과 상승분은 배제한다.

9. 복수평가의 원칙(토지보상법 제68조 제1항)

사업시행자는 토지 등에 대한 보상액을 산정하려는 경우에는 감정평가법인등 3인(감정평가법인등을 추천하지 아니하는 경우에는 2인)을 선정하여 토지 등의 평가를 의뢰하여야 한다. 다만, 사업시행자가 국토교통부령으로 정하는 기준에 따라 직접 보상액을 산정할 수 있을 때에는 그러하지 아니하다.

05 절 손실보상의 내용

Ⅰ. 손실보상의 내용과 종류

복지국가의 요청에 따라 공공성 개념이 확대되고 대규모 공익사업이 시행됨에 따라 침해되는 재산권이 다양해지고 새로운 유형의 손실이 발생하게 되었다. 이에 따라 헌법상 정당보상의 범주에는 재산권 보상, 생활보상, 공익사업시행지구 밖 간접손실보상 등을 들 수 있다.

Ⅱ. 재산권 보상

1. 재산권 보상의 의의

재산권 보상이란 피침해자산의 손실에 대한 객관적인 가치의 보상과 공용침해로 필연적으로 발생된 부대적 손실에 대한 보상을 의미한다.

2. 피침해자산의 객관적 가치보상

(1) 토지

토지의 취득 또는 사용으로 인한 토지의 재산권적 가치에 대한 보상을 의미한다. 토지보상법 제70조, 제71조에서 구체적 보상액 산정기준을 마련하고 있다.

(2) 토지 이외의 재산권 보장

지상물건 보상으로 토지상의 건물, 공작물, 입목에 대한 보상(제75조 제1항)과 농작물에 대한 보상(제75조 제2항), 권리에 대한 보상(제76조), 잔여지에 대한 가치하락보상(제73조), 잔여건축물에 대한 가치하락보상(제75조의2)이 있다.

3. 부대적 손실의 보상

(1) 의의

부대적 손실이란 수용, 사용의 직접적인 목적물은 아니나 공익사업의 시행을 위하여 목적물을 취득함으로써 피수용자에게 미치는 필연적 손실을 의미한다. 이는 실비변상적 보상과 일실손실보상으로 구분할 수 있다.

(2) 실비변상적 보상

재산권의 상실 • 이전 등에 따라 비용의 지출을 요하는 경우에 그 비용을 보상하는 것을 말한다. 토지보상법상의 건축물 등의 이전비 보상(제75조 제1항), 분묘의 이장비 보상(제75조 제4항), 잔여지 공사비 보상(제73조) 등은 그 예이다.

(3) 일실손실보상

재산권 수용에 부대하여 사업을 폐지, 휴업하게 되는 경우 발생하는 기대이익의 상실에 대한 보상을 의미하는 것으로 영업손실보상(제77조 제1항), 농업손실보상(제77조 제2항) 등은 그 예이다.

Ⅲ. 생활보상

1. 의의 및 취지

생활보상이란 사업의 시행으로 생활의 근거를 상실하게 되는 피수용자의 생활재건을 위한 보상을 말한다. 이는 생활의 근거를 상실한 자에게 인간다운 생활을 할 수 있도록 마련한 제도이다.

2. 생활보상의 근거

(1) 이론적 근거

재산권 보장과 법의 목적인 정의·공평의 원칙 및 생존권 보장 등을 종합적으로 그 이론적 근거로 파악하는 것이 타당하다.

(2) 헌법적 근거

① 문제점

생활보상의 헌법적 근거에 대하여 다양한 견해가 있으며, 이들의 논의실익은 생활보상을 헌법상의 정당한 보상의 범위에 포함시킬 것인가의 여부에 있다.

② 학설

㉠ 헌법 제23조 제3항을 근거로 보는 정당보상설, ㉡ 헌법 제34조에 근거하는 생존권설, ㉢ 헌법 제23조와 제34조를 동시에 근거하는 것으로 보는 통일설이 있다.

③ 판례

대법원은 이주대책을 생활보상의 일환으로 보면서도 국가의 적극적이고 정책적인 배려에 의하여 마련된 제도라고 하며, 세입자에 대한 주거이전비와 이사비를 사회보장적인 차원에서 지급하는 금원의 성격을 갖는다고 하여 헌법 제34조설(생존권설)에 입각하고 있다.

④ 검토

정당보상은 대물보상뿐만 아니라 생활보상까지 포함하는 것으로 확대되고 있는 점에 비추어 통일설이 타당하다.

(3) 개별법적 근거

생활보상에 관한 일반적 · 직접적 규정은 없으며, 토지보상법 제78조(이주대책의 수립) 및 산업기지개발촉진법 등에서 단편적으로 규정하고 있다.

3. 생활보상의 성격 및 특색

생활보장은 존속보장적 측면과 원상회복적 성격을 갖는다. 또한 생활보상은 대물보상에 비해 확장성을 갖고, 객관적 성격이 강하며, 최종단계의 보상성을 갖는다.

4. 생활보상의 내용

(1) 주거의 총체가치의 보상

주거의 총체가치를 보상하기 위한 방법으로 비준가격 특례, 주거용 건물의 최저보상액, 재편입가산금, 주거이전비 등이 있다.

(2) 생활재건조치

생활재건조치는 구체적으로 이주대책의 수립 · 실시, 대체지 알선, 공영주택의 알선, 직업훈련, 고용 또는 알선, 보상금에 대한 조세의 감면조치 등이 있다.

(3) 소수잔존자보상

잔존자의 생활환경이 불편하게 됨으로써 이주가 불가피하게 되는 경우에 그 비용을 보상하는 것으로써, 이전비, 이사비, 이농비, 실농보상, 실어보상 등이 있다.

(4) 영업용 · 상업용 부동산에 대한 생활대책 보상 확대

> **Check!**
>
> 공익사업을 위한 토지 등의 취득 및 보상에 관한 법률은 제78조 제1항에서 "사업시행자는 공익사업의 시행으로 인하여 주거용 건축물을 제공함에 따라 생활의 근거를 상실하게 되는 자(이하 '이주대책대상자'라 한다)를 위하여 대통령령으로 정하는 바에 따라 이주대책을 수립 · 실시하거나 이주정착금을 지급하여야 한다."고 규정하고 있을 뿐, 생활대책용지의 공급과 같이 공익사업 시행 이전과 같은 경제수준을 유지할 수 있도록 하는 내용의 생활대책에 관한 분명한 근거 규정을 두고 있지는 않으나, 사업시행자 스스로 공익사업의 원활한 시행을 위하여 필요하다고 인정함으로써 생활대책을 수립 · 실시할 수 있도록 하는 내부규정을 두고 있고 내부규정에 따라 생활대책대상자 선정기준을 마련하여 생활대책을 수립 · 실시하는 경우에는, 이러한 생활대책 역시 "공공필요에 의한 재산권의 수용 · 사용 또는 제한 및 그에 대한 보상은 법률로써 하되, 정당한 보상을 지급하여야 한다."고 규정하고 있는 헌법 제23조 제3항에 따른 정당한 보상에 포함되는 것으로 보아야 한다. 따라서 이러한 생활대책대상자 선정기준에 해당하는 자는 사업시행자에게 생활대책대상자 선정 여부의 확인 · 결정을 신청할 수 있는 권리를 가지는 것이어서, 만일 사업시행자가 그러한 자를 생활대책대상자에서 제외하거나 선정을 거부하면, 이러한 생활대책대상자 선정기준에 해당하는 자는 사업시행자를 상대로 항고소송을 제기할 수 있다고 보는 것이 타당하다(대판 2011.10.13, 2008두17905).

생활보상의 종류 중 이주대책, 주거이전비에 대하여는 상세히 후술하도록 한다.

5. 생활보상의 한계

생활보상에 대한 개별법률 간의 내용이 달라 형평성 문제가 존재한다. 세입자를 이주대책대상자에서 제외하고 있어 실질적인 경제적 약자에 대한 배려가 미흡한 한계가 있으며, 생활보상의 취지에 맞추어 이주자가 종전 생활상태를 유지할 수 있도록 하기 위해서는 주거대책과 더불어 생활대책이 병행될 필요가 있다고 판단된다. 또한 개별법률 간의 통일적 규정의 정비가 요구된다.

6. 결

최근 복지국가 이념의 도입과 대물적 보상의 한계를 보완하여 생활보상 및 간접보상에 대한 중요성이 증대되고 있는 실정이다. 헌법상 완전보상을 실현하기 위해 생활보상 및 간접보상에 대한 체계적 입법이 필요하다고 판단된다.

IV. 이주대책

1. 의의

이주대책이란 공익사업의 시행으로 인하여 주거용 건축물을 제공함에 따라 생활의 근거를 상실하게 되는 자에 대하여 사업시행자가 대지를 조성하거나, 주택을 건설하여 공급하는 것을 말한다.

Check!

■ 이주대책수립실시의무는 강행규정

구 공익사업을 위한 토지 등의 취득 및 보상에 관한 법률(2007.10.17. 법률 제8665호로 개정되기 전의 것, 이하 '구 공익사업법'이라 한다)은 공익사업에 필요한 토지 등을 협의 또는 수용에 의하여 취득하거나 사용함에 따른 손실 보상에 관한 사항을 규정함으로써 공익사업의 효율적인 수행을 통하여 공공복리의 증진과 재산권의 적정한 보호를 도모함을 목적으로 하고 있고, 위 법에 의한 이주대책은 공익사업의 시행에 필요한 토지 등을 제공함으로 인하여 생활의 근거를 상실하게 되는 이주대책대상자들에게 종전 생활상태를 원상으로 회복시키면서 동시에 인간다운 생활을 보장하여 주기 위하여 마련된 제도이므로, 사업시행자의 이주대책 수립·실시의무를 정하고 있는 구 공익사업법 제78조 제1항은 물론 이주대책의 내용에 관하여 규정하고 있는 같은 조 제4항 본문 역시 당사자의 합의 또는 사업시행자의 재량에 의하여 적용을 배제할 수 없는 강행법규이다(대판 2011.6.23, 2007다63089·63096 全合).

2. 근거

(1) 이론적 근거

재산권 침해의 대물적 보상의 한계로 메워지지 않는 생활권 침해에 대한 보상이며, 생활보상의 일환으로 국가의 적극적이고 정책적인 배려에 의해 마련된 제도이다.

(2) 헌법상 근거

이주대책의 헌법상 근거로는 생활보상의 헌법적 근거를 어떻게 보느냐에 따라 헌법 제34조(생존권설), 헌법 제34조 및 제23조 제3항(통일설)이 근거가 된다. 생활보상의 헌법적 근거에 대해서는 전술한 바와 같이 통일설의 입장에서 정책적 배려로 마련된 생활보상의 일환으로 보는 것이 타당하다.

(3) 개별법상 근거

개별법상 근거로는 토지보상법 제78조와 제78조의2 등이 있으며, 그 외에도 도시철도법 등 다수의 법률이 이를 규정하고 있다.

3. 요건 및 절차

(1) 수립요건

토지보상법 시행령 제40조 제2항에서는 ① 이주정착지를 위한 조성토지가 없는 경우, ② 비용이 과다한 경우를 제외하고는 ③ 이주대책 대상이 10호 이상이 된다면 이주대책을 수립하도록 하고 있다.

(2) 절차

사업시행자는 해당 지역자치단체와 협의하여 이주대책 계획을 수립하고 이주대책대상자에게 통지한 후, 이주대책의 신청 및 대상자확인결정을 통하여 분양절차를 마무리하게 된다.

(3) 대상자 요건(토지보상법 시행령 제40조 제5항)

① 주거용

㉠ 무허가건축물 등 소유자(89.1.23 이전 무허가건축물 소유자는 이주대책대상자에 포함), ㉡ 고시 등이 있은 날부터 계약체결일 또는 수

용재결일까지 계속하여 거주하고 있지 않는 건축물의 소유자, ㉢ 타인 소유건축물에 거주하고 있는 세입자는 이주대책대상자에서 제외된다.

② 공장용

사업시행자는 대통령령으로 정하는 공익사업의 시행으로 인하여 공장부지가 협의 양도되거나 수용됨에 따라 더 이상 해당 지역에서 공장을 가동할 수 없게 된 자가 희망하는 경우 인근 산업단지에의 입주 등 이주대책에 관한 계획을 수립하여야 한다.

(4) 이주대책대상자의 법적 지위

① 법상 이주대책대상자의 이주대책계획수립청구권

토지보상법 시행령 제40조 제5항은 법상 예외가 인정되고 있는 경우를 제외하고는 사업시행자에게 이주대책을 실시할 의무를 부여하고 있다고 보아야 하고 최근 전원합의체 판결에서는 이주대책의 수립·실시의무를 강행규정으로 보고 있다. 법상의 이주대책대상자가 이주대책계획의 수립을 청구하였음에도 불구하고 사업시행자가 이주대책을 수립하지 않은 경우에는 의무이행심판 또는 부작위위법확인소송을 제기할 수 있고, 이주대책을 거부한 경우에는 의무이행심판 또는 거부처분취소소송을 제기할 수 있다고 보아야 한다.

② 법상 이주대책대상자가 아닌 자

사업시행자는 법상 이주대책대상자가 아닌 자도 시혜적으로 이주대책대상자에 포함시킬 수 있다. 이주대책의 수립에 의해 이주대책대상자에 포함된 세입자 등은 영구임대주택 입주권 등 이주대책을 청구할 권리를 가지며 이를 거부한 것은 거부처분이 된다.

4. 이주대책의 내용

(1) 주거용

① 이주대책 내용 결정의 재량권

이주대책의 내용에 사업시행자의 재량이 인정된다고 봄이 다수견해이며, 판례도 '사업시행자는 특별공급주택의 수량, 특별공급대상자의 선정 등에 있어 재량을 가진다'고 판시한바 있다(대판 2007.2.22, 20

04두7481). 대판 2009.3.12, 2008두12610 판례에서는 사업시행자는 이주대책기준을 정하여 이주대책을 수립・실시하여야 할 자를 선정하여, 그들에게 공급할 택지 또는 주택의 내용이나 수량을 정할 수 있고, 이를 정하는 데 재량을 가지므로, 이를 위해 사업시행자가 설정한 기준은 그것이 객관적으로 합리적이 아니라거나 타당하지 않다고 볼 만한 다른 특별한 사정이 없는 한 존중되어야 한다고 판시하였다. 이처럼 대법원은 일관되게 사업시행자가 이주대책의 내용 결정에 재량을 갖는다는 입장을 취하고 있다.

② **이주정착지 조성(토지보상법 제78조 제1항 및 제4항)**

사업시행자는 공익사업의 시행으로 인하여 주거용 건축물을 제공함에 따라 생활의 근거를 상실하게 되는 자를 위하여 이주정착지를 조성하여야 한다(제1항). 이 경우, 이주정착지에 대한 도로, 급수시설, 배수시설, 그 밖의 공공시설 등 통상적인 수준의 생활기본시설이 포함되어야 하며, 이에 필요한 비용은 사업시행자가 부담한다(제4항). 다만, 행정청이 아닌 사업시행자가 이주대책을 수립・실시하는 경우에 지방자치단체는 비용의 일부를 보조할 수 있다.

③ **특별공급(시행령 제40조 제2항 단서)**

사업시행자가 「택지개발촉진법」 또는 「주택법」 등 관계법령에 따라 이주대책대상자에게 택지 또는 주택을 공급한 경우(사업시행자의 알선에 의하여 공급한 경우를 포함한다)에 이주대책을 수립・실시한 것으로 본다.

④ **이주정착금의 지급(시행령 제41조)**

사업시행자는 이주대책을 수립・실시하지 아니하는 경우 및 이주대책대상자가 이주정착지가 아닌 다른 지역으로 이주하려는 경우에는 이주정착금을 지급하여야 한다. 이주정착금은 보상대상인 주거용 건축물에 대한 평가액의 30퍼센트에 해당하는 금액으로 하되, 그 금액이 1천2백만원 미만인 경우에는 1천2백만원으로 하고, 2천4백만원을 초과하는 경우에는 2천4백만원으로 한다(시행규칙 제53조 제2항)(최근 이주정착금에 대한 규정이 전면 개정되었음).

토지보상법 시행령 제41조(이주정착금의 지급)

사업시행자는 법 제78조 제1항에 따라 다음 각 호의 어느 하나에 해당하는 경우에는 이주대책대상자에게 국토교통부령으로 정하는 바에 따라 이주정착금을 지급해야 한다.

1. 이주대책을 수립·실시하지 아니하는 경우
2. 이주대책대상자가 이주정착지가 아닌 다른 지역으로 이주하려는 경우
3. 이주대책대상자가 공익사업을 위한 관계 법령에 따른 고시 등이 있은 날의 1년 전부터 계약체결일 또는 수용재결일까지 계속하여 해당 건축물에 거주하지 않은 경우
4. 이주대책대상자가 공익사업을 위한 관계 법령에 따른 고시 등이 있은 날 당시 다음 각 목의 어느 하나에 해당하는 기관·업체에 소속(다른 기관·업체에 소속된 사람이 파견 등으로 각 목의 기관·업체에서 근무하는 경우를 포함한다)되어 있거나 퇴직한 날부터 3년이 경과하지 않은 경우
   가. 국토교통부
   나. 사업시행자
   다. 법 제21조 제2항에 따라 협의하거나 의견을 들어야 하는 공익사업의 허가·인가·승인 등 기관
   라. 공익사업을 위한 관계 법령에 따른 고시 등이 있기 전에 관계 법령에 따라 실시한 협의, 의견청취 등의 대상자였던 중앙행정기관, 지방자치단체, 「공공기관의 운영에 관한 법률」 제4조에 따른 공공기관 및 「지방공기업법」에 따른 지방공기업

토지보상법 시행규칙 제53조(이주정착금 등)

① 영 제40조 제2항 본문에서 "국토교통부령으로 정하는 부득이한 사유"란 다음 각 호의 어느 하나에 해당하는 경우를 말한다.
   1. 공익사업시행지구의 인근에 택지 조성에 적합한 토지가 없는 경우
   2. 이주대책에 필요한 비용이 당해 공익사업의 본래의 목적을 위한 소요비용을 초과하는 등 이주대책의 수립·실시로 인하여 당해 공익사업의 시행이 사실상 곤란하게 되는 경우

② 영 제41조에 따른 이주정착금은 보상대상인 주거용 건축물에 대한 평가액의 30퍼센트에 해당하는 금액으로 하되, 그 금액이 1천2백만원 미만인 경우에는 1천2백만원으로 하고, 2천4백만원을 초과하는 경우에는 2천4백만원으로 한다.

(2) 공장용

해당 공익사업지구 인근에 기개발된 산업단지에의 우선분양 알선, 해당 공익사업지역 인근 지역에 해당 사업자가 공장이주대책을 위한 별도의 산업단지를 조성하는 경우 그 산업단지의 조성 및 입주계획, 해당 공익사업지역 안에 조성되는 공공용지의 우선분양 등의 요건이 포함되어 있다.

Ⅴ. 주거이전비

1. 의의 및 취지(토지보상법 시행규칙 제54조)

주거이전비란 공익사업에 주거용 건축물이 편입되어 주거이전이 불가피한 경우 주거이전에 필요한 비용을 산정하여 보상하는 것을 말한다. 이는 헌법 제34조와 국가의 정책적 배려에 그 취지가 인정된다.

2. 법적 성질

(1) 강행규정 여부 ▸29회 1번 문제

토지보상법 시행규칙 제54조 제2항은 당사자 합의 또는 사업시행자에 의하여 적용을 배제할 수 없는 강행규정이라고 보아야 한다고 판시하여 강행규정으로 보고 있다(대판 2011.7.14, 2011두3685).

(2) 공·사권 여부

주거이전비의 법적 성질에 관하여 공권인지, 사권인지 견해가 대립한다. 판례의 입장에 따라 주거이전비 보상은 공법상 침해에 기인하여 발생한 권리로 공법으로 보는 것이 타당하다(대판 2008.5.29, 2007다8129).

3. 요건

(1) 소유자에 대한 주거이전비 보상요건(시행규칙 제54조 제1항)

공익사업시행지구에 편입되는 주거용 건축물의 소유자에 대하여는 해당 건축물에 대한 보상을 하는 때에 가구원수에 따라 2개월분의 주거이전비를 보상하여야 한다. 다만, 건축물의 소유자가 해당 건축물 또는 공익사업시행지구 내 타인의 건축물에 실제 거주하고 있지 아니하거나 해당 건축물이 무허가건축물 등인 경우에는 그러하지 아니하다.

(2) 세입자에 대한 주거이전비 보상요건(시행규칙 제54조 제2항)

공익사업의 시행으로 인하여 이주하게 되는 주거용 건축물의 세입자(법 제78조 제1항에 따른 이주대책대상자인 세입자는 제외한다)로서 사업인정고시일 등 당시 또는 공익사업을 위한 관계법령에 의한 고시 등이 있은 당시 해당 공익사업시행지구 안에서 3개월 이상 거주한 자에 대하여는 가구원수에 따라 4개월분의 주거이전비를 보상하여야 한다. 다만, 무허가건축물 등에 입주한 세입자로서 사업인정고시일 등 당시 또는 공익사업을 위한 관계법령에 의한 고시 등이 있은 당시 그 공익사업지구 안에서 1년 이상 거주한 세입자에 대하여는 본문에 따라 주거이전비를 보상하여야 한다.

(3) 주거이전비 산정방법(시행규칙 제54조 제4항)

주거이전비는 도시근로자가구의 가구원수별 월평균 명목 가계지출비를 기준으로 산정한다. 이 경우 가구원수가 5인인 경우에는 5인 이상 기준의 월평균 가계지출비를 적용하며, 가구원수가 6인 이상인 경우에는 5인 이상 기준의 월평균 가계지출비에 5인을 초과하는 가구원수에 1인당 평균비용을 곱한 금액을 더한 금액으로 산정한다.

1인당 평균비용 = (5인 이상 기준의 도시근로자가구 월평균 가계지출비 − 2인 기준의 도시근로자가구 월평균 가계지출비) ÷ 3

4. 권리구제(대판 2008.5.29, 2007다8129)

세입자 주거이전비 보상청구소송의 형태는 토지보상법 제78조, 시행규칙 제54조 조문의 요건을 충족한 경우 당연히 발생되는 것이므로 당사자소송에 의해야 할 것이다.

① **재결 이전** : 요건충족 시 주거이전비는 법상 규정대로 확정되는 바 실질적 당사자소송을 통해 다툰다.

② **재결 이후** : 수용재결에서 주거이전비에 대해 판단하는 바, 토지보상법 제83조, 제85조 제2항 보상금증감청구소송으로 다툴 수 있다.

Check!

주거이전비 핵심 관련판례

1. 대판 2008.5.29, 2007다8129(공권 → 재결 전 실질적 당사자소송, 재결 후 보상금증감청구소송)

주거이전비는 해당 공익사업시행지구 안에 거주하는 세입자들의 조기이주를 장려하여 사업추진을 원활하게 하려는 정책적인 목적과 주거이전으로 인한 어려움을 겪게 될 세입자들을 대상으로 하는 사회보장적인 차원에서 지급되는 금원의 성격을 갖는다고 할 것이므로, 적법하게 시행된 공익사업으로 인하여 이주하게 된 주거용 건축물 세입자의 주거이전비 보상청구권은 공법상 권리이다.

2. 대판 2011.7.14, 2011두3685(주거이전비 규정 강행규정)

토지보상법 시행규칙 제54조 제2항은 당사자 합의 또는 사업시행자의 재량에 의하여 적용을 배제할 수 없는 강행규정이라고 보아야 한다. 주거이전비를 포기하는 취지의 포기각서를 제출하였다 하더라도, 포기각서의 내용은 강행규정에 위배되어 무효이다.

3. 대판 2017.10.31, 2017두40068(해당 사업구역 내 조합원 소유자는 주거이전비 세입자 지위 안 됨)

조합원은 개발이익을 누릴 수 있고, 실질적으로 사업시행자와 유사하므로 공익사업으로 생활의 근거를 상실하게 되는 자와 차이가 있다. 주택재개발사업 내 주거용 건축물을 소유하는 조합원이 사업구역 내 타인의 주거용 건축물에 거주하는 세입자일 경우 법상 세입자로서의 주거이전비 4개월분의 지급대상이 아니다.

4. 대판 2013.5.23, 2012두11072(무허가건축물 등에 입주한 세입자의 주거이전비)

무허가건축물 등에 입주한 세입자는 기존에 주거용으로 사용되어 온 무허가건축물 등에 입주하여 일정기간 거주한 세입자를 의미하고, 공부상 주거용 용도가 아닌 건축물을 임차한 후 임의로 주거용으로 용도를 변경하여 거주한 세입자는 이에 해당한다고 할 수 없다.

5. 대판 2021.6.30, 2019다207813(주거이전비 지급절차가 부동산 인도에 선행, 부동산 인도의무는 동시이행관계)

① 사업시행자가 현금청산대상자나 세입자에 대해서 종전의 토지나 건축물의 인도를 구하려면 관리처분계획의 인가·고시만으로는 부족하고 구 도시정비법 제49조 제6항 단서에서 정한 토지보상법에 따른 손실보상이 완료되어야 한다.

② 구 도시정비법 제49조 제6항 단서의 내용, 개정 경위와 입법 취지를 비롯하여 구 도시정비법 및 토지보상법의 관련 규정들을 종합하여 보면, 토지보상법 제78조에서 정한 주거이전비, 이주정착금, 이사비(이하 '주거이전비 등'이라 한다)도 구 도시정비법 제49조 제6항 단서에서 정한 '토지보상법에 따른 손실보상'에 해당한다.

③ 그러므로 주택재개발사업의 사업시행자가 공사에 착수하기 위하여 현금청산대상자나 세입자로부터 정비구역 내 토지 또는 건축물을 인도받기 위해서는 협의나 재결절차 등에 의하여 결정되는 주거이전비 등도 지급할 것이 요구된다. 만일 사업시행자와 현금청산대상자나 세입자 사이에 주거이전비 등에 관한 협의가 성립된다면 사업시행자의 주거이전비 등 지급의무와 현금청산대상자나 세입자의 부동산 인도의무는 동시이행의 관계에 있게 되고, 재결절차 등에 의할 때에는 주거이전비 등의 지급절차가 부동산 인도에 선행되어야 한다. (원심은, 원고가 주거이전비 등에 대하여 재결신청을 하지 아니하여 수용재결에서 주거이전비 등에 대하여 심리·판단하지 않은 채 산정한 토지나 지장물 등 보상금을 공탁한 것만으로 구 도시정비법 제49조 제6항 단서에서 정한 손실보상이 완료되었다고 보아 원고의 이 사건 부동산에 대한 인도 청구를 인용하였으나, 이러한 원심 판단에는 구 도시정비법 제49조 제6항 단서에서 정한 토지보상법에 따른 손실보상 완료의 의미에 관한 법리를 오해하여 필요한 심리를 다하지 않음으로써 판결에 영향을 미친 잘못이 있다고 하여, 원심판결을 파기하고, 사건을 다시 심리·판단하게 하기 위하여 원심법원에 환송하기로 한 사례)

6. 대판 2021.7.29, 2019도13010(주거이전비 미지급을 이유로 인도를 하지 않은 경우 공익사업을 위한 토지 등의 취득 및 보상에 관한 법률 제95조의2 위반에 해당되지 않음)

① 공익사업을 위한 토지 등의 취득 및 보상에 관한 법률(이하 '토지보상법'이라 한다)은 제43조에서 "토지소유자 및 관계인과 그 밖에 토지소유자나 관계인에 포함되지 아니하는 자로서 수용하거나 사용할 토지나 그 토지에 있는 물건에 관한 권리를 가진 자는 수용 또는 사용의 개시일까지 그 토지나 물건을 사업시행자에게 인도하거나 이전하여야 한다."라고 정하고, 제95조의2 제2호에서 이를 위반하여 토지 또는 물건을 인도하거나 이전하지 아니한 자를 처벌한다고 정하고 있다.

② 구 도시정비법 제49조 제6항 단서의 내용, 그 개정 경위와 입법 취지, 구 도시정비법과 토지보상법의 관련 규정의 체계와 내용을 종합하면, 토지보상법 제78조 등에서 정한 주거이전비, 이주정착금, 이사비 등(이하 '주거이전비 등'이라 한다)도 구 도시정비법 제49조 제6항 단서에서 정하는 '토지보상법에 따른 손실보상'에 해당한다. 따라서 주택재개발사업의 사업시행자가 공사에

착수하기 위하여 현금청산대상자나 임차인 등으로부터 정비구역 내 토지 또는 건축물을 인도받기 위해서는 협의나 재결절차 등에서 결정되는 주거이전비 등을 지급할 것이 요구된다. 사업시행자가 수용재결에서 정한 토지나 지장물 등 보상금을 지급하거나 공탁한 것만으로 토지보상법에 따른 손실보상이 완료되었다고 보기 어렵다.

③ 결국 사업시행자가 수용재결에 따른 보상금을 지급하거나 공탁하고 토지보상법 제43조에 따라 부동산의 인도를 청구하는 경우라도, 현금청산대상자나 임차인 등이 주거이전비 등을 보상받기 전에는 특별한 사정이 없는 한 구 도시정비법 제49조 제6항 단서에 따라 주거이전비 등의 미지급을 이유로 부동산의 인도를 거절할 수 있다. 따라서 이러한 경우 현금청산대상자나 임차인 등이 수용개시일까지 수용대상 부동산을 인도하지 않았다고 해서 토지보상법 제43조, 제95조의2 제2호 위반죄로 처벌해서는 안 된다.

7. 대판 2021.7.29, 2019다300477(부당이득금 – 주거이전비 등의 지급절차가 이루어지지 않았다면 관리처분계획의 인가·고시가 있더라도 분양신청을 하지 않거나 철회하여 현금청산대상자가 된 자는 종전의 토지나 건축물을 사용·수익할 수 있음)

① 공익사업을 위한 토지 등의 취득 및 보상에 관한 법률(이하 '토지보상법'이라 한다) 제78조 등에서 정한 주거이전비, 이주정착금, 이사비(이하 '주거이전비 등'이라 한다)는 구 도시정비법 제49조 제6항 단서에서 정한 '토지보상법에 따른 손실보상'에 해당한다고 보아야 한다.

② 구 도시정비법 제49조 제6항 단서에서 정한 토지보상법에 따른 손실보상이 완료되려면 협의나 수용재결에서 정해진 토지나 건축물 등에 대한 보상금의 지급 또는 공탁뿐만 아니라 주거이전비 등에 대한 지급절차까지 이루어져야 한다. 만일 협의나 재결절차 등에 따라 주거이전비 등의 지급절차가 이루어지지 않았다면 관리처분계획의 인가·고시가 있더라도 분양신청을 하지 않거나 철회하여 현금청산대상자가 된 자는 종전의 토지나 건축물을 사용·수익할 수 있다. 위와 같이 주거이전비 등을 지급할 의무가 있는 주택재개발정비사업의 시행자가 종전 토지나 건축물을 사용·수익하고 있는 현금청산대상자를 상대로 부당이득반환을 청구하는 것은 허용되지 않는다.
(원고가 재결절차에서 정해진 이 사건 토지와 건물에 대한 손실보상금을 공탁하였다고 하더라도 주거이전비 등에 대해서 수용재결 신청을 하거나 이를 지급하지 않은 이상 구 도시정비법 제49조 제6항 단서에 따른 손실보상이 완료되었다고 볼 수 없다고 보아, 주거이전비 등의 지급절차가 이루어질 때까지 피고가 이 사건 건물 5층을 사용·수익하였다고 하더라도 이에 대해서 원고가 부당이득반환청구를 할 수 없다는 원심판결이 정당하다고 본 사례)

Ⅵ. 공익사업시행지구 밖의 간접보상(간접보상)

1. 간접손실보상의 개관

(1) 의의

간접손실이란 공익사업의 시행으로 인하여 사업시행지 밖의 재산권자에게 필연적으로 발생하는 손실을 말하며, 사업시행지역 내의 토지소유자가 입은 부대적 손실과 구별된다. 간접손실보상은 이러한 간접손실을 보상하는 것을 말한다.

(2) 종류(유형)

① 지역경제, 사회적 구조가 변경되어 발생하는 사회적・경제적 손실보상인 간접손실보상과, ② 공사 중의 소음, 진동, 용수고갈 등으로 인한 물리적・기술적 손실인 간접침해보상이 있다. 이하에서는 사회적・경제적 손실인 간접손실보상을 중심으로 논의하도록 한다(다만, 최근 대법원 판례 2019.11.28, 2018두227 판결에서는 손실보상의 제척기간 안이라면 손실보상으로 하고, 손실보상의 제척기간이 경과하였으면 손해배상으로 처리토록 판시하고 있어, 간접손실과 간접침해보상을 하나로 묶어서 논리를 전개하고 있다).

(3) 간접손실의 법적 성질

간접손실의 법적 성질에 대해 손해배상설, 손실보상설, 결과책임설 등이 주장되고 있으나, 간접손실보상은 기본적으로 손실보상으로 이해하는 것이 타당하다. 다만, 예견・용인된 범위를 넘는 피해에 대해서는 손실보상이 아니라 손해배상으로 파악함이 합리적이다.

(4) 간접손실보상의 성격

사후적 보상의 성격을 갖고, 특별한 희생을 발생시킨 원인행위가 간접적이라는 점에서 손실보상과 다르므로 보상의 내용은 재산권 보상으로 볼 수 있다. 또한 침해가 있기 전의 생활상태의 회복을 위하여 인정되는 것이고 대물보상의 한계와 현대 복지국가의 요청에 따라 인정되는 것이므로 생활보상의 성격을 갖는다.

2. 간접손실보상의 근거

(1) 이론적 근거

간접손실도 공익사업이 원인이 되어 발생한 것이므로 특별한 희생에 해당하는 경우에는 사유재산의 보장과 공적부담 앞의 평등의 원칙상 보상하여야 한다. 따라서 간접손실보상도 손실보상의 개념에 포함되는 것으로 보아야 한다.

(2) 헌법적 근거

① 문제점

간접손실보상이 헌법 제23조 제3항의 손실보상에 포함되는지가 문제된다.

② 학설

㉠ **부정설** : 이 견해는 헌법 제23조 제3항은 공용침해로 인하여 재산권자에게 직접적으로 발생한 손실만을 보상하는 것으로 규정하고 있다고 보며 간접손실보상은 규율대상으로 하지 않는다고 보는 견해이다.

㉡ **긍정설** : 간접손실도 적법한 공용침해에 의해 필연적으로 발생한 손실이므로 손실보상의 개념에 포함시키고, 헌법 제23조 제3항의 손실보상에도 포함시키는 것이 타당하다는 견해이다.

③ 판례

판례는 간접손실을 헌법 제23조 제3항에서 규정한 손실보상의 대상이 된다고 보고 있다.

④ 검토

간접손실도 적법한 공용침해로 인하여 예견되는 손실이고, 헌법 제23조 제3항을 손실보상의 일반적 규정으로 보는 것이 타당하므로, 간접손실보상을 헌법 제23조 제3항의 손실보상에 포함시키는 것이 타당하다.

(3) 법률적 근거

헌법적 근거로 헌법 제23조 제3항과 제34조를 들 수 있으며, 토지보상법은 제79조 제2항 및 동법 시행규칙 제59조 내지 제65조 등에서 규정하고 있다.

3. 간접손실보상의 요건

(1) 간접손실이 발생할 것

간접손실이 되기 위하여는 ① 공익사업의 시행으로 공익사업시행지구 밖의 토지소유자 등(제3자)이 입은 손실이어야 하고, ② 그 손실이 공익사업의 시행으로 인하여 발생하리라는 것이 예견가능해야 하고, ③ 그 손실의 범위가 구체적으로 특정될 수 있어야 한다.

(2) 재산권에 대한 특별한 희생의 발생

사회적 제약을 넘는 특별한 희생이 발생해야 한다. 특별한 희생의 발생여부는 형식설과 실질설을 모두 고려하여 판단하여야 한다.

(3) 보상규정의 존재

토지보상법 제79조 제2항은 “공익사업이 시행되는 지역 밖에 있는 토지등이 공익사업의 시행으로 인하여 본래의 기능을 다할 수 없게 된 경우에는 국토교통부령이 정하는 기준에 의한다”라고 규정하고 있는바 이에는 간접손실이 포함된다. 또한 이 수권규정에 의하여 동법 시행규칙 제59조 내지 제65조는 간접손실보상을 규정하고 있다.

4. 토지보상법 시행규칙상의 간접손실보상의 내용(종류)

(1) 공익사업시행지구 밖의 대지 등에 대한 보상(시행규칙 제59조)

대지, 건축물, 분묘 또는 농지가 공익사업의 시행으로 인하여 교통이 두절되거나 경작이 불가능하게 된 경우, 소유자의 청구에 의해 보상한다. 도로, 도선시설의 설치로 보상에 갈음할 수 있다.

(2) 공익사업시행지구 밖의 건축물에 대한 보상(시행규칙 제60조)

소유농지의 대부분이 공익사업시행지구에 편입됨으로써 건축물만이 공익사업시행지구 밖에 남아 매매가 불가능하고 이주가 부득이한 경우에는 그 소유자의 청구에 의하여 보상하여야 한다.

(3) 소수잔존자에 대한 보상(시행규칙 제61조)

1개 마을의 주거용 건축물이 대부분 공익사업시행지구에 편입됨으로써 잔여 주거용 건축물 거주자의 생활환경이 현저히 불편하게 되어 이주가 부득이한 경우에는 해당 소유자의 청구에 의해 토지 등을 보상하여야 한다.

(4) 공익사업시행지구 밖의 공작물 등에 대한 보상(시행규칙 제62조)

공작물 등이 공익사업의 시행으로 인하여 그 본래의 기능을 다할 수 없게 되는 경우에는 그 소유자의 청구에 의해 보상하여야 한다.

(5) 공익사업시행지구 밖의 어업의 피해에 대한 보상(시행규칙 제63조)

공익사업시행지구 인근에 있는 어업에 피해가 발생한 경우 사업시행자는 실제 피해액을 확인할 수 있는 때에 그 피해에 대하여 보상하여야 한다. 이 경우 실제 피해액은 감소된 어획량 및 평년수입액 등을 참작하여 평가한다.

(6) 공익사업시행지구 밖의 영업손실에 대한 보상(시행규칙 제64조)

영업손실의 보상대상이 되는 영업을 하고 있는 자가 배후지의 2/3 이상이 상실되어 그 장소에서 영업을 계속할 수 없는 경우, 진출입로의 단절, 그 밖의 부득이한 사유로 인하여 일정기간 동안 휴업이 불가피한 경우에는 그 영업자의 청구에 의하여 보상하여야 한다.

(7) 공익사업시행지구 밖의 농업의 손실에 대한 보상(시행규칙 제65조)

경작농지의 2/3 이상 면적이 편입되어 해당 지역에서 영농을 계속할 수 없게 된 농민에 대하여는 공익사업시행지구 밖에서 그가 경작하고 있는 농지에 대해서도 영농손실액을 보상하여야 한다.

5. 간접손실보상에 대한 권리구제

시행규칙 제59조~제65조까지의 간접손실에 해당되는지 살펴보고, 보상규정이 없을 시, 간접손실보상규정 결여에 대한 논의를 이어가야 한다.

(1) 보상규정이 있는 경우

① 토지보상법상 절차

토지보상법 제80조에서는 손실보상에 대하여 사업시행자와 손실을 입은 자가 협의하되, 협의가 성립되지 않을 때는 사업시행자나 손실을 입은 자는 관할 토지수용위원회에 재결을 신청하여 보상문제를 해결하도록 하고 있다.

② 재결불복

재결의 불복방법에 대해 현행 토지보상법에서는 명시적인 규정은 없으나, 최근 토지보상법 제79조 제2항의 불복은 행정소송으로 하도록 하는 판례가 등장하였다. 따라서 관할 토지수용위원회의 보상재결에 대해 불복하고자 할 때에는 토지보상법 제83조의 이의신청 및 제85조 제2항에서 규정하고 있는 보상금증감청구소송을 제기함이 타당하다.

(2) 간접손실보상에 대해 명시적인 보상규정이 없는 경우(흠결)

① 문제점

토지보상법 시행규칙에 규정되지 않은 간접손실에 대하여 보상이 가능한지가 문제되며, 이때 토지보상법 제79조 제4항을 일반적 근거조항으로 볼 수 있는지 여부에 대해 견해가 대립한다.

② 학설

토지보상법 제79조 제4항에서는 공익사업의 시행으로 인하여 발생하는 손실의 보상을 규정하고 있는데 이에 대하여 동 규정을, ㉠ 보상이 필요하지만 법률에 규정되지 못한 경우 개괄수권조항으로 보는 견해와, ㉡ 기타손실에 대한 일반적 근거조항으로 보는 견해가 있다.

③ 검토

특별한 희생이 발생하였음에도 손실보상을 해주지 않는 것은 위헌이며, 일반적 근거조항으로 보는 것이 국민의 권리구제에 유리하므로 토지보상법 제79조 제4항을 손실보상의 일반근거조항으로 보는 것이 타당하다.

(3) 보상규정이 결여된 경우의 간접손실보상의 근거

① 문제점

보상규정이 없는 간접손실의 보상 여부 및 보상근거가 없는 간접손실의 보상근거에 관하여 다음과 같이 견해가 대립한다.

② 학설

㉠ **보상부정설** : 토지보상법 제59조 내지 제65조에서 규정되지 않은 간접손실은 보상의 대상이 되지 않는다고 보는 견해이다.

㉡ **유추적용설** : 헌법 제23조 제3항 및 토지보상법상의 간접손실보상의 규정을 유추적용하여 손실보상을 청구할 수 있다는 견해이다.

㉢ **직접적용설** : 간접손실도 헌법 제23조 제3항의 손실보상의 범주이므로 헌법 제23조 제3항을 직접 근거로 손실보상을 할 수 있다는 견해이다.

㉣ **수용적 침해이론** : 간접손실도 비의도적 침해에 의하여 발생하였다는 점에서 수용적 침해로 보면서, 독일법상의 수용적 침해이론을 긍정하여 구제해 주어야 한다는 견해이다.

㉤ **손해배상설** : 간접손실에 대하여 명문의 보상규정이 없는 경우에는 손해배상을 청구해야 한다는 견해이다.

③ 판례(대판 1999.10.8, 99다27231)

명문의 근거법령이 없는 경우라고 하더라도, ㉠ 간접손실이 공익사업의 시행으로 인하여 사업지 이외의 토지소유자가 입은 손실이고, ㉡ 그 손실의 범위를 구체적으로 특정할 수 있고, ㉢ 손실이 발생하리라는 것을 쉽게 예견할 수 있는 경우라면, ㉣ 그 손실보상에 관하여 헌법 제23조 및 관련 규정들을 유추적용할 수 있다고 판시한 바 있다.

④ 검토

간접손실도 헌법 제23조 제3항의 손실보상의 범주에 포함되므로 예견, 특정가능성이 인정된다면 헌법 제23조 제3항을 근거로 하여 손실보상을 청구할 수 있다고 판단된다. 이 경우 구체적인 보상액은 토지보상법 관련규정들을 적용할 수 있을 것이다.

6. 간접손실보상의 한계

(1) 간접손실보상의 개념 내지 유형

간접손실보상의 개념 내지 유형에 대해서 이론상 명확한 정리가 되지 않아 현실상 이에 대한 권리구제방법 등에서 혼란이 되고 있다.

(2) 간접손실보상의 대상 내지 기준

토지보상법 제79조 제2항 등에서는 본래의 기능을 다할 수 없는 경우로 규정하고 있으나 이에 대한 구체적 기준이 없으므로 대상 예측 확정이 어려운 문제가 있다.

(3) 간접손실상의 시기

사업지구 내의 경우에는 사업시행 이전에 보상을 완료하도록 하고 있지만, 사업지구 밖의 경우에는 명문의 규정이 없으므로 보상시기와 관련해서 자의성이 개입될 우려가 있다.

(4) 손실보상 및 손해배상의 기준설정의 어려움

공익사업으로 인한 시설설치가 완료된 경우, 운영으로 발생하는 피해에 대하여 이를 손실보상의 문제로 볼 것인지, 손해배상의 문제로 볼 것인지가 문제될 수 있다.

판례는 시설운영으로 인한 소음과 관련하여 손해배상의 문제로 본 바 있다.

Ⅶ. 간접침해보상

1. 간접침해보상의 의의 및 유형

공익사업시행지구 밖의 물리적・기술적 손실에 대한 보상을 말하며, 간접침해의 유형으로는 공익사업으로 인한 소음, 진동, 먼지 등에 의한 침해와 환경오염 및 용수고갈 등으로 인한 손실, 일조권 침해 등이 있다.

2. 손실보상 가능성

(1) 보상규정의 존재 여부

현행 토지보상법 등에서는 간접침해보상에 대한 명문의 규정이 없다.

(2) 간접침해를 손실보상의 대상인 간접손실로 볼 수 있는지 여부

① 문제점

간접침해를 손실보상의 대상인 간접손실로 볼 수 있는지 문제되며, 이에 따라 간접침해에 대한 권리구제방법 등이 달라질 수 있다.

② 견해

㉠ 원활한 공익사업의 시행과 효율적인 권리구제가 가능하다고 보아 간접침해 역시 손실보상의 대상이 되는 간접손실이라는 견해와, ㉡ 손해배상과 손실보상의 구별기준에 맞지 않으며 간접침해는 발생이 예견되지 않은 경우도 있고 예견되어도 그 손해를 미리 산정하는 것은 통상 어려움이 있어 손해배상의 영역으로 보는 견해가 있다.

③ 판례

김포공항 소음피해사건에서는 김포공항의 설치 및 관리에 하자가 있다고 하여 국가배상책임을 인정하였고, 공사 후 공공시설물로부터 공해로 인한 손해가 통상의 수인한도를 넘는 경우 해당 공공시설이 공물이 아닌 경우에 민법상 불법행위책임을 인정했다. 또한 고속도로의 확장으로 인해 소음, 진동이 증가하여 인근 양돈업자가 입은 피해에 대하여는 귀책사유가 없어도 한국도로공사의 손해배상책임을 인정하였다.

④ 검토

모든 간접침해가 공익사업을 위한 토지 등의 수용단계에서 예견되는 것은 아니며, 예견된다 하더라도 미리 그 손해를 산정하는 것이 통상 어려움이 있는 바, 손해배상의 영역으로 봄이 타당하다.

3. 간접침해에 대한 권리구제

(1) 손해배상의 청구가능성

간접침해의 발생에 대한 예견이 어렵고, 손해산정이 어려우므로 사전보상이 어렵기 때문에 손해배상으로 해결한다.

(2) 민사상 방해배제의 청구

민법 제217조 제1항에 근거하여 방해배제청구권을 행사할 수 있으나, 간접침해를 받은 사익이 공익사업의 공익성보다 크기는 어려우므로 실제적인 구제수단이 되기는 어렵다.

(3) 시민고충처리위원회에 민원제기

간접침해에 대해 시민고충처리위원회에 민원을 접수할 수 있으나, 시민고충처리위원회의 시정권고나 의견표명 등은 직접적인 집행력이 없기 때문에 직접적인 간접침해에 대한 권리구제수단으로는 불완전하다.

(4) 환경분쟁조정위원회에 조정신청

환경분쟁조정법상 환경피해는 간접침해의 유형 중 물리적・기술적 침해에 해당하여 환경분쟁조정위원회에 조정을 신청할 수 있으며, 환경분쟁조정위원회는 침해행위와 피해 결과의 인과관계가 성립하고, 그 피해가 수인한도를 넘는 경우 피해배상액을 결정하고 있다. 그러나 명확한 기준이 없어 사안에 따라 달리 적용될 여지가 있고 형평성에 논란이 있을 수 있다.

Check!

■ 최근 대법원 판례에서 간접손실보상에 대한 새로운 해석 시각
대법원 2019.11.28, 2018두227 판결[보상금]

【판시사항】

[1] 공익사업을 위한 토지 등의 취득 및 보상에 관한 법률 시행규칙 제64조 제1항 제2호에서 정한 공익사업시행지구 밖 영업손실보상의 요건인 '공익사업의 시행으로 인한 그 밖의 부득이한 사유로 일정 기간 동안 휴업이 불가피한 경우'에 공익사업의 시행 결과로 휴업이 불가피한 경우가 포함되는지 여부(적극)

[2] 실질적으로 같은 내용의 손해에 관하여 공익사업을 위한 토지 등의 취득 및 보상에 관한 법률 제79조 제2항에 따른 손실보상과 환경정책기본법 제44조 제1항에 따른 손해배상청구권이 동시에 성립하는 경우, 영업자가 두 청구권을 동시에 행사할 수 있는지 여부(소극) 및 '해당 사업의 공사완료일로부터 1년'이라는 손실보상 청구기간이 지나 손실보상청구권을 행사할 수 없는 경우에도 손해배상청구가 가능한지 여부(적극)

[3] 공익사업으로 인하여 공익사업시행지구 밖에서 영업을 휴업하는 자가 공익사업을 위한 토지 등의 취득 및 보상에 관한 법률 제34조, 제50조 등에 규정된

재결절차를 거치지 않은 채 곧바로 사업시행자를 상대로 공익사업을 위한 토지 등의 취득 및 보상에 관한 법률 시행규칙 제47조 제1항에 따라 영업손실에 대한 보상을 청구할 수 있는지 여부(소극)

[4] 어떤 보상항목이 공익사업을 위한 토지 등의 취득 및 보상에 관한 법령상 손실보상대상에 해당함에도 관할 토지수용위원회가 사실을 오인하거나 법리를 오해함으로써 손실보상대상에 해당하지 않는다고 잘못된 내용의 재결을 한 경우, 피보상자가 제기할 소송과 그 상대방

【판결요지】

[1] 모든 국민의 재산권은 보장되고, 공공필요에 의한 재산권의 수용 등에 대하여는 정당한 보상을 지급하여야 하는 것이 헌법의 대원칙이고(헌법 제23조), 법률도 그런 취지에서 공익사업의 시행 결과 공익사업의 시행이 공익사업시행지구 밖에 미치는 간접손실 등에 대한 보상의 기준 등에 관하여 상세한 규정을 마련해 두거나 하위법령에 세부사항을 정하도록 위임하고 있다.

이러한 공익사업시행지구 밖의 영업손실은 공익사업의 시행과 동시에 발생하는 경우도 있지만, 공익사업에 따른 공공시설의 설치공사 또는 설치된 공공시설의 가동·운영으로 발생하는 경우도 있어 그 발생원인과 발생시점이 다양하므로, 공익사업시행지구 밖의 영업자가 발생한 영업상 손실의 내용을 구체적으로 특정하여 주장하지 않으면 사업시행자로서는 영업손실보상금 지급의무의 존부와 범위를 구체적으로 알기 어려운 특성이 있다. 공익사업을 위한 토지 등의 취득 및 보상에 관한 법률 제79조 제2항에 따른 손실보상의 기한을 공사완료일부터 1년 이내로 제한하면서도 영업자의 청구에 따라 보상이 이루어지도록 규정한 것[공익사업을 위한 토지 등의 취득 및 보상에 관한 법률 시행규칙(이하 '시행규칙'이라 한다) 제64조 제1항]이나 손실보상의 요건으로서 공익사업시행지구 밖에서 발생하는 영업손실의 발생원인에 관하여 별다른 제한 없이 '그 밖의 부득이한 사유'라는 추상적인 일반조항을 규정한 것(시행규칙 제64조 제1항 제2호)은 간접손실로서 영업손실의 이러한 특성을 고려한 결과이다.

위와 같은 공익사업시행지구 밖 영업손실보상의 특성과 헌법이 정한 '정당한 보상의 원칙'에 비추어 보면, 공익사업시행지구 밖 영업손실보상의 요건인 '공익사업의 시행으로 인한 그 밖의 부득이한 사유로 일정 기간 동안 휴업이 불가피한 경우'란 공익사업의 시행 또는 시행 당시 발생한 사유로 휴업이 불가피한 경우만을 의미하는 것이 아니라 공익사업의 시행 결과, 즉 그 공익사업의 시행으로 설치되는 시설의 형태·구조·사용 등에 기인하여 휴업이 불가피한 경우도 포함된다고 해석함이 타당하다.

[2] 공익사업을 위한 토지 등의 취득 및 보상에 관한 법률(이하 '토지보상법'이라 한다) 제79조 제2항(그 밖의 토지에 관한 비용보상 등)에 따른 손실보상과 환경

정책기본법 제44조 제1항(환경오염의 피해에 대한 무과실책임)에 따른 손해배상은 근거 규정과 요건 • 효과를 달리하는 것으로서, 각 요건이 충족되면 성립하는 별개의 청구권이다. 다만 손실보상청구권에는 이미 '손해 전보'라는 요소가 포함되어 있어 실질적으로 같은 내용의 손해에 관하여 양자의 청구권을 동시에 행사할 수 있다고 본다면 이중배상의 문제가 발생하므로, 실질적으로 같은 내용의 손해에 관하여 양자의 청구권이 동시에 성립하더라도 영업자는 어느 하나만을 선택적으로 행사할 수 있을 뿐이고, 양자의 청구권을 동시에 행사할 수는 없다. 또한 '해당 사업의 공사완료일로부터 1년'이라는 손실보상 청구기간(토지보상법 제79조 제5항, 제73조 제2항)이 도과하여 손실보상청구권을 더 이상 행사할 수 없는 경우에도 손해배상의 요건이 충족되는 이상 여전히 손해배상청구는 가능하다.

[3] 공익사업을 위한 토지 등의 취득 및 보상에 관한 법률(이하 '토지보상법'이라 한다) 제26조, 제28조, 제30조, 제34조, 제50조, 제61조, 제79조, 제80조, 제83조 내지 제85조의 규정 내용과 입법 취지 등을 종합하면, 공익사업으로 인하여 공익사업시행지구 밖에서 영업을 휴업하는 자가 사업시행자로부터 공익사업을 위한 토지 등의 취득 및 보상에 관한 법률 시행규칙 제47조 제1항에 따라 영업손실에 대한 보상을 받기 위해서는, 토지보상법 제34조, 제50조 등에 규정된 재결절차를 거친 다음 그 재결에 대하여 불복이 있는 때에 비로소 토지보상법 제83조 내지 제85조에 따라 권리구제를 받을 수 있을 뿐이다. 이러한 재결절차를 거치지 않은 채 곧바로 사업시행자를 상대로 손실보상을 청구하는 것은 허용되지 않는다.

[4] 어떤 보상항목이 공익사업을 위한 토지 등의 취득 및 보상에 관한 법령상 손실보상대상에 해당함에도 관할 토지수용위원회가 사실을 오인하거나 법리를 오해함으로써 손실보상대상에 해당하지 않는다고 잘못된 내용의 재결을 한 경우에는, 피보상자는 관할 토지수용위원회를 상대로 그 재결에 대한 취소소송을 제기할 것이 아니라, 사업시행자를 상대로 공익사업을 위한 토지 등의 취득 및 보상에 관한 법률 제85조 제2항에 따른 보상금증감소송을 제기하여야 한다.

Check!

공익사업시행지구 밖의 간접손실보상에 대한 새로운 해석

공익사업을 위한 토지 등의 취득 및 보상에 관한 법률 제79조 제2항에 따른 공익사업시행지구 밖의 간접손실보상에 대한 새로운 해석과 간접손실보상 및 환경정책기본법 제44조 제1항에 따른 손해배상청구권이 동시에 성립하는 경우, 영업자가 두 청구권을 동시에 행사할 수 있는지 여부(소극)

대법원 2019.11.28, 2018두227 판결

Ⅰ. 공익사업시행지구 밖 간접손실의 보상과 환경정책기본법에 따른 손해배상청구

토지보상법상 공익사업으로 인하여 공익사업시행지구 밖의 재산권자에게 가해지는 손실은 공익사업 때문에 필연적으로 발생하는 손실로 간접손실이라고 한다. 간접손실은 공익사업의 시공 또는 완성 후의 시설이 공익사업시행지구 밖에 미치는 손실이다. 공익사업으로 인한 손실의 발생은 직접 또는 간접적으로 발생할 수 있고, 그 손실은 재산가액의 감소는 물론 생활피해, 정신적 피해 등을 포함한다고 볼 수 있다.

학계에서는 일반적으로 물리적·기술적 손실과 사회적·경제적 손실로 구분하였다. 물리적·기술적 손실은 이를 간접침해보상이라고 하고, 사회적·경제적 손실을 간접손실이라고 통칭하였다. 또한 공익사업의 시행 시 발생하는 피해와 사업이 완료된 후 발생하는 피해로 구분할 수 있다. 사업시행 시 발생하는 피해는 사업과정 중의 소음·진동·먼지 등으로 인한 피해이고, 사업완료 후 발생하는 손실은 토지와 건물의 경우 지가하락, 지반변동, 주거 및 생활의 불편, 영업 등의 영위 곤란, 전파수신장애, 지하수고갈, 소음·진동 등이 있다. 대판 2019.11.28, 2018두227에서는 종전 학계의 구분과는 달리 전반적인 공익사업시행구 밖의 보상을 간접손실보상이라고 보면서 사회적·경제적 손실은 물론 물리적·기술적 손실도 간접손실의 유형으로 분류하며 피수용자의 권익보호를 한층 강화하고 있다. 즉 2018두227 판결에서는 "공익사업시행지구 밖 영업손실보상의 요건인 '공익사업의 시행으로 인한 그 밖의 부득이한 사유로 일정기간 동안 휴업이 불가피한 경우'란 공익사업의 시행 또는 시행 당시 발생한 사유로 휴업이 불가피한 경우만을 의미하는 것이 아니라 공익사업의 시행 결과, 즉 그 공익사업의 시행으로 설치되는 시설의 형태·구조·사용 등에 기인하여 휴업이 불가피한 경우도 포함된다고 해석함이 타당하다."라고 판시함으로써 종전 학계의 구분과는 달리 공익사업시행지구 밖의 전반적인 손실을 간접손실로 보면서 재결절차를 거치지 않은 채 곧바로 사업시행자를 상대로 손실보상을 청구하는 것은 허용되지 않는다고 판시하고 있다. 토지보상법 제79조 제2항 공익사업시행지구 밖 간접손실과 환경정책기본법 제44조 제1항에 따른 손해배상청구권이 동시에 성립하는 경우, 영업자가 두 청구권을 동시에 행사할 수는 없고, '해당 사업의 공사완료일로부터 1년'이라는 손실보상 청구기간이 지나 손실보상청구권을 행사할 수 없는 경우에도 손해배상청구가 가능하다고 해석하고 있다.

Ⅱ. 간접손실보상의 법적 성격과 논거

1. 간접손실보상의 법적 성격

손실보상은 공익사업으로 인하여 개인에게 가해진 특별한 희생을 공평부담을 통해 조절함을 목적으로 하기 때문에, 간접손실보상도 일반적인 손실보상의 일반적 논거가 적용된다. 간접손실보상은 비록 공익사업의 비용부담을 가중시키나, 그로 인해 발생한 피해가 구제되는 것이 공평한 원칙에서 보더라도 타당하다. 간접손실보상의 법적 성질에 대해서는 손해배상설, 손실보상설, 결과책임설 등이 주장되고 있으나, 손실보상설이 타당하다고 할 것이다. 다만 학계에서는 특별히 수인한도를 넘는 경우에는 그 피해에 대하여 손실보상이 아닌 손해배상이 주어져야 한다는 주장도 있는데, 이를 이번 대법원 판례(2018두227)가 수용하여 간접손실보상뿐만 아니라 환경정책기본법에 의한 환경오염의 피해에 대한 무과실책임에 따른 손해배상도 가능하다고 판시하고 있으나, 두 청구권이 동시에 성립하는 것은 아니고 하나만 주장할 수 있되, 토지보상법상 손실보상기간이 경과하면 환경정책기본법에 따른 손해배상 청구기간 내에 손해배상을 청구할 수 있다고 2018두227 판결은 새로운 해석을 내놓았다.

2. 간접손실보상의 논거

간접손실보상의 논거는 생활권보상에서 찾을 수 있다. ① 공익사업이 시행됨으로 인하여 생활의 기반을 상실하게 될 때 종전과 같은 생활을 영위할 수 없는 것은 말할 것도 없고, 인간다운 생활을 유지할 수 없게 되는 경우도 있을 수 있다. 생활보상이 피수용자나 관계인의 인간다운 생활을 회복시켜 주기 위한 것이라면 간접손실도 마땅히 인간다운 생활을 보장하기 위해 보상되어야 하는 것이다. ② 생활보상이 수용이 없었던 것과 같은 생활상태를 재현하는 것이라는 것을 전제하고 있다. ③ 종래와 같은 수준을 유지할 수 있을 정도의 생활안정을 위해 간접손실보상이 이루어져야 한다. ④ 생활보상은 지역 주민의 갈등을 해소하고, 사업의 원활한 시행에 협조를 구하는 수단이 될 수 있으므로, 이는 간접손실보상에도 타당한 것이므로 공익사업의 원활화를 위해 필요하다고 할 것이다.

Ⅲ. 간접손실보상에 대한 법적 근거와 불복

1. 토지보상법 제79조 제2항 및 토지보상법 제80조

토지보상법 제79조(그 밖의 토지에 관한 비용보상 등)

① 사업시행자는 공익사업의 시행으로 인하여 취득하거나 사용하는 토지(잔여지를 포함한다) 외의 토지에 통로·도랑·담장 등의 신설이나 그 밖의 공사가 필요할 때에는 그 비용의 전부 또는 일부를 보상하여야 한다. 다만, 그 토지에 대한 공사의 비용이 그 토지의 가격보다 큰 경우에는 사업시행자는 그 토지를 매수할 수 있다.

② 공익사업이 시행되는 지역 밖에 있는 토지 등이 공익사업의 시행으로 인하여 본래의 기능을 다할 수 없게 되는 경우에는 국토교통부령으로 정하는 바에 따라 그 손실을 보상하여야 한다.

토지보상법 제80조(손실보상의 협의 · 재결)

① 제79조 제1항 및 제2항에 따른 비용 또는 손실이나 토지의 취득에 대한 보상은 사업시행자와 손실을 입은 자가 협의하여 결정한다.

② 제1항에 따른 협의가 성립되지 아니하였을 때에는 사업시행자나 손실을 입은 자는 대통령령으로 정하는 바에 따라 관할 토지수용위원회에 재결을 신청할 수 있다.

토지보상법 시행규칙 제59조부터 제65조

제59조(공익사업시행지구 밖의 대지 등에 대한 보상)
공익사업시행지구 밖의 대지(조성된 대지를 말한다) · 건축물 · 분묘 또는 농지(계획적으로 조성된 유실수단지 및 죽림단지를 포함한다)가 공익사업의 시행으로 인하여 산지나 하천 등에 둘러싸여 교통이 두절되거나 경작이 불가능하게 된 경우에는 그 소유자의 청구에 의하여 이를 공익사업시행지구에 편입되는 것으로 보아 보상하여야 한다. 다만, 그 보상비가 도로 또는 도선시설의 설치비용을 초과하는 경우에는 도로 또는 도선시설을 설치함으로써 보상에 갈음할 수 있다.

제60조(공익사업시행지구 밖의 건축물에 대한 보상)
소유농지의 대부분이 공익사업시행지구에 편입됨으로써 건축물(건축물의 대지 및 잔여농지를 포함한다. 이하 이 조에서 같다)만이 공익사업시행지구 밖에 남게 되는 경우로서 그 건축물의 매매가 불가능하고 이주가 부득이한 경우에는 그 소유자의 청구에 의하여 이를 공익사업시행지구에 편입되는 것으로 보아 보상하여야 한다.

제61조(소수잔존자에 대한 보상)
공익사업의 시행으로 인하여 1개 마을의 주거용 건축물이 대부분 공익사업시행지구에 편입됨으로써 잔여 주거용 건축물 거주자의 생활환경이 현저히 불편하게 되어 이주가 부득이한 경우에는 당해 건축물 소유자의 청구에 의하여 그 소유자의 토지 등을 공익사업시행지구에 편입되는 것으로 보아 보상하여야 한다.

제62조(공익사업시행지구 밖의 공작물 등에 대한 보상)
공익사업시행지구 밖에 있는 공작물 등이 공익사업의 시행으로 인하여 그 본래의 기능을 다할 수 없게 되는 경우에는 그 소유자의 청구에 의하여 이를 공익사업시행지구에 편입되는 것으로 보아 보상하여야 한다.

제63조(공익사업시행지구 밖의 어업의 피해에 대한 보상)

① 공익사업의 시행으로 인하여 해당 공익사업시행지구 인근에 있는 어업에 피해가 발생한 경우 사업시행자는 실제 피해액을 확인할 수 있는 때에 그 피해에 대하여 보상하여야 한다. 이 경우 실제 피해액은 감소된 어획량 및 「수산업법 시행령」 별표 4의 평년수익액 등을 참작하여 평가한다.

② 제1항에 따른 보상액은 「수산업법 시행령」 별표 4에 따른 어업권·허가어업 또는 신고어업이 취소되거나 어업면허의 유효기간이 연장되지 아니하는 경우의 보상액을 초과하지 못한다.

③ 사업인정고시일 등 이후에 어업권의 면허를 받은 자 또는 어업의 허가를 받거나 신고를 한 자에 대하여는 제1항 및 제2항을 적용하지 아니한다.

제64조(공익사업시행지구 밖의 영업손실에 대한 보상)

① 공익사업시행지구 밖에서 제45조에 따른 영업손실의 보상대상이 되는 영업을 하고 있는 자가 공익사업의 시행으로 인하여 다음 각 호의 어느 하나에 해당하는 경우에는 그 영업자의 청구에 의하여 당해 영업을 공익사업시행지구에 편입되는 것으로 보아 보상하여야 한다.

1. 배후지의 3분의 2 이상이 상실되어 그 장소에서 영업을 계속할 수 없는 경우
2. 진출입로의 단절, 그 밖의 부득이한 사유로 인하여 일정한 기간 동안 휴업하는 것이 불가피한 경우

② 제1항에 불구하고 사업시행자는 영업자가 보상을 받은 이후에 그 영업장소에서 영업이익을 보상받은 기간 이내에 동일한 영업을 하는 경우에는 실제 휴업기간에 대한 보상금을 제외한 영업손실에 대한 보상금을 환수하여야 한다.

제65조(공익사업시행지구 밖의 농업의 손실에 대한 보상)

경작하고 있는 농지의 3분의 2 이상에 해당하는 면적이 공익사업시행지구에 편입됨으로 인하여 당해지역(영 제26조 제1항 각 호의 1의 지역을 말한다)에서 영농을 계속할 수 없게 된 농민에 대하여는 공익사업시행지구 밖에서 그가 경작하고 있는 농지에 대하여도 제48조 제1항 내지 제3항 및 제4항 제2호의 규정에 의한 영농손실액을 보상하여야 한다.

위 토지보상법 제79조 제2항 및 동법 시행규칙 제59조 내지 65조에서 공익사업시행지구 밖 간접손실보상을 규정하고 있다. 간접손실보상의 경우에는 당사자간에 협의를 1차적으로 하고 협의가 성립되지 않으면 관할 토지수용위원회에 재결신청을 하도록 하고 있다.

2. 토지보상법 제83조 내지 제85조(이의신청 및 행정소송)로 불복

공익사업을 위한 토지 등의 취득 및 보상에 관한 법률(2007.10.17. 법률 제8665호로 개정되기 전의 것, 이하 '구 공익사업법'이라고 한다) 제79조 제2항, 공익사업을 위한 토지 등의 취득 및 보상에 관한 법률 시행규칙 제57조에 따른 사업폐지 등에 대한 보상청구권은 공익사업의 시행 등 적법한 공권력의 행사에 의한 재산상 특별한 희생에 대하여 전체적인 공평부담의 견지에서 공익사업의 주체가 손해를 보상하여 주는 손실보상의 일종으로 공법상 권리임이 분명하므로 그에 관한 쟁송은 민사소송이 아닌 행정소송절차에 의하여야 한다. 또한 위 규정들과 구 공익사업법 제26조, 제28조, 제30조, 제34조, 제50조, 제61조, 제83조 내지 제85조의 규정 내용·체계 및 입법취지 등을 종합하여 보면, 공익사업으로 인한 사업폐지 등으로 손실을 입게 된 자는 구 공익사업법 제34조, 제50조 등에 규정된 재결절차를 거친 다음 재결에 대하여 불복이 있는 때에 비로소 구 공익사업법 제83조 내지 제85조에 따라 권리구제를 받을 수 있다고 보아야 한다(대판 2012.10.11, 2010다23210).

2010다23210 판결에서는 간접손실보상의 경우 재결절차를 거쳐 토지보상법 제83조 이의신청과 동법 제85조 행정소송으로 불복하도록 하고 있다.

3. 환경정책기본법 제44조 제1항 환경오염의 피해에 대한 무과실책임에 따른 손해배상청구도 가능(토지보상법상 간접손실보상과 양자를 동시 행사는 불가)

토지보상법 제79조 제2항(그 밖의 토지에 관한 비용보상 등)에 따른 손실보상과 환경정책기본법 제44조 제1항(환경오염의 피해에 대한 무과실책임)에 따른 손해배상은 그 근거 규정과 요건·효과를 달리하는 것으로서, 각 요건이 충족되면 성립하는 별개의 청구권이다. 다만 손실보상청구권에는 이미 '손해전보'라는 요소가 포함되어 있어 실질적으로 같은 내용의 손해에 관하여 양자의 청구권을 동시에 행사할 수 있다고 본다면 이중배상의 문제가 발생하므로, 실질적으로 같은 내용의 손해에 관하여 양자의 청구권이 동시에 성립하더라도 영업자는 어느 하나만을 선택적으로 행사할 수 있을 뿐이고, 양자의 청구권을 동시에 행사할 수는 없다고 봄이 타당하다. 또한 '해당 사업의 공사완료일로부터 1년'이라는 손실보상 청구기간(토지보상법 제79조 제5항, 제73조 제2항)이 도과하여 손실보상청구권을 더 이상 행사할 수 없는 경우에도 손해배상의 요건이 충족되는 이상 여전히 손해배상청구는 가능하다고 보아야 한다.

4. 관할 토지수용위원회에서 어떤 보상항목이 아니라고 재결하면 보상금증감소송으로 다툼

어떤 보상항목이 공익사업을 위한 토지 등의 취득 및 보상에 관한 법령상 손실보상대상에 해당함에도 관할 토지수용위원회가 사실을 오인하거나 법리를 오해함으로써 손실보상대상에 해당하지 않는다고 잘못된 내용의 재결을 한 경우에는, 피보상자는 관할 토지수용위원회를 상대로 그 재결에 대한 취소소송을 제기할 것이 아니라, 사업시행자를 상대로 공익사업을 위한 토지 등의 취득 및 보상에 관한 법률 제85조 제2항에 따른 보상금증감소송을 제기하여야 한다.

5. 공익사업시행지구 밖 손실발생의 예견가능성과 손실범위의 특정성에 대한 판단

공공사업시행지구 밖에 위치한 영업에 대한 간접손실에 대하여도 일정한 요건을 갖춘 경우 이를 보상하도록 규정하고 있는 점에 비추어, <u>공공사업의 시행으로 인하여 그러한 손실이 발생하리라는 것을 쉽게 예견할 수 있고 그 손실의 범위도 구체적으로 특정할 수 있는 경우라면 그 손실의 보상에 관하여 특례법 시행규칙의 간접보상 규정을 유추적용할 수 있는 것이다</u>(대판 1999.6.11, 97다56150). 그런데 그 원고가 수산제조업 신고를 한 것으로 보아야 할 것임은 앞서 본 바와 같고, 그 신고서에는 <u>제조공장의 위치 · 생산능력 및 원료의 확보방법을 기재하도록 하는 한편 주요 기기의 명칭 · 수량 및 능력에 관한 서류를 첨부하도록 하고 있어, 그 공공사업의 시행으로 인하여 소멸되는 김 양식장의 규모와 정도를 김가공공장의 위치, 원료의 확보방법 등과 대조하여 손실발생을 쉽게 예견할 수 있고 나아가 생산능력까지도 파악할 수 있어 손실액도 어느 정도 특정할 수 있다고 볼 것이다</u>.
그럼에도 그 원고가 입은 영업손실이 발생을 예견하기 어렵고 손실의 범위도 쉽게 확정할 수 없다는 이유로 특례법시행규칙의 간접보상에 관한 규정을 유추적용할 수 없어 손실보상청구권을 인정할 수 없다고 한 원심의 가정적 판단부분에도 공공사업의 시행으로 인한 간접보상에 관한 법리를 오해한 위법이 있다. 따라서 그 원고의 이 부분 상고이유의 주장은 정당하여 이를 받아들인다(대판 1999.12.24, 98다57419 · 57426).
간접손실보상은 구체적으로 손실발생의 예견가능성과 손실범위의 특정성이 있어야 보상이 가능하다고 종전 대법원 판례는 판시하고 있는데, 2018두227 판결에서의 원심 고등법원 판결은 잠업사의 간접손실보상에 대하여 아래와 같이 제시하고 있는바 시사점이 있다고 하겠다.

피고는 원고에게 위와 같은 손실보상금 또는 손해배상금으로 ① 이 사건 사업으로 인한 이 사건 토지의 가치하락액 12,222,000원(원고는 당심에서 기존에 했던 손실보상 주장을 철회하고 손해배상으로만 이를 구한다), ② 이 사건 건물의 가액 527,088,000원, ③ 이 사건 입목의 이전비 3,097,000원, ④ 이 사건 설비의 이전비 29,200,000원, ⑤ 소음 · 진동 · 전자파로 인하여 영업을 하지 못한 2015.4.2.부터 2017.10.31.까지의 일실수입 295,164,207원(= 2015.4.2.부터 2015.12.31.까지 일실수입 84,528,624원 + 2016.1.1.부터 2016.12.31까지 일실수입 116,852,000원 + 2017.1.1.부터 2017.10.31.까지 일실수입 93,783,583원), ⑥ 위 영업을 하지 못한 기간(2015년부터 2016년까지의 기간만 구함) 동안의 감가상각비 · 유지관리비 40,344,747원, ⑦ 2015.4.2.부터 2016.11.10.까지 고정적 인건비 56,156,712원, ⑧ 잡종위탁관리비용 15,400,000원, ⑨ 정신적 손해에 대한 위자료 20,000,000원 합계 998,672,666원 및 이에 대한 지연손해금을 지급할 의무가 있다(대전고등법원 2018.7.5, 2017누44).

CHAPTER 03

손실보상 각론

01 절 토지보상

Ⅰ. 토지보상 일반

1. 현황평가주의

(1) 현황평가의 원칙

토지에 대한 보상액은 가격시점에서의 현실적인 이용상황과 일반적 이용방법에 의한 객관적 상황을 고려하되, 일시적인 이용상황과 토지소유자나 관계인이 갖는 주관적 가치 및 특별한 용도에 사용할 것을 전제로 한 경우 등은 고려하지 아니한다(제70조 제2항).

(2) 현황평가의 예외

① 일시적 이용상황

해당 토지의 이용이 일시적인 경우에는 이를 고려하지 않는다. 일시적인 이용상황은 관계법령에 따른 국가 또는 지방자치단체의 계획이나 명령 등에 따라 해당 토지를 본래의 용도로 이용하는 것이 금지되거나 제한되어 그 본래의 용도와 다른 용도로 이용되고 있거나 해당 토지의 주위환경의 사정으로 보아 현재의 이용방법이 임시적인 것으로 한다.

② 무허가건축물 등의 부지

1989.1.24. 이후에 건축 또는 용도변경된 무허가건물 등의 부지에 대해서는 무허가건물 등이 건축 또는 용도변경될 당시의 이용상황을 상정하여 평가한다.

③ 불법형질변경토지

1995.1.7. 이후에 불법형질변경된 토지는 토지의 형질변경될 당시의 이용상황을 상정하여 평가한다.

④ 미지급용지(미불용지)

종전에 시행된 공익사업의 부지로서 보상금이 지급되지 아니한 토지에 대하여는 종전의 공익사업에 편입될 당시의 이용상황을 상정하여 평가한다.

⑤ 건물 등의 부지

토지에 건물 등 지장물이 있는 때에는 그 상태대로 평가하는 것이 아니라 지장물이 없는 토지의 나지상태를 상정하여 평가한다.

⑥ 공법상 제한을 받는 토지

공법상 제한을 받는 토지는 그 공법상 제한이 해당 공익사업의 시행을 직접 목적으로 하여 가하여진 경우는 제한이 없는 상태를 상정하여 평가한다.

⑦ 해당 공익사업의 시행을 직접 목적으로 하여 용도지역이 변경된 토지

해당 공익사업의 시행을 직접 목적으로 용도지역 또는 용도지구 등이 변경된 경우에는 변경 전의 용도지역 또는 용도지구 등을 기준으로 토지를 평가한다.

(3) 현황평가 예외의 정당성

정당보상으로서 현황평가가 원칙이나, 보상방법에 제한을 두므로 정당보상에 반할 수 있느냐 문제된다. 이에 대해 현황평가의 예외사항들은 토지소유자 등의 보호, 위법행위의 합리화 조장방지 등의 취지가 인정된다.

2. 일반적 이용방법에 의한 객관적 상황기준

토지에 관한 평가는 가격시점에 있어서의 일반적인 이용방법에 의한 객관적 상황을 기준으로 평가하여야 하며, 토지소유자가 갖는 주관적 가치나 특별한 용도에 사용할 것을 전제로 한 것은 고려하지 아니한다.

3. 나지상정평가

토지에 건축물 등이 있을 때에는 그 건축물 등이 없는 토지의 나지상태를 상정하여 평가한다. 이는 공익사업에 필요한 것은 원칙적으로 토지이고, 건축물 등으로 인한 건부감가를 토지소유자에게만 부담시키는 것은 정당보상에 반하기 때문이다.

4. 공시지가기준 평가

협의 또는 재결에 의하여 사업시행자가 취득하는 토지에 대하여서는 부동산 가격공시에 관한 법률에 의한 공시지가를 기준으로 하여 보상액을 산정한다(제70조 제1항).

5. 개발이익 배제

보상액 산정에 있어서 공시지가의 적용과 해당 공익사업으로 인한 영향이 없는 지역의 지가변동률의 적용 및 공시지가의 선택제한 등을 통하여 해당 공익사업으로 인한 개발이익을 배제하고 취득하는 토지에 대한 보상액을 산정한다.

Ⅱ. 공법상 제한받는 토지의 평가

1. 의의 및 취지

공법상 제한받는 토지란 개별법령에 따라 토지의 각종 이용규제나 제한을 받는 토지로서, 이는 국토공간의 효율적 이용을 통해 공공복리를 증진시키는 수단으로 그 취지가 인정된다.

2. 평가기준(토지보상법 시행규칙 제23조)

공법상 제한받는 토지에 대하여는 제한받는 상태대로 평가하되, 공법상 제한이 해당 공익사업의 시행을 직접 목적으로 하여 가하여진 경우에는 제한이 없는 상태를 상정하여 평가한다.

3. 평가방법

(1) 일반적 제한

일반적 제한이란 제한 그 자체로 목적이 완성되고 구체적 사업의 시행이 필요하지 않은 경우로 그 제한받는 상태대로 평가한다. 그 예로는 국토의 이용 및 계획에 관한 법률에 의한 용도지역, 지구, 구역의 지정, 변경 기타 관계법령에 의한 토지이용계획 제한이 있다.

(2) 개별적 제한(특별한 희생)

① 개별적 제한이란 그 제한이 구체적 공익사업의 시행을 필요로 하는 경우를 말하며 개별적 제한이 해당 공익사업의 시행을 직접 목적으로 가해진 경우에는 그 제한이 없는 상태를 상정하여 평가한다.

② 개별적 제한을 받는 수용대상 토지의 보상액을 산정함에 있어서는 그 공법상 제한이 해당 공공사업의 시행을 직접 목적으로 가하여진 경우는 물론 당초의 목적사업과는 다른 목적의 공공사업에 편입・수용되는 경우에도 그 제한을 받지 아니하는 상태로 평가해야 한다.

(3) 공익사업의 시행을 직접 목적으로 용도지역 등을 변경한 경우

해당 공익사업의 시행을 직접 목적으로 하여 용도지역・지구 등이 변경된 경우에는 변경되기 전의 용도지역・지구 등을 기준으로 평가하여야 한다. 이는 개발이익 배제를 위한 것이다.

4. 구체적(개별적) 평가기준

(1) 공원구역 안의 토지

자연공원의 경우 제한을 받는 상태를 기준, 도시공원의 경우 제한을 받지 아니한 상태를 기준으로 평가한다.

(2) 용도지역이 변경된 토지

용도지역이 변경된 토지는 가격시점 당시 용도지역을 기준으로 평가하며, 용도지역 변경이 해당 사업에 관련되어 있으면 변경 전 용도지역을 기준하여 평가한다.

(3) 도시계획도로의 평가기준

도시계획시설도로에 접한 토지는 계획도로를 고려한 가격으로 평가하며, 도시계획시설도로에 저촉된 토지는 저촉되지 않은 상태를 기준으로 평가하고, 함께 의뢰된 경우 면적비율에 따라 평가한다.

(4) 정비구역 안 토지의 평가

공법상 제한을 받지 않은 상태를 기준하여 평가한다.

(5) 개발제한구역 안 토지의 평가

개발제한구역 안의 토지에 대한 평가는 공법상 제한을 받는 상태를 기준으로 평가한다.

5. 관련 판례의 태도

(1) 일반적 제한의 경우

해당 공공사업의 시행 이전에 이미 해당 공공사업과 관계없이 도시계획법에 의한 고시 등으로 일반적 계획제한이 가하여진 상태인 경우, 그러한 제한을 받는 상태 그대로 평가하여야 하며, 도시계획법에 의한 개발제한구역의 지정은 위와 같은 일반적 계획제한에 해당하므로 해당 공공사업의 시행 이전에 개발제한구역 지정이 있었을 경우 그러한 제한이 있는 상태 그대로 평가함이 상당하다(대판 1993.10.12, 93누12527).

(2) 해당 사업을 위해 용도지역이 변경된 경우

① 공원조성사업의 시행을 직접 목적으로 일반주거지역에서 자연녹지지역으로 변경된 토지에 대한 수용보상액을 산정하는 경우, 그 대상토지의 용도지역을 일반주거지역으로 하여 평가하여야 한다(대판 2007.7.12, 2006두11507).

② 해당 사업인 택지개발사업에 대한 실시계획의 승인과 더불어 그 용도지역이 주거지역으로 변경된 토지를 그 사업의 시행을 위하여 후에 수용하였다면, 그 재결을 위한 평가를 함에 있어서는 그 용도지역의 변경을 고려함이 없이 평가하여야 한다(대판 1999.3.23, 98두13850).

③ 공법상 제한을 받는 토지에 대한 보상을 산정할 때에 해당 공법상 제한이 구 도시계획법에 따른 용도지역・지구・구역의 지정 또는 변경과 같이 그 자체로 제한목적이 달성되는 일반적 계획제한으로서 구체적 도시계획사업과 직접 관련되지 아니한 경우에는 그러한 제한을 받는 상태 그대로 평가하여야 하지만, 도로・공원 등 특정 도시계획시설의 설치를 위한 계획결정과 같이 구체적 사업이 따르는 개별적 계획제한이거나 일반적 계획제한에 해당하는 용도지역・지구・구역의 지정 또는 변경에 따른 제한이더라도 그 용도지역・지구・구역의 지정 또

는 변경이 특정 공익사업의 시행을 위한 것일 때에는 해당 공익사업의 시행을 직접 목적으로 하는 제한으로 보아 위 제한을 받지 아니하는 상태를 상정하여 평가하여야 한다(대판 2012.5.24, 2012두1020).

④ 해당 사업으로 인해 바뀌지 않은 경우의 판례

용도지역 등의 지정 또는 변경을 하지 않은 것이 특정 공익사업의 시행을 위한 것일 경우 이는 해당 공익사업의 시행을 직접 목적으로 하는 제한이라고 보아 용도지역 등의 지정 또는 변경이 이루어진 상태를 상정하여 토지가격을 평가하여야 한다(객관적으로 명백한 경우에는 바뀐 용도로 가능함).

공법상의 제한을 받는 토지의 보상액을 산정함에 있어서는 그 공법상의 제한이 해당 공공사업의 시행을 직접 목적으로 하여 가하여진 경우에는 그 제한을 받지 아니하는 상태대로 평가하여야 할 것이지만 공법상 제한이 해당 공공사업의 시행을 직접 목적으로 하여 가하여진 경우가 아니라면 그러한 제한을 받는 상태 그대로 평가하여야 하고, 그와 같은 제한이 해당 공공사업의 시행 이후에 가하여진 경우라고 하여 달리 볼 것은 아니다(대판 2015.8.27, 2012두7950).

Ⅲ. 무허가건축물 등의 부지의 평가

1. 의의 및 근거

무허가건축물 등의 부지란 건축법 등 관계법령에 의하여 허가를 받거나 신고를 하고 건축하여야 하는 건축물을 허가를 받지 아니하거나 신고를 하지 아니하고 건축 또는 용도변경한 건축물의 부지를 말한다. 토지보상법 시행규칙 제24조에 근거규정을 두고 있다.

2. 평가기준

(1) 원칙 및 취지

무허가건축물 부지에 대해 무허가건축물이 건축 또는 용도변경될 당시의 이용상황을 상정하여 평가하도록 한다. 이는 현황평가의 예외로 위법행위가 합법화되어 현저히 공정성을 잃은 불합리한 보상이 될 가능성을 배제하기 위함이다.

(2) 예외(현황평가하는 경우)

무허가건축물이라 하더라도 1989.1.24. 이전에 건축된 무허가건축물 부지는 적법한 건축물로 보아 현황평가한다.

(3) 무허가건축물 부지의 범위

판례는 무허가건축물 부지의 범위는 해당 건축물의 용도 및 규모 등을 감안하여 사용·수익에 필요한 범위 내 토지와 불가분적으로 사용되는 범위를 의미한다고 판시한 바 있으나, 중앙토지수용위원회 및 토지보상법 시행규칙 부칙 제5조에 따르면 1989.1.24. 이전 무허가건축물의 부지면적 산정 시에는 건폐율을 적용한 산정면적을 초과할 수 없다고 규정하고 있다. 따라서 무허가건축물의 부지와 범위는 관계법령상 인정되는 건폐율을 초과할 수 없는 것으로 판단된다.

3. 입증책임

해당 토지가 무허가건축물인지 여부와 1989.1.24. 이후에 신축되었는지의 입증을 해야 하는지가 문제된다. 무허가건축물에 대한 명시적인 판례는 없지만 불법형질변경 관련 판례에서 현황평가의 원칙상 예외적인 보상액 산정방법의 적용을 주장하는 쪽에서 증명해야 한다고 판시한바 있다. 생각건대 현황평가의 원칙에 따라 사업시행자가 예외사유를 입증해야 하며, 조서작성 시에도 이 원칙을 적용해야 하므로 사업시행자가 입증책임을 부담하는 것이 타당하다.

Ⅳ. 불법형질변경토지

1. 의의 및 근거

불법형질변경토지란 관계법령에 의하여 허가를 받거나 신고를 하고 형질변경을 하여야 하는 토지를 허가나 신고를 받지 아니하고 형질변경한 토지로, 토지보상법 시행규칙 제24조에 규정되어 있다. 불법형질변경이란 절토, 성토, 정지 등 형질변경과 공유수면매립, 단순히 용도만 변경하는 경우도 포함하며, 농지 상호 간의 변경은 형질변경으로 보지 않는다.

2. 평가기준

(1) 원칙 및 취지

불법형질변경된 토지는 형질변경 당시의 이용상황을 상정하여 평가하도록 되어 있다. 이는 위법행위의 합법화를 통한 불합리한 보상을 배제하는 데 그 취지가 인정된다.

(2) 예외

1995.1.7. 당시 공익사업시행지구에 편입된 불법형질변경토지에 대해서는 현황평가한다.

3. 관련문제

(1) 입증책임의 문제

불법형질변경토지에 대한 입증책임을 누가 지는지에 대해 현황평가의 원칙에 따라 사업시행자에게 있다고 보는 견해와 진실의 추정력에 따라 토지소유자가 입증해야 한다는 견해가 있다. 이에 대해 판례는 예외사유를 주장하는 쪽에서 증명해야 한다고 판시하였다.

(2) 보상평가방법의 정당성 검토

1995.1.7. 이전의 불법형질변경된 토지가 공익사업시행지구에 포함된 경우 현황평가를 하며, 그 외에 토지는 언제 변경되었느냐를 묻지 않고 무조건 변경 당시를 기준으로 평가하는 것이 불합리한 차별로 평등의 원칙에 위반되는지 여부가 문제되지만, 불법 앞의 평등은 평등의 원칙에 포함되지 않으므로 평등의 원칙 위반이 아니다.

(3) 소급입법금지 원칙에 반하는지 여부

헌법 제13조 제2항은 모든 국민은 소급입법에 의하여 재산권을 박탈당하지 아니한다고 규정하고 있다. 헌법재판소는 소급입법에 의한 재산권 박탈이 금지되는 것은 진정소급효 입법이고, 부진정소급효 입법의 경우에는 원칙적으로 허용된다고 보고 있다. 이러한 불법형질변경토지의 평가방법이 진정소급효로서 소급입법에 의한 재산권 박탈금지의 원칙에 위배되는 것인지 문제가 된다. 불법형질변경토지는 일반적으로 국민이 소급입법을 예상할 수 있어서 보호할 신뢰이익이 적고, 신뢰보호 요청에 우선하는 심히 중대한 공익상의 사유로 보아 소급입법이 예외적으로 허용되는 경우라 볼 수 있다.

(4) 제3자가 불법형질변경한 경우

제3자가 불법형질변경을 한 경우에도 적법한 허가나 승인 없이 한 경우이므로 동 규정이 그대로 적용된다. 단, 사업시행자가 불법형질변경을 시행한 경우 불법으로 되지는 않는다고 볼 수 있다.

Ⅴ. 미지급용지의 평가

1. 의의 및 근거

미지급용지란 종전에 시행된 공익사업의 부지로서 보상금이 지급되지 아니한 토지를 말한다. 이는 토지보상법 시행규칙 제25조에 규정되어 있으며, 피수용자의 불이익 방지에 취지가 인정된다.

2. 미지급용지의 판단

미지급용지는 원칙적으로 사업시행자가 객관적인 판단기준에 따라 판단한다. 대법원은 공익사업의 시행자가 적법하지 못한 상태에서 이용상황을 변경시켜 토지가격을 상승시킨 경우에는 미지급용지라고 볼 수 없다고 판시하였다(대판 1992.11.10, 92누4833). 그러나 사업주체가 동일하고 그 시행자가 적법한 절차를 취하지 아니하여 해당 토지를 취득하지 못한 것이 아닌 경우에는 편입될 당시의 이용상황을 상정하여 평가하여야 한다고 판시하였다(대판 1999.3.23, 98두13850).

3. 미지급용지의 보상평가기준

(1) 편입 당시의 이용상황기준(현황평가의 예외)

종전 공익사업에 편입될 당시의 이용상황을 상정하여 평가하고, 용도지역 등 공법상 제한은 가격시점을 기준으로 한다. 이는 미지급용지는 공익사업의 부지로 제한됨으로 인해 거래가 불가능하거나 상당히 감가되는 것이 보통이므로 토지소유자의 권익구제를 위해서이다.

(2) 공법상 제한 등

용도지역 등 공법상 제한은 가격시점을 기준으로 하되 종전 공익사업의 시행에 따른 절차에 의하여 용도지역이 변경된 경우에는 변경 전 용도지역을 기준으로 한다. 가격시점은 일반보상과 같이 협의 또는 재결 당시를 기준으로 한다.

(3) 개발이익의 배제

미지급용지를 평가함에 있어서 비교표준지로 선정된 표준지공시지가에 해당 공익사업의 시행으로 인한 개발이익이 포함되어 있는 경우에는 이를 배제한 가격으로 평가한다.

4. 관련문제

(1) 미지급용지에 대한 시효취득 여부

미지급용지도 시효취득이 인정되는지 여부가 문제되며 그중에서도 자주점유인지, 타주점유인지 여부가 문제된다. 이에 대해 대법원은 종전의 판결에서 타인의 토지를 도로관리청이 점유·관리하여 20년이 지남으로써 도로관리청의 시효취득이 완성된다고 판시한 바 있으나, 최근 대법원은 악의의 무단점유가 입증되면 특단의 사정이 없는 한 자주점유의 추정력이 없다고 보아 시효취득을 부정하고 있다. 시효취득을 인정하면 토지소유자에게 지나친 불이익을 가한다 할 것이어서 판례의 태도가 타당하다 생각된다.

(2) 부당이득반환청구권 인정 여부

국가·지방자치단체가 적법한 보상절차를 거치지 아니하고 도로부지를 점유하고 있다면, 이로 인해 사권의 행사는 제한되나 소유권은 존재하므로 점유상실에 대한 사용료 청구는 가능하다고 본다. 이때 부당이득의 산정 기초가 되는 가격은 편입 당시의 현실적 이용상황에 따라 판단하고 사용료는 과거 5년간만 가능하다는 것이 판례의 태도이다.

(3) 도로부지 인도 및 손실보상청구 인정 여부

도로법에서는 도로를 구성하는 부지 · 옹벽 · 기타 물건에 대하여는 사권을 행사할 수 없다고 규정하고 있어, 소유권에 기한 인도청구권의 행사는 인정되지 않는다. 또한 특별한 희생임에도 불구하고 보상규정이 없어 손실보상청구권의 제기도 예상할 수 있으나, 대법원은 예산상의 이유로 부정하고 있다.

Ⅵ. 도로부지의 보상

1. 의의

도로란 사람 또는 차량만이 통행할 수 있도록 만들어진 길로서, 토지보상법은 사도법상의 사도, 사실상의 사도, 그 외의 도로부지로 분류하여 그 평가기준을 달리 정하고 있다.

2. 사도법상의 사도

사도법상 사도란 자기토지의 효용증진을 위하여 시장 등의 개설허가를 득한 도로이다. 보상기준은 인근 토지에 대한 평가액의 1/5 이내로 평가한다. 인근 토지라 함은 해당 도로부지가 도로로 이용되지 아니하였을 경우 예상되는 표준적인 이용상황과 유사한 토지로서 해당 토지와 위치상 가까운 토지를 말한다.

3. 사실상의 사도

(1) 의의 및 요건(시행규칙 제26조 제2항)

사실상의 사도라 함은 사도법에 의한 사도 외의 도로로서 ① 자기토지의 편익을 위하여 스스로 설치한 도로, ② 토지소유자가 그 의사에 의하여 타인의 통행을 제한할 수 없는 도로, ③ 건축허가권자가 그 위치를 지정 · 공고한 도로, ④ 도로개설 당시의 토지소유자가 대지 또는 공장용지 등을 조성하기 위하여 설치한 도로를 말한다. 보상기준은 인근 토지에 대한 평가액의 1/3 이내로 평가한다.

(2) 사실상의 사도를 낮게 평가한 경우의 적법성 판단(판례의 태도)

① '도로개설 당시 자기 편익을 위해 스스로 설치한 도로'에 해당하는지 판례

일부에 도로를 설치한 결과 나머지 토지의 편익이 증진되는 등으로 전체적으로 정당보상의 원칙에 어긋나지 않는다고 볼 만한 사유가 있다고 인정되어야 하고 개설경위, 목적, 소유관계, 이용상태, 주위환경, 인접 토지의 획지면적 등에 의하여 객관적으로 판단하여야 한다고 판시하였다(대판 2013.6.13, 2011두7007).

② '토지소유자가 그 의사에 의하여 타인의 통행을 제한할 수 없는 도로'의 의미 및 판단기준

해당 토지가 도로로 이용된 경위, 일반의 통행에 제공된 기간, 도로가 유일한 통로인지 여부 등 주변상황, 역할과 기능을 종합하여 표준적인 이용상태로 회복하는 것이 용이한지 여부를 가려 판단해야 한다(대판 2013.6.13, 2011두7007).

4. 그 외의 도로(정상평가)

그 외의 도로란 사도법상 사도도 아니고 사실상의 사도도 아닌 모든 도로를 말한다고 볼 수 있다. 이는 공도와 공도가 아닌 도로로 나눌 수 있는데, 공도에는 미보상공도(미보상용지), 사실상 공도부지, 예정공도 등이 있다. 공도부지는 평가대상 토지와 유사한 이용가치를 지닌다고 인정되는 하나 이상의 표준지의 공시지가를 기준으로 평가하고, 공도 이외의 도로부지는 일반토지의 평가방법에 준하여 정상평가한다. 미지급용지인 도로보상에 대하여는 정상보상의 관점에서 종전 편입 당시의 이용상황을 기준으로 보상한다.

5. 감가보상의 이유

(1) 이론적 근거(화체이론)

도로의 가치가 그 도로로 인하여 보호되고 있는 토지의 효용이 증가됨으로써 보호되고 있는 토지에 가치가 화체되었기 때문에 일반토지에 비해 감가보상되는 것이다.

(2) 판례

사실상 불특정 다수인의 통행에 제공되고 있다는 사실만으로 그 모두를 인근 토지의 1/3 이내로 평가하는 것이 아니라 도로의 개설경위, 목적, 주위환경, 인접 토지의 획지면적, 소유관계, 이용상태 등의 제반사정에 비추어 인근 토지에 비하여 낮은 가격으로 보상하여 주어도 될 만한 객관적인 사유가 인정되는 경우에만 인근 토지의 1/3 이내에서 평가하여야 한다고 판시하여 토지보상법이 이를 반영한 것이다.

6. 도로에 대한 보상평가규정의 규범성

(1) 문제점

토지보상법 시행규칙 제26조의 1/3 이내 평가 규정이 대외적으로 국민을 구속하는 법령보충적 행정규칙인지 여부에 대하여 견해가 대립하고 있다.

(2) 학설

① 규범구체화 행정규칙설

독일에서 논의되는 규범구체화 행정규칙을 인정하여 통상적인 행정규칙과 달리 그 자체로서 국민에 대한 구속력을 인정하는 견해이다.

② 법규명령설(실질설)

해당 규칙이 법규와 같은 효력을 가지므로 법규명령으로 보아야 한다는 견해이다. 법령의 구체적·개별적 위임이 있고, 그 내용도 법규적 사항으로 법규를 보충하는 기능을 가져 대외적 효력을 가진다는 점, 헌법이 인정하는 법규명령은 예시적이라는 점, 명령규칙심사로 통제가능한 점 등을 근거로 상위법령과 결합하여 전체로서 대외적 효력을 가지는 법규명령의 성질을 가진다.

③ 행정규칙설(형식설)

행정입법은 국회입법원칙의 예외, 헌법이 규정한 법규명령의 형식은 한정되어 있다는 점에서 이러한 법규명령의 형식이 아닌 훈령, 고시 등의 형식을 취하는 이상 행정규칙으로 보아야 한다는 견해이다. 행정규칙으로 보면서 대외적 구속력을 가진다고 보는 견해도 있다(박균성).

④ 수권여부기준설

법규명령사항을 행정규칙의 형식으로 정하는 경우 그 성질은 법령에 근거가 있는 경우와 없는 경우로 구분하여 검토하여야 한다고 보는 견해이다.

⑤ 법규명령의 효력을 갖는 행정규칙설(박균성)

법령보충적 행정규칙에 법규와 같은 효력(구속력)을 인정하더라도 행정규칙의 형식으로 제정되었으므로 법적 성질은 행정규칙으로 보는 것이 타당하다.

⑥ 위헌무효설(기타)

행정규칙설과 마찬가지로 법규명령의 형식이 헌법상 한정되어 있다는 전제하에 행정규칙형식의 법규명령은 허용될 수 없으므로 위헌, 무효라는 견해이다.

(3) 판례

① 상급행정기관이 하급행정기관에 대하여 업무처리지침이나 법령의 해석적용에 관한 기준을 정하여서 발하는 이른바 행정규칙은 일반적으로 행정조직 내부에서만 효력을 가질 뿐 대외적인 구속력을 갖는 것은 아니지만, 법령의 규정이 특정행정기관에게 그 법령내용의 구체적 사항을 정할 수 있는 권한을 부여하면서 그 권한행사의 절차나 방법을 특정하고 있지 아니한 관계로 수임행정기관이 행정규칙의 형식으로 그 법령의 내용이 될 사항을 구체적으로 정하고 있다면 그와 같은 행정규칙, 규정은 행정규칙이 갖는 일반적 효력으로서가 아니라, 행정기관에 법령의 구체적 내용을 보충할 권한을 부여한 법령규정의 효력에 의하여 그 내용을 보충하는 기능을 갖게 된다 할 것이므로 이와 같은 행정규칙, 규정은 해당 법령의 위임한계를 벗어나지 아니하는 한, 그것들과 결합하여 대외적인 구속력이 있는 법규명령으로서의 효력을 갖게 된다(대판 1987.9.29, 86누484)고 판시하였다.

② 공익사업을 위한 토지 등의 취득 및 보상에 관한 법률(이하 '토지보상법'이라 한다) 제68조 제3항은 협의취득의 보상액 산정에 관한 구체적 기준을 시행규칙에 위임하고 있고, 위임 범위 내에서 공익사업

을 위한 토지 등의 취득 및 보상에 관한 법률 시행규칙 제22조는 토지에 건축물 등이 있는 경우에는 건축물 등이 없는 상태를 상정하여 토지를 평가하도록 규정하고 있는데, 이는 비록 행정규칙의 형식이나 토지보상법의 내용이 될 사항을 구체적으로 정하여 내용을 보충하는 기능을 갖는 것이므로, 토지보상법 규정과 결합하여 대외적인 구속력을 가진다(대판 2012.3.29, 2011다104253).

(4) 검토

토지보상법 시행규칙 제22조를 법령보충적 행정규칙으로 판례가 보고 있다면 토지보상법 시행규칙 제26조도 마찬가지로 법령보충적 행정규칙으로 보아 1/3 이내 보상평가규정도 상위법령과 결합하여 대외적인 구속력이 인정되는 것으로 보는 것이 타당하다고 판단된다. 다만 사실상 사도의 보상평가는 무조건 1/3 이내로 평가하는 것이 아니라, 도로개설의 경위와 목적, 주위환경, 인접토지의 획지면적, 소유관계 및 이용상태 등 제반사정을 종합적으로 고려하여 판단할 것이다(대판 2013.6.13, 2011두7007).

Ⅶ. 개간비의 보상

1. 의의 및 근거

개간비란 토지의 매립, 간척 등 개간에 소요된 비용을 말한다. 이는 실비변상적 성격을 가지며 토지보상법 시행규칙 제27조에서 규정하고 있다.

2. 보상요건

국가, 지방자치단체 소유의 토지를 적법하게 개간하고, 개간 당시부터 보상 당시까지 계속 적법하게 점유하고 있을 것을 요건으로 한다(상속인정).

3. 개간비의 평가방법

① 가격시점 현재 개간비용으로 평가하되, 개간 전후의 가격 차이를 한도로 한다.

② 가격시점 현재 개간비용을 알 수 없는 경우는 개간 후 토지가격에 일정 비율을 적용하여 산정한다.

③ 주거, 상업, 공업지역은 1/10, 녹지지역은 1/5, 도시지역 외는 1/3을 적용한다.

4. 관련문제

일반적인 권리금 관행을 무시하고, 개간이 쉬울수록 개간의 가치가 높음에도 단순히 비용만 보상하는 것은 문제가 있다는 비판이 있다.

02 절 건축물 보상

Ⅰ. 건축물 보상

1. 의의 및 구분

건축물이란 토지에 정착하는 공작물 중 지붕과 기둥 또는 벽이 있는 것을 말하며, 이의 부대설비 또는 건축설비 등도 건축물에 포함된다. 건축물의 보상문제는 재산권으로서의 정당한 손실보상과 생활보상의 측면으로 구분할 수 있다.

2. 이전갈음수용(토지보상법 제75조, 사업시행자가 신청, 원활한 사업시행 목적)

(1) 의의 및 요건

건축물 등은 이전비보상이 원칙이나, ① 건축물 등을 이전하기 어렵거나 그 이전으로 인하여 건축물 등을 종래의 목적대로 사용할 수 없게 된 경우, ② 건축물 등의 이전비가 그 물건의 가격을 넘는 경우, ③ 사업시행자가 공익사업에 직접 사용할 목적으로 취득하는 경우 등 이전에 갈음하여 수용하는 것을 말한다.

(2) 법적 성질

수용효과가 발생하므로 공용수용의 성질을 가지며 공권이면서 형성권이다.

(3) 구제절차

토지수용위원회의 재결에 의하므로 불복하는 경우 토지보상법 제83조 및 제85조에 따라 이의신청 및 행정소송을 통한 구제가 가능하다.

3. 잔여건축물의 수용(토지보상법 제75조의2)

(1) 의의 및 요건

동일한 소유자에게 속하는 일단의 건축물의 일부가 협의에 의하여 매수되거나 수용됨으로 인하여 잔여건축물을 종래의 목적에 사용하는 것이 현저히 곤란할 때에는 그 건축물 소유자는 사업시행자에게 잔여건축물을 매수하여 줄 것을 청구하는 것을 말한다.

(2) 절차

협의에 의하여 매수하거나 수용된 경우에는 사업시행자에게 매수청구를 하며 사업인정 이후에는 관할 토지수용위원회에 수용을 청구할 수 있다. 이 경우 수용청구는 매수에 관한 협의가 성립되지 아니한 경우에만 하되, 사업완료일까지 하여야 한다.

Ⅱ. 무허가건축물의 보상

1. 의의

토지보상법 시행규칙 제24조에서는 「건축법」 등 관계법령에 의하여 허가를 받거나 신고를 하고 건축 또는 용도변경을 하여야 하는 건축물을 허가를 받지 아니하거나 신고를 하지 아니하고 건축 또는 용도변경한 건축물을 무허가건축물 등이라고 한다.

2. 무허가건축물의 보상 여부

(1) 토지보상법 제25조(토지 등의 보전)

① 제1항 : 사업인정고시가 된 후에는 누구든지 고시된 토지에 대하여 사업에 지장을 줄 우려가 있는 형질의 변경이나 물건을 손괴하거나 수거하는 행위를 하지 못한다.

② 제2항 : 사업인정고시가 된 후에는 고시된 토지에 건축물의 건축・대수선・공작물의 설치 또는 물건의 부가・증치를 하려는 자는 특별자치도지사, 시장・군수 또는 구청장의 허가를 받아야 한다.

③ 제3항 : 제2항을 위반하여 건축물의 건축・대수선, 공작물의 설치 또는 물건의 부가・증치를 한 토지소유자 또는 관계인은 해당 건축물・공작물 또는 물건을 원상으로 회복하여야 하며 이에 관한 손실의 보상을 청구할 수 없다.

(2) 판례

지장물인 건물은 그 건물이 적법한 건축허가를 받아 건축된 것인지 여부에 관계없이 토지보상법상의 사업인정의 고시 이전 건축된 건물이기만 하면 손실보상의 대상이 됨이 명백하다고 판시한 바 있다(대판 2000.3.10, 99두10896).

(3) 검토

토지보상법 제25조에 의거 사업인정고시에 따라 고시일 이전 건축물에 대해서는 무허가건축물 여부에 관계없이 보상대상이 된다. 다만 주거용 보상특례 적용은 배제된다고 할 것이다.

3. 사업인정 전 무허가건축물의 보상대상 여부

(1) 문제점

무허가건축물 중 사업인정 전 무허가건축물의 보상대상 여부가 법률의 규정이 없어 해석의 문제가 발생한다. 손실보상의 요건과 관련하여 공공필요, 적법한 침해, 특별한 희생은 문제되지 않으나 재산권 충족 여부가 문제된다.

(2) 허가의 성질과 재산권

허가를 요하는 행위를 허가 없이 행한 것은 처벌의 대상이 될 수 있지만 행위 자체의 효력이 부인되는 것은 아니다. 따라서 허가 유무에 따라 재산권의 범위가 달라질 수 있다.

(3) 판례의 태도 및 검토

판례는 사업인정고시 전에 건축한 건축물은 그 건축허가 유무에 관계 없이 손실보상의 대상이 된다고 판시하고 있다. 생각건대, 허가는 그 성질에 비추어 행위의 적법성 여부에만 관여하고 유효성 여부와는 무관하므로 재산권 요건을 충족하여 사업인정 전 건축물에 대하여 허가 여부와 무관하게 보상의 대상이라고 판단된다.

Ⅲ. 주거용 건축물의 보상특례

1. 개설

주거용 건축물에 대한 보상특례는 주거의 총체적 가치를 보장하기 위한 것으로 이는 주거용 건축물의 객관적 가치보상으로는 메워지지 않는 생활이익 상실에 대한 보상이므로 생활보상의 성격을 갖는다.

2. 비준가격 보상(토지보상법 시행규칙 제33조 제2항)

주거용 건축물에 있어서는 거래사례비교법에 의하여 평가한 금액이 원가법에 의하여 평가한 금액보다 큰 경우에는 거래사례비교법으로 평가한다.

3. 이주정착금

사업시행자는 이주대책을 수립・실시하지 않거나, 이주대책대상자가 이주정착지가 아닌 다른 지역으로 이주하고자 하는 경우에는 이주정착금을 지급해야 한다. 이주정착금은 주거용 건축물에 대한 평가액의 30%에 해당하는 금액으로 하되 최소 1,200만원 최대 2,400만원을 한도로 한다.

4. 최저보상액 600만원 보상(토지보상법 시행규칙 제58조 제1항)

주거용 건축물로서 원가법과 거래사례비교법에 의해 평가한 금액이 600만원 미만인 경우 그 보상액은 600만원으로 한다. 다만 무허가건축물에 대하여는 그러하지 아니하다.

5. 재편입 시의 가산금 지급(토지보상법 시행규칙 제58조 제2항 및 제3항)

공익사업의 시행으로 인하여 주거용 건축물에 대한 보상을 받은 자가 공익사업시행지구 밖의 지역에 매입하거나 건축하여 소유하고 있는 주거용 건축물이 그 보상일로부터 20년 이내에 다른 공익사업시행지구에 편입되는 경우 그 주거용 건축물 및 그 대지에 대하여는 해당 평가액의 30%를 가산하여 보상한다(최대 1,000만원까지). 다만, 무허가건축물 등을 매입 또는 건축한 경우와 공익사업의 사업인정고시일, 관계법령 고시 등이 있은 날 이후 매입 또는 건축한 경우 그러하지 아니하다.

6. 이사비

사업시행지구에 편입되는 주거용 건축물의 거주자가 해당 공익사업시행지구 밖으로 이사를 하는 경우는 이사비를 보상하여야 한다.

03 절 영업손실보상

1. 의의 및 보상의 성격

영업손실보상이란 공익사업의 시행으로 인하여 영업을 폐지하거나 휴업함에 따른 영업손실에 대하여 영업이익과 시설의 이전비용 등에 대하여 보상하는 것을 말한다. 이는 합리적 기대이익의 상실이라는 점에서 일실손실의 보상이며 구체적 내용에 따라 생활보상의 성격과 간접보상의 성격도 가지고 있다.

2. 보상대상 영업요건(토지보상법 시행규칙 제45조)

영업손실의 보상이 되기 위해서는 ① 사업인정고시일 등 전부터 ② 적법한 장소에서 ③ 인적·물적 시설을 갖추고 ④ 계속적으로 행하고 있는 영업(⑤ 다만, 무허가건축물 등에서 임차인이 영업하는 경우에는 그 임차인이 사업인정고시일 등 1년 전부터 사업자등록을 하고 행하고 있는 영업), ⑥ 영업을 행함에 있어서 관계법령에 의한 허가 등을 필요로 하는 경우에는 사업인정고시일 등 전에 허가 등을 받아 그 내용대로 행하고 있는 영업이어야 한다.

3. 영업의 폐지에 대한 보상

(1) 영업폐지의 요건

영업의 폐지는 ① 영업장소 또는 배후지의 특수성으로 인하여 다른 장소에 이전하여서는 해당 영업을 할 수 없는 경우, ② 다른 장소에서는 해당 영업의 허가 등을 받을 수 없는 경우, ③ 혐오감을 주는 영업시설로서 다른 장소로 이전하는 것이 현저히 곤란하다고 시장 등이 객관적인 사실에 근거하여 인정하는 경우이어야 한다.

(2) 보상의 기준

영업을 폐지하는 경우 영업손실은 2년간의 영업이익에 영업용 고정자산·원재료·제품 및 상품 등의 매각손실액을 더한 금액으로 한다. 영업이익은 최근 3년간 평균 영업이익을 기준으로 하여 평가하되, 공익사업의 시행이 고시됨으로 인하여 영업이익이 감소된 경우에는 고시 전 3년간의 영업이익을 기준으로 한다. 한편, 개인영업인 경우에는 최저 영업이익을 보장하고 있으며 근로자에 대한 실직보상을 지급한다.

4. 영업휴업에 대한 보상

영업이 일정기간 휴업하는 경우의 보상으로서 영업장소를 이전하거나 시설물이 일부 편입되거나 임시영업소를 설치하는 경우에 각각 일정액을 보상한다. 또한 근로자에 대해서는 휴직보상을 지급한다.

5. 무허가영업 등에 대한 보상(시행규칙 제52조)

사업인정고시일 등 전부터 허가 등을 받아야 행할 수 있는 영업을 허가 등이 없이 행하여 온 자가 공익사업의 시행으로 영업을 계속할 수 없게 된 경우에는 3인 가구기준 3개월분의 월평균 가계지출비와 영업시설 등의 이전비용을 보상하여야 한다.

6. 가설건축물에서 행하는 영업이 보상대상에 포함되는지 여부

(1) 문제점

철거의무를 부담하는 도시관리계획상의 가설건축물에서 행하는 소유자 등이 영업보상의 대상이 되는지 문제된다.

(2) 학설

① 긍정설은 도시관리계획에 저촉되는 가설건축물은 철거해야 하지만 이는 가설건축물의 철거 등 원상회복만 무상으로 하는 것이 아니라고 하며, ② 부정설은 가설건축물은 무상철거를 조건으로 한시적으로 이용하기 위한 것이므로 영업보상의 대상이 될 수 없다고 보는 견해이다.

(3) 판례

판례는 도시계획시설사업의 집행계획이 공고된 토지에 원상회복의무가 있다는 점을 이미 알고 있으므로 무상으로 해당 건축물의 원상회복을 명하는 것이 과도한 침해이거나 특별한 희생이라고 볼 수 없다고 판시하였다. 또한 보상을 청구할 수 없는 손실에는 가설건축물 자체 철거에 따른 손실뿐만 아니라 가설건축물의 철거에 따른 영업손실도 포함된다고 판시하였다.

(4) 검토

가설건축물은 허가 등을 받아 건축한 건축물이므로 무허가건축물에 해당하지 않는다. 그렇지만 가설건축물에서의 영업은 해당 공익사업이 시행될 때 건축물의 원상회복과 함께 종료가 예정되어 있으므로 영업보상의 대상이 아니다.

7. 영업의 간접보상(시행규칙 제64조)

공익사업시행지구 밖에서 영업손실의 보상대상이 되는 영업을 하고 있는 자가 공익사업의 시행으로 인하여 ① 배후지의 2/3 이상이 상실되어 그 장소에서 영업을 계속할 수 없게 되거나, ② 진출입로의 단절, 그 밖의 부득이한 사유로 인하여 일정한 기간 동안 휴업하는 것이 불가피한 경우에는 영업자의 청구에 의하여 해당 영업을 공익사업시행지구에 편입되는 것으로 보아 보상하여야 한다.

8. 관련문제

(1) 생태하천조성사업과 관련한 영업보상 판례

무허가건축물을 사업장으로 이용하는 경우 행정규제 탈피, 조세회피 등 불법행위를 저지를 가능성이 큰 점, 건축법상 허가절차를 밟을 경우 관계법령에 의하여 불허되거나 규모가 축소되었을 건물에서 법적 제한을 넘어선 규모의 영업을 하고도 그로 인한 손실 전부를 영업손실로 보상받는다는 것은 불합리하다 하여 보상을 부정하였다(대판 2014.3.27, 2013두25863).

(2) 제주도 신발공장사건 판례(가설건축물에서 한 영업에 대하여 영업보상 부정)

도시계획시설사업의 집행계획이 공고된 토지에 대하여 건축한 자는 이러한 사실을 알고도 건축하였다면 원상회복을 명하는 것은 과도한 침해라거나 특별한 희생이라고 볼 수 없으며, 가설건축물을 철거하여야 할 의무를 부담할 뿐만 아니라 가설건축물의 철거에 따른 손실보상을 청구할 수 없고 가설건축물의 철거에 따른 영업손실 또한 청구할 수 없다(대판 2001.8.24, 2001다7209).

(3) 건축허가 이후 건축하지 않고 있다가 사업인정 이후 건축한 경우 축사 판례

건축법상 건축허가를 받았으나 허가받은 건축행위에 착수하지 않고 있는 사이에 사업인정고시가 된 경우 토지보상법 제25조에 의거하여 따로 허가를 받아야 하며, 허가를 받지 않고 건축된 건축물에 관하여는 손실보상을 청구할 수 없다(대판 2014.11.13, 2013두19738 · 19745).

(4) 5일장사건 판례

국민임대주택단지조성사업 예정지구로 지정된 장터에서 가설물을 설치하고 영업신고 없이 5일장이 서는 날에 정기적으로 음식업을 영위한 경우 영업의 계속성과 시설의 고정성을 인정하여 영업손실의 보상대상자에 해당한다(대판 2012.3.15, 2010두26513).

(5) 미나리사건 판례

사업시행자가 보상금지급이나 토지소유자의 승낙 없이 공사에 착수하여 영농을 계속할 수 없게 된 경우 2년분의 영농손실보상금과 별도로 공사 착공으로 인해 영농을 할 수 없게 된 때부터 수용개시일까지 입은 손해도 배상할 책임이 있다(대판 2013.11.14, 2011다27103).

04 절 농업손실보상

1. 의의 및 성격(시행규칙 제48조)

농업손실보상이란 공익사업시행으로 인하여 해당 토지가 공익사업에 편입되어 영농을 계속할 수 없게 됨에 따라 발생하는 손실로서, 농민에게 영농손실액을 보상하는 것을 말한다. 이는 전업에 소요되는 기간을 고려한 합리적 기대이익의 상실에 대한 보상으로 일실손실의 보상이며, 유기체적인 생활을 종전 상태로 회복하는 의미에서 생활보상의 성격도 존재한다.

2. 보상의 대상

(1) 물적 대상(물적 범위)

해당 토지의 지목에 불구하고 실제로 농작물을 경작하는 경우에는 이를 농지로 본다. 다만, 다음의 경우에는 농지로 보지 않는다(토지보상법 시행규칙 제48조 제3항).

① 사업인정고시일 등 이후부터 농지로 이용되고 있는 토지, ② 토지이용계획・주위환경 등으로 보아 일시적으로 농지로 이용되고 있는 토지, ③ 타인소유의 토지를 불법으로 점유하여 경작하고 있는 토지, ④ 농민이 아닌 자가 경작하고 있는 토지, ⑤ 토지의 취득에 대한 보상 이후 사업시행자가 2년 이상 계속하여 경작하도록 허용하는 토지

(2) 인적 대상(인적 범위)

자경농지가 아닌 농지에 대한 영농손실액은 실제 경작자에게 지급한다. 단, 소유자가 해당 지역에 거주하는 경우 협의에 따라 보상하고, 협의가 성립되지 않을 경우 1/2씩 보상한다.

3. 보상의 방법

(1) 영농손실액(토지보상법 시행규칙 제48조 제1항, 제2항)

공익사업시행지구에 편입되는 농지에 대해 '해당 도별 연간 농가평균 단위경작면적당 농작물총수입'의 2년분을 영농손실액으로 지급한다. 다만 국토교통부장관이 고시한 농작물로서 실제소득을 증명한 경우 농작물총수입 대신 실제소득으로 보상한다.

(2) 농기구 매각손실액(토지보상법 시행규칙 제48조 제6항)

경작지의 2/3 이상이 공익사업지구에 편입되어 영농을 계속할 수 없게 된 경우 농기구에 대하여는 매각손실액을 평가하여 보상한다. 매각손실액의 평가가 현실적으로 곤란한 경우에는 원가법에 의해 산정한 가격의 60% 이내에서 매각손실액을 정할 수 있다.

(3) 농업손실보상의 간접보상

농지의 2/3 이상에 해당하는 면적이 공익사업시행지구에 편입됨으로 인하여 영농을 계속할 수 없게 된 농민에 대해서는 공익사업시행지구 밖에서 그가 경작하고 있는 농지에 대하여도 영농손실액을 지급한다.

4. 농업손실보상에 대한 최근 대법원 판례

Check!

■ 대법원 2020.4.29, 2019두32696 판결[손실보상금]

【판시사항】

[1] 2013.4.25. 국토교통부령 제5호로 개정된 공익사업을 위한 토지 등의 취득 및 보상에 관한 법률 시행규칙 제48조 제2항 단서 제1호가 헌법상 정당보상원칙, 비례원칙에 위반되거나 위임입법의 한계를 일탈한 것인지 여부(소극)

[2] 2013.4.25. 국토교통부령 제5호로 개정된 공익사업을 위한 토지 등의 취득 및 보상에 관한 법률 시행규칙 시행일 전에 사업인정고시가 이루어졌으나 위 시행규칙 시행 후 보상계획의 공고・통지가 이루어진 공익사업에 대해서도 영농보상금액의 구체적인 산정방법・기준에 관한 위 시행규칙 제48조 제2항 단서 제1호를 적용하도록 규정한 위 시행규칙 부칙(2013.4.25.) 제4조 제1항이 진정소급입법에 해당하는지 여부(소극)

【판결요지】

[1] 공익사업을 위한 토지 등의 취득 및 보상에 관한 법률 제77조 제4항은 농업손실보상액의 구체적인 산정 및 평가 방법과 보상기준에 관한 사항을 국토교통부령으로 정하도록 위임하고 있다. 그 위임에 따라 2013.4.25. 국토교통부령 제5호로 개정된 공익사업을 위한 토지 등의 취득 및 보상에 관한 법률 시행규칙(이하 '개정 시행규칙'이라 한다) 제48조 제2항 단서 제1호가 실제소득 적용 영농보상금의 예외로서, 농민이 제출한 입증자료에 따라 산정한 실제소득이 동일 작목별 평균소득의 2배를 초과하는 경우에 해당 작목별 평균생산량의 2배를 판매한 금액을 실제소득으로 간주하도록 규정함으로써 실제소득 적용 영농보상금의 '상한'을 설정하였다.

이와 같은 개정 시행규칙 제48조 제2항 단서 제1호는, 영농보상이 장래의 불확정적인 일실소득을 보상하는 것이자 농민의 생존배려・생계지원을 위한 보상인 점, 실제소득 산정의 어려움 등을 고려하여, 농민이 실농으로 인한 대체생활을 준비하는 기간의 생계를 보장할 수 있는 범위 내에서 실제소득 적용 영농보상금의 '상한'을 설정함으로써 나름대로 합리적인 적정한 보상액의 산정방법을 마련한 것이므로, 헌법상 정당보상원칙, 비례원칙에 위반되거나 위임입법의 한계를 일탈한 것으로는 볼 수 없다.

[2] 사업인정고시일 전부터 해당 토지를 소유하거나 사용권원을 확보하여 적법하게 농업에 종사해 온 농민은 사업인정고시일 이후에도 수용개시일 전날까지는 해당 토지에서 그간 해온 농업을 계속할 수 있다. 그러나 사업인정고시일 이후

에 수용개시일 전날까지 농민이 해당 공익사업의 시행과 무관한 어떤 다른 사유로 경작을 중단한 경우에는 손실보상의 대상에서 제외될 수 있다. 사업인정고시가 이루어졌다는 점만으로 농민이 구체적인 영농보상금 청구권을 확정적으로 취득하였다고는 볼 수 없으며, 보상협의 또는 재결절차를 거쳐 협의성립 당시 또는 수용재결 당시의 사정을 기준으로 구체적으로 산정되는 것이다.
또한 공익사업을 위한 토지 등의 취득 및 보상에 관한 법률 시행규칙 제48조에 따른 영농보상은 수용개시일 이후 편입농지에서 더 이상 영농을 계속할 수 없게 됨에 따라 발생하는 손실에 대하여 장래의 2년간 일실소득을 예측하여 보상하는 것이므로, 수용재결 당시를 기준으로도 영농보상은 아직 발생하지 않은 장래의 손실에 대하여 보상하는 것이다.
따라서 공익사업을 위한 토지 등의 취득 및 보상에 관한 법률 시행규칙 부칙(2013.4.25.) 제4조 제1항이 영농보상금액의 구체적인 산정방법・기준에 관한 2013.4.25. 국토교통부령 제5호로 개정된 공익사업을 위한 토지 등의 취득 및 보상에 관한 법률 시행규칙(이하 '개정 시행규칙'이라 한다) 제48조 제2항 단서 제1호를 개정 시행규칙 시행일 전에 사업인정고시가 이루어졌으나 개정 시행규칙 시행 후 보상계획의 공고・통지가 이루어진 공익사업에 대해서도 적용하도록 규정한 것은 진정소급입법에 해당하지 않는다.

Check!

농업손실보상청구권의 법적 성질 : 공권으로 행정소송절차에 의함

'토지보상법에 따른 농업손실보상청구권은 공익사업의 시행 등 적법한 공권력의 행사에 의한 재산상의 특별한 희생에 대하여 전체적인 공평부담의 견지에서 공익사업의 주체가 그 손해를 보상하여 주는 손실보상의 일종으로 공법상의 권리임이 분명하므로 그에 관한 쟁송은 민사소송이 아닌 행정소송절차에 의하여야 할 것'이라고 판시한 바 있다(대판 2011.10.13, 2009다43461).

감정평가 및 보상법규
암기장

부동산 가격공시

CHAPTER 01 표준지공시지가

Ⅰ. 표준지공시지가

1. 의의 및 취지(부동산공시법 제3조)

표준지공시지가란 부동산공시법이 정한 절차에 따라 국토교통부장관이 조사・평가하여 공시한 표준지의 단위면적당 가격을 말한다. 이는 적정가격 형성 도모 및 국민경제 발전의 이바지 등에 취지가 인정된다.

2. 법적 성질

(1) 문제점

부동산공시법에서는 공시지가에 대한 항고소송을 규정하고 있지 않으므로, 이에 대한 처분성 유무에 따라서 행정쟁송제기 가능 여부가 문제된다.

(2) 학설

① **행정행위설** : 표준지공시지가는 보상액 산정 및 개발부담금 산정에 있어서 구속력을 갖는다는 견해이다.

② **행정계획설** : 표준지공시지가는 지가정책집행의 활동기준 및 내부적 효력만을 갖는 구속력 없는 행정계획으로 보는 견해이다.

③ **행정규칙설** : 표준지공시지가는 개별성, 구체성을 결여한 지가정책의 사무처리기준이라는 견해이다.

④ **법규명령의 성질을 갖는 고시설** : 표준지공시지가는 각종 부담금 및 개별공시지가 산정의 기준이 되고 위법한 표준지공시지가를 기준으로 행하여진 처분도 위법하다고 보아야 하므로 법규명령의 성질을 갖는 고시로 보아야 한다는 견해이다.

(3) 판례(하자승계의 판례이면서 처분성 근거의 판례)

표준지공시지가결정이 위법한 경우에는 그 자체를 행정소송의 대상이 되는 행정처분으로 보아 그 위법 여부를 다툴 수 있음은 물론, 수용보상금의 증액을 구하는 소송에서도 비교표준지 공시가격결정의 위법을 독립한 사유로 주장할 수 있다고 판시하여 표준지공시지가의 처분성을 인정하였다(대판 2008.8.21, 2007두13845).

(4) 검토

법률관계의 조속한 확정 및 법적 안정성을 도모하기 위해 처분성을 인정함이 타당하다.

3. 표준지공시지가의 공시절차

국토교통부장관은 표준지 선정 및 관리지침에 따라 표준지를 선정하고, 둘 이상의 감정평가법인등에게 표준지의 적정가격을 조사・평가의뢰하며, 감정평가법인등은 관할 시장・군수・구청장의 의견을 듣고, 공시일 현재의 적정가격을 조사・평가한다. 이후, 국토교통부장관은 중앙부동산가격공시위원회의 심의를 거쳐 표준지공시지가를 공시해야 한다.

4. 표준지공시지가의 효력 및 적용

(1) 표준지공시지가의 효력(부동산공시법 제9조)

표준지공시지가는 토지시장에 지가정보를 제공하고 일반적인 토지거래의 지표가 되며, 국가・지방자치단체 등이 그 업무와 관련하여 지가를 산정하거나 감정평가법인등이 개별적으로 토지를 감정평가하는 경우에 기준이 된다.

(2) 적용범위

표준지공시지가는 ① 감정평가법인등의 토지 감정평가 시 기준이 되며, ② 개별공시지가의 산정기준이 된다. 또한, ③ 국가・지방자치단체 등이 공공용지의 매수, 토지의 수용・사용에 대한 보상, 국공유지의 취득, 처분 등 행정목적을 위한 산정의 기준이 된다.

Ⅱ. 표준지공시지가에 대한 불복

1. 개설

표준지공시지가의 처분성 인정 여부에 따라 불복방법이 달라진다. 처분성을 긍정하는 입장에서는 이의신청을 거치고 그에 불복이 있으면 행정심판 또는 행정소송을 제기할 수 있다. 그러나 처분성을 부정하는 입장에서는 행정심판 및 행정소송을 제기할 수 없고 이의신청만을 제기할 수 있다.

2. 이의신청(부동산공시법 제7조)

(1) 의의 및 취지

부동산공시법상 이의신청이란 표준지공시지가에 이의가 있는 자가 국토교통부장관에게 이의를 신청하고 국토교통부장관이 이를 심사하도록 하는 제도로서 이는 공시지가의 객관성을 확보하여 공신력을 높여주는 데 제도적 취지가 인정된다.

(2) 이의신청의 성격

① 학설

이의신청의 처분성이 인정되고 부동산가격공시위원회의 심의를 규정하고 있다는 점에 특별법상 행정심판으로 보는 견해와 이의신청은 처분청인 국토교통부장관에게 하도록 되어 있다는 점에 강학상 이의신청으로 보는 견해가 있다.

② 재결례 변경

종전 대법원은 표준지공시지가 이의신청에 대해서는 특별법상 행정심판으로 보았으나, 최근 중앙행정심판위원회에서 재결례를 변경하여 강학상 이의신청으로 보고 있다.

③ 검토

처분청인 국토교통부장관에게 신청하는 것이라는 점, 국민의 권리구제에 유리하다는 점 등을 이유로 강학상 이의신청으로 봄이 타당하다.

(3) 이의신청의 절차 및 효과

공시일로부터 30일 이내에 서면으로 국토교통부장관에게 이의신청을 하고, 국토교통부장관은 이의신청기간 만료일부터 30일 이내에 이를 심사하고 그 결과를 신청인에게 통지해야 한다. 이의가 타당한 경우 표준지공시지가를 조정하여 재공시(직권변경처분)해야 한다.

행정기본법 제36조(처분에 대한 이의신청)

① 행정청의 처분(「행정심판법」 제3조에 따라 같은 법에 따른 행정심판의 대상이 되는 처분을 말한다. 이하 이 조에서 같다)에 이의가 있는 당사자는 처분을 받은 날부터 30일 이내에 해당 행정청에 이의신청을 할 수 있다.

② 행정청은 제1항에 따른 이의신청을 받으면 그 신청을 받은 날부터 14일 이내에 그 이의신청에 대한 결과를 신청인에게 통지하여야 한다. 다만, 부득이한 사유로 14일 이내에 통지할 수 없는 경우에는 그 기간을 만료일 다음 날부터 기산하여 10일의 범위에서 한 차례 연장할 수 있으며, 연장 사유를 신청인에게 통지하여야 한다.

③ 제1항에 따라 이의신청을 한 경우에도 그 이의신청과 관계없이 「행정심판법」에 따른 행정심판 또는 「행정소송법」에 따른 행정소송을 제기할 수 있다.

④ 이의신청에 대한 결과를 통지받은 후 행정심판 또는 행정소송을 제기하려는 자는 그 결과를 통지받은 날(제2항에 따른 통지기간 내에 결과를 통지받지 못한 경우에는 같은 항에 따른 통지기간이 만료되는 날의 다음 날을 말한다)부터 90일 이내에 행정심판 또는 행정소송을 제기할 수 있다.

⑤ 다른 법률에서 이의신청과 이에 준하는 절차에 대하여 정하고 있는 경우에도 그 법률에서 규정하지 아니한 사항에 관하여는 이 조에서 정하는 바에 따른다.

3. 행정심판

최근 판례의 태도에 따르면 이의신청을 거친 경우나 거치지 않은 경우 모두 행정심판을 제기할 수 있다고 본다.

4. 행정소송

(1) 의의 및 종류

위법한 표준지공시지가의 결정·공시에 대해 취소 또는 변경을 구할 효력의 존재 여부를 확인할 이익이 있는 자는 국토교통부장관을 피고로 관할 행정법원에 취소소송 및 무효등확인소송을 제기할 수 있다.

(2) 행정심판임의주의

행정소송법 제19조에서 행정심판임의주의를 원칙으로 규정하는 점에 비추어 볼 때, 행정심판을 거치지 않은 경우라도 행정소송을 제기할 수 있을 것이다.

(3) 소송요건

① 대상적격 및 관할

표준지공시지가는 처분성이 인정되므로 표준지공시지가를 대상으로 토지소재지의 행정법원에 소를 제기할 수 있다.

② 원고적격

토지소유자는 원고적격을 갖고 있으나, 인근 주민에게 원고적격이 인정되는지 문제된다. 부동산공시법 시행령 제11조에서는 표준지공시지가에 대하여 이의신청을 제기할 수 있는 자를 표준지 소유자에 한정하지 않고, 표준지의 이용자, 그 밖에 법률상 이해관계를 가진 자도 포함시키고 있다. 이러한 부동산공시법의 입법취지 및 목적, 표준지공시지가의 영향범위 등을 고려할 때 인근 주민도 원고적격이 인정된다 할 것이다.

③ 제소기간

㉠ 문제점

행정소송법 제20조에서는 처분이 있음을 안 날로부터 90일, 있은 날로부터 1년의 제소기간을 규정하고 있다. 표준지공시지가와 개별공시지가처럼 처분 등이 공고, 고시로 이루어지는 경우 이의 해석이 문제된다.

㉡ 처분 등 공고, 고시로 이루어진 경우 '있은 날'

'처분이 있은 날'이란 처분이 공고, 고시에 의해 외부에 표시되어 효력이 발생한 날을 의미한다. 부동산공시법상 이의신청 제기기간을 공시일로부터 30일로 규정하므로, 이와 균형을 도모하기 위해 공시일을 있은 날로 봄이 타당하다.

㉢ 처분 등 공고, 고시로 이루어진 경우 '안 날'

'안 날'은 '통지 · 공고' 등으로 현실적으로 안 날을 의미한다. 간접적으로 처분이 있음을 안 것에 불과한 경우에는 안 것에 해당하지 않는다. 개별통지가 이루어지지 않은 경우 문제가 된다. 공시일을 안 날로 의미하는 명문규정이 없으므로 '현실적으로 안 날'로 보는 견해와 불특정 다수의 이해관계와 관련하여 공시가 적절한 수단이고 불가쟁력의 기산점을 통일하여 법적 안정성을 도모해야 하므로 '공시일'로 보는 견해가 있다. 판례는 공고, 고시의 상대방은 불특정 다수이고, 효력이 일률적으로 적용되는 것이므로 공시가 효력을 발생하는 날에 행정처분이 있음을 알았다고 보아야 한다고 판시하여 공시일을 '안 날'로 보고 있다.

④ 소송제기 효과

표준지공시지가에 대한 항고소송이 제기되면 관할법원에 사건이 계속되며 법원은 이를 심리하고 판결할 의무가 발생하게 된다. 표준지공시지가에 대한 항고소송이 제기되었다 하더라도 해당 처분의 효력 등에 아무런 영향을 주지 않는다(집행부정지).

⑤ 심리 및 판결

법원은 당사자의 주장을 심리하고 당사자의 주장이 이유가 있는 경우에는 인용판결을 할 수 있고, 이유가 없는 경우에는 기각판결을 할 수 있다. 소송요건을 갖추지 못한 경우에는 각하판결을 해야 할 것이다.

5. 표준지공시지가와 하자승계의 문제

(1) 표준지공시지가와 개별공시지가(부정)

표준지로 선정된 토지의 공시지가에 대하여 불복하기 위하여는 지가공시 및 토지 등의 평가에 관한 법률 제8조 제1항 소정의 이의절차를 거쳐 처분청을 상대로 공시지가결정의 취소를 구하는 행정소송을 제기하여야 하고, 그러한 절차를 밟지 아니한 채 개별토지가격 결정을 다투는 소송에서 개별토지가격 산정의 기초가 된 표준지공시지가의 위법성을 다툴 수는 없다(대판 1996.5.10, 95누9808).

PART · 03

(2) 표준지공시지가와 과세처분(부정)

개별토지가격에 대한 불복방법과는 달리 표준지의 공시지가에 대한 불복방법을 지가공시 및 토지 등의 평가에 관한 법률 제8조 제1항 소정의 절차를 거쳐 처분청을 상대로 다툴 수 있을 뿐 그러한 절차를 밟지 아니한 채 조세소송에서 그 공시지가결정의 위법성을 다툴 수 없도록 제한하고 있는 것은 표준지의 공시지가와 개별토지가격은 그 목적・대상・결정기관・결정절차・금액 등 여러 가지 면에서 서로 다른 성질의 것이라는 점을 고려한 것이므로, 이러한 차이점에 근거하여 표준지의 공시지가에 대한 불복방법을 개별토지가격에 대한 불복방법과 달리 인정한다고 하여 그것이 헌법상 평등의 원칙, 재판권 보장의 원칙에 위반된다고 볼 수 없다(대판 1997.9.26, 96누7649).

(3) 표준지공시지가결정과 수용재결의 하자승계(인정)

토지소유자는 수용재결 등 구체적 불이익이 현실적으로 나타났을 경우 권리구제의 길을 찾는 것이 우리 국민의 권리의식이고, 항상 토지가격을 주시하여 시정하도록 요구하는 것은 부당하게 높은 주의의무를 지우는 것이며, 수용재결 등 후행 행정처분에서 표준지공시지가결정의 위법을 주장할 수 없도록 하는 것은 수인한도를 넘는 불이익을 강요하는 것으로, 국민의 재산권과 재판받을 권리를 보장하기 위하여 수용보상금의 증액을 구하는 소송에서도 비교표준지 공시지가결정의 위법을 독립한 사유로 주장할 수 있다고 판시하였다(대판 2008.8.21, 2007두13845).

Check!

■ **대법원 2008.8.21, 2007두13845 판결[토지보상금]**

【판시사항】

수용보상금의 증액을 구하는 소송에서 선행처분으로서 그 수용대상 토지 가격 산정의 기초가 된 비교표준지공시지가결정의 위법을 독립한 사유로 주장할 수 있는지 여부(적극)

【판결요지】

표준지공시지가결정은 이를 기초로 한 수용재결 등과는 별개의 독립된 처분으로서 서로 독립하여 별개의 법률효과를 목적으로 하지만, 표준지공시지가는 이를 인근 토지의 소유자나 기타 이해관계인에게 개별적으로 고지하도록 되어 있는 것이 아니어서 인근 토지의 소유자 등이 표준지공시지가결정 내용을 알고 있었다고 전제하기가 곤란할 뿐만 아니라, 결정된 표준지공시지가가 공시될 당시 보상금 산정의 기준이 되는 표준지의 인근 토지를 함께 공시하는 것이 아니어서 인근 토지 소유자는 보상금 산정의 기준이 되는 표준지가 어느 토지인지를 알 수 없으므로, 인근 토지 소유자가 표준지의 공시지가가 확정되기 전에 이를 다투는 것은 불가능하다. 더욱이 장차 어떠한 수용재결 등 구체적인 불이익이 현실적으로 나타나게 되었을 경우에 비로소 권리구제의 길을 찾는 것이 우리 국민의 권리의식임을 감안하여 볼 때, 인근 토지소유자 등으로 하여금 결정된 표준지공시지가를 기초로 하여 장차 토지보상 등이 이루어질 것에 대비하여 항상 토지의 가격을 주시하고 표준지공시지가결정이 잘못된 경우 정해진 시정절차를 통하여 이를 시정하도록 요구하는 것은 부당하게 높은 주의의무를 지우는 것이고, 위법한 표준지공시지가결정에 대하여 그 정해진 시정절차를 통하여 시정하도록 요구하지 않았다는 이유로 위법한 표준지공시지가를 기초로 한 수용재결 등 후행 행정처분에서 표준지공시지가결정의 위법을 주장할 수 없도록 하는 것은 수인한도를 넘는 불이익을 강요하는 것으로서 국민의 재산권과 재판받을 권리를 보장한 헌법의 이념에도 부합하는 것이 아니다. <u>따라서 표준지공시지가결정이 위법한 경우에는 그 자체를 행정소송의 대상이 되는 행정처분으로 보아 그 위법 여부를 다툴 수 있음은 물론, 수용보상금의 증액을 구하는 소송에서도 선행처분으로서 그 수용대상 토지 가격 산정의 기초가 된 비교표준지공시지가결정의 위법을 독립한 사유로 주장할 수 있다</u>.

CHAPTER 02

개별공시지가

01 절 개별공시지가 일반

Ⅰ. 개별공시지가

1. 의의 및 취지(부동산공시법 제10조)

개별공시지가란 시장·군수 또는 구청장이 공시하는 국세·지방세 등 각 종 세금의 부과, 그 밖의 다른 법령에서 정하는 목적을 위한 지가의 산정에 사용하도록 하기 위하여 시·군·구 부동산가격공시위원회의 심의를 거쳐 매년 공시지가의 공시기준일 현재 관할구역 안의 개별토지에 대하여 결정·공시하는 단위면적당 적정가격을 말한다. 이는 조세 및 개발부담금 산정의 기준이 되어 행정의 효율성 제고를 도모함에 제도적 취지가 인정된다.

2. 법적 성질

(1) 문제점

개별공시지가의 처분성 인정 여부가 문제된다. 논의의 실익은 개별공시지가 산정절차상 하자의 위법성 인정 여부, 항고쟁송의 대상적격을 인정할 수 있는지 여부에 있다.

(2) 학설

① **행정행위설** : 개별공시지가는 과세의 기준이 되어 국민의 권리·의무에 직접 영향을 미치므로 행정행위성을 갖는다는 견해이다.

② **행정규칙설** : 개별공시지가는 직접 국민의 권리·의무에 영향이 없고, 후행 행정처분의 부과기준으로서 역할을 하는 일반적·추상적 규율에 불과하다는 견해이다.

③ **사실행위설** : 개별공시지가는 개별토지가격을 알리는 사실행위로써 이는 가격지침으로서의 기능을 한다고 보는 견해이다.

④ **법규명령의 성질을 갖는 고시설** : 개별공시지가는 법령에 근거하여 결정되며 여러 행정처분의 기준이 되는 것이므로 법규명령의 성질을 갖는 고시에 준하는 성질을 갖는 것으로 보아야 한다는 견해이다.

(3) 판례

대법원은 개별공시지가는 과세의 기준이 되어 국민의 권리·의무 내지 법률상 이익에 직접적으로 관계된다고 하여 처분성을 인정하였다.

(4) 검토

개별공시지가는 이후 과세처분의 직접적 기준이 되어 개인의 재산권에 직접 영향을 미치므로 항고소송의 대상인 처분으로 보아야 함이 타당하다.

3. 개별공시지가의 공시절차

시장·군수·구청장이 개별공시지가를 산정하고, 그 타당성에 대하여 감정평가법인등에게 검증을 받고, 토지소유자 및 이해관계인의 의견을 청취한다. 그 후, 시·군·구 부동산가격공시위원회의 심의 후 결정, 공시하며, 필요시 개별통지할 수 있다(하자의 승계문제).

4. 개별공시지가의 효력 및 적용

개별공시지가는 토지 관련 국세, 지방세 및 각종 부담금의 부과를 위한 과세표준이 된다. 따라서 개별공시지가를 기준으로 일정세율을 곱하여 조세 및 부담금을 부과하게 된다. 다만, 개별공시지가를 기준으로 하여 행정목적에 활용하기 위해서는 다른 법률에 명시적으로 규정이 있어야 하므로 명시적인 규정이 없는 경우에는 표준지공시지가를 기준으로 개별적으로 토지가격을 산정하여야 할 것이다.

Ⅱ. 개별공시지가에 대한 불복

1. 개설

개별공시지가의 법적 성질을 어떻게 보느냐에 따라 불복절차의 내용이 달라진다. 개별공시지가의 처분성을 인정하는 견해에 의하면 항고소송을 제기할 수 있으나, 처분성을 부정하는 견해에 의하면 후행(과세)처분단계에서 개별공시지가의 위법을 간접적으로 다툴 수 있다. 이하에서는 처분성을 인정하는 견해에 따라 설명하기로 한다.

2. 이의신청(부동산공시법 제11조)

(1) 의의 및 취지

개별공시지가에 대하여 이의가 있는 자가 시장・군수・구청장에게 이의를 신청하고 시장・군수・구청장이 이를 심사하는 제도로서 이는 공시지가의 객관성을 확보하여 공신력을 높여주는 데 제도적 취지가 인정된다.

(2) 이의신청의 성격

① 학설

처분청인 지방자치단체에 대하여 제기한다는 점 등을 논거로 본래의 강학상 이의신청이라는 견해와 개별공시지가의 목적 등을 고려할 때 전문성과 특수성이 요구되며 행정심판법 제4조의 규정취지를 감안할 때 특별법상 행정심판으로 보아야 한다는 견해가 있다.

② 판례

최근 개별공시지가와 관련된 판례는 이의신청을 제기한 이후에도 별도로 행정심판을 제기할 수 있다고 판시한 바 있다.
부동산 가격공시에 관한 법률에 행정심판의 제기를 배제하는 명시적 규정이 없고 이의신청과 행정심판은 그 절차 및 기간에 차이가 있는 점을 종합하면, 행정심판법 제3조 제1항에서 행정심판의 제기를 배제하는 "다른 법률에 특별한 규정이 있는 경우"에 해당한다고 볼 수 없으므로 곧바로 행정소송을 제기하거나, 이의신청과 행정심판 청구 중 어느 하나만을 거쳐 행정소송을 제기할 수 있을 뿐 아니라, 이의신청을 하고 행정심판을 거쳐 행정소송을 제기할 수 있다고 보아야 한다. 이 경우 제소기간은 재결서 정본을 받은 날부터 기산한다고 판시한 바 있다.

③ 검토

부동산공시법상의 이의신청은 처분청인 시장·군수·구청장에게 제기한다는 점과 국민의 권리구제를 위해 본래의 강학상 이의신청이라 봄이 타당하다.

(3) 이의신청의 절차 및 효과

공시일로부터 30일 이내에 서면으로 시장·군수·구청장에게 이의신청을 하고 시장·군수·구청장은 기간만료일부터 30일 이내에 심사하고 그 결과를 신청인에게 통지해야 한다. 이의가 타당한 경우 개별공시지가를 조정하여 재공시해야 한다.

Check!

행정기본법 제36조(처분에 대한 이의신청)

① 행정청의 처분(「행정심판법」 제3조에 따라 같은 법에 따른 행정심판의 대상이 되는 처분을 말한다. 이하 이 조에서 같다)에 이의가 있는 당사자는 처분을 받은 날부터 30일 이내에 해당 행정청에 이의신청을 할 수 있다.

② 행정청은 제1항에 따른 이의신청을 받으면 그 신청을 받은 날부터 14일 이내에 그 이의신청에 대한 결과를 신청인에게 통지하여야 한다. 다만, 부득이한 사유로 14일 이내에 통지할 수 없는 경우에는 그 기간을 만료일 다음 날부터 기산하여 10일의 범위에서 한 차례 연장할 수 있으며, 연장 사유를 신청인에게 통지하여야 한다.

③ 제1항에 따라 이의신청을 한 경우에도 그 이의신청과 관계없이 「행정심판법」에 따른 행정심판 또는 「행정소송법」에 따른 행정소송을 제기할 수 있다.

④ 이의신청에 대한 결과를 통지받은 후 행정심판 또는 행정소송을 제기하려는 자는 그 결과를 통지받은 날(제2항에 따른 통지기간 내에 결과를 통지받지 못한 경우에는 같은 항에 따른 통지기간이 만료되는 날의 다음 날을 말한다)부터 90일 이내에 행정심판 또는 행정소송을 제기할 수 있다.

⑤ 다른 법률에서 이의신청과 이에 준하는 절차에 대하여 정하고 있는 경우에도 그 법률에서 규정하지 아니한 사항에 관하여는 이 조에서 정하는 바에 따른다.

3. 행정심판

이의신청을 거치지 않고 행정심판을 제기할 수 있고, 이의신청을 거친 경우에도 행정심판을 제기할 수 있을 것이다.

4. 행정소송

(1) 의의 및 종류

위법한 개별공시지가의 결정·공시에 대해 취소 또는 변경을 구할 효력의 존재 여부를 확인할 이익이 있는 자는 시장·군수·구청장을 피고로 관할 행정법원에 취소소송 및 무효등확인소송을 제기할 수 있다.

(2) 행정심판임의주의

행정소송법 제19조에서 행정심판임의주의를 원칙으로 규정하는 점에 비추어 볼 때, 행정심판을 거치지 않은 경우라도 행정소송을 제기할 수 있을 것이다.

(3) 소송요건

① 대상적격

개별공시지가는 처분성이 인정되므로 항고소송의 대상적격이 인정된다.

② 원고적격

개별공시지가의 토지소유자는 개별공시지가를 다툴 법률상 이익이 인정되므로 원고적격이 있으나, 인근 주민에게 개별공시지가를 다툴 원고적격이 있는지 의문인데 개별공시지가는 해당 토지에 대한 과세기준이 될 뿐 인근 토지의 가격에 영향을 미치지 않으므로 인근 주민에게 원고적격은 없다고 본다.

③ 제소기간

㉠ 문제점

행정소송법 제20조에서는 처분이 있음을 안 날로부터 90일, 있은 날로부터 1년의 제소기간을 규정하고 있다. 표준지공시지가와 개별공시지가처럼 처분 등이 공고, 고시로 이루어지는 경우 이의 해석이 문제된다.

㉡ 처분 등 공고, 고시로 이루어진 경우 '있은 날'

'처분이 있은 날'이란 처분이 공고, 고시에 의해 외부에 표시되어 효력이 발생한 날을 의미한다. 부동산공시법상 이의신청 제기기간을 공시일로부터 30일로 규정하므로, 이와 균형을 도모하기 위해 공시일을 있은 날로 봄이 타당하다. 판례도 공고일부터 효력이 발생한다고 판시한 바 있다.

㉢ **처분 등 공고, 고시로 이루어진 경우 '안 날'**(표준지공시지가와 다르게 현실적으로 '안 날' 의미)

'안 날'은 '통지 · 공고' 등으로 현실적으로 안 날을 의미한다. 간접적으로 처분이 있음을 안 것에 불과한 경우에는 안 것에 해당하지 않는다. 개별통지가 이루어지지 않은 경우 문제가 된다. 판례는 개별토지가격결정과 같이 처분의 효력이 각 상대방에게 개별적으로 발생하는 경우는 개별토지가격결정처분이 있음을 알았다고까지 의제할 수 없으므로 행정심판법 제27조 제3항을 적용하여 180일 이내에 소송을 제기할 수 있다고 판시한 바 있다.

④ **소송제기 효과**

개별공시지가에 대한 항고소송이 제기되면 관할법원에 사건이 계속되며 법원은 이를 심리하고 판결할 의무가 발생하게 된다. 개별공시지가에 대한 항고소송이 제기되었다 하더라도 해당 처분의 효력 등에 아무런 영향을 주지 않는다(집행부정지).

5. 개별공시지가와 과세처분의 하자승계

(1) 긍정한 판례

두 개 이상의 행정처분이 연속적으로 행하여지는 경우 선행처분과 후행처분이 서로 결합하여 1개의 법률효과를 완성하는 때에는 선행처분에 하자가 있으면 그 하자는 후행처분에 승계되므로 선행처분에 불가쟁력이 생겨 그 효력을 다툴 수 없게 된 경우에도 선행처분의 하자를 이유로 후행처분의 효력을 다툴 수 있는 반면 선행처분과 후행처분이 서로 독립하여 별개의 법률효과를 목적으로 하는 때에는 선행처분에 불가쟁력이 생겨 그 효력을 다툴 수 없게 된 경우에는 선행처분의 하자가 중대하고 명백하여 당연무효인 경우를 제외하고는 선행처분의 하자를 이유로 후행처분의 효력을 다툴 수 없는 것이 원칙이나 선행처분과 후행처분이 서로 독립하여 별개의 효과를 목적으로 하는 경우에도 선행처분의 불가쟁력이나 구속력이 그로 인하여 불이익을 입게 되는 자에게 수인한도를 넘는 가혹함을 가져오며, 그 결과가 당사자에게 예측가능한 것이 아닌 경우에는 국민의 재판받을 권리를 보장하고 있는 헌법의 이념에 비추어 선행처분의 후행처분에 대한 구속력은 인정될 수 없다(대판 1994.1.25, 93누8542).

(2) 부정한 판례

원고가 이 사건 토지를 매도한 이후에 그 양도소득세 산정의 기초가 되는 개별공시지가결정에 대하여 한 재조사청구에 따른 조정결정을 통지받고서도 더 이상 다투지 아니한 경우까지 선행처분인 개별공시지가결정의 불가쟁력이나 구속력이 수인한도를 넘는 가혹한 것이거나 예측불가능하다고 볼 수 없어, 위 개별공시지가결정의 위법을 이 사건 과세처분의 위법사유로 주장할 수 없다(대판 1998.3.13, 96누6059).

02 절 토지가격비준표

1. 의의 및 취지(부동산공시법 제3조 제8항)

토지가격비준표는 표준지와 개별토지의 지가형성요인에 관한 표준적인 비교표이다. 이는 표준지를 기준으로 개별토지의 대량평가를 위하여 작성된 객관적인 지가산정표로써 행정목적을 위한 지가산정 시, 비용절감 및 전문성을 보완함에 제도적 취지가 인정된다.

2. 법적 성질

(1) 문제점

토지비준표의 법적 성질에 따라 그 활용상 하자가 존재하는 경우 위법성 판단구조가 달라진다.

(2) 학설

① 법치주의의 원리상 법규명령의 제정절차를 거치지 아니한 규범은 법규명령으로 볼 수 없다고 보는 행정규칙설, ② 법령의 위임에 따라 법령을 보충하는 실질을 중시하여 법규명령으로 보는 법규명령설, ③ 상위규범을 구체화하는 규범구체화 행정규칙설, ④ 우리 헌법상 행정규칙 형식의 법규명령은 허용되지 않는다고 보는 위헌무효설, ⑤ 법규명령의 효력을 가지는 행정규칙으로 보는 견해 등이 있다.

(3) 판례

국세청장의 훈령인 재산세사무처리규정의 법적 성질을 법령보충규칙으로 법규명령적 성질을 갖는다 하여 법령보충적 구실을 하는 법규적 성질을 가지고 있는 것으로 보아야 한다고 판시한 바 있다.

(4) 검토

법령을 보충하여 대외적 효력이 인정되는 이상 그 보충규정의 내용이 위임법령의 위임한계를 벗어났다는 등 특별한 사정이 없는 한 법규명령으로 보아 재판규범으로 효력을 인정하는 것이 당사자의 권리구제 측면에서 타당하다고 본다.

3. 토지가격비준표의 내용

토지의 가격형성에 영향을 미치는 주요한 항목을 설정하여 다중회귀분석에 의해 작성되며 공통비준표와 지역비준표가 있다. 이는 대량의 토지를 일시에 평가하는 경우 합리적인 산정기준을 제시하여 자의성을 배제하는 기능을 가지며, 개별공시지가 산정 및 각 행정목적을 위한 지가산정에 활용된다.

4. 권리구제(작성상의 하자와 활용상 하자)

(1) 작성상의 하자

토지가격비준표는 그 작성 자체가 국민의 권리·의무에 직접 영향을 미친다고 보이지는 않으므로, 작성상 하자가 있더라도 쟁송의 제기는 불가능하다 할 것이다. 판례 역시 가격배율이나 토지특성 항목의 변경을 이유로 하는 행정쟁송의 제기를 부정하였다. 또한 비준표상의 토지의 특성 및 평가요소 등이 추가 또는 제외됨으로 인하여 가격상승 또는 가격하락이 있게 되었다는 것만으로는 개별토지가격결정이 부당하다고 하여 이를 다툴 수 없다고 하였다.

(2) 활용상 하자

토지가격비준표를 통한 가격배율 추출상의 하자와 같이 활용상의 하자는 개별공시지가 산정절차의 하자가 된다. 따라서 개별공시지가 공시의 처분성을 인정하는 견해에 따르면 이에 불복하여 행정쟁송을 제기할 수 있다. 이는 토지가격비준표를 통한 표준지와 해당 토지의 특성조사·비교에 잘못이 있거나, 가격조정률을 잘못 추출한 경우를 말하며, 기타 틀린 계산·오기로 인하여 지가산정이 잘못된 경우도 포함된다.

5. 토지가격비준표의 문제점 및 개선방안

토지가격비준표는 개별성을 지니는 토지의 일률적 비교로서 개별필지 간의 지가불균형, 적정가격과의 괴리, 통계오차 등의 문제점을 지닐 수 있다. 이러한 문제점을 해결하기 위해 정확한 토지특성의 조사, 지역의 세분화 및 동일 수급권별 작성 및 적용의 탄력성 부여 등을 통한 개별토지가격의 적정성 확보를 위한 노력이 필요하다.

6. 토지가격비준표의 대법원 판례 쟁점

Check!

1. 대법원 2000.6.9, 99두5542 판결[개별토지공시지가결정처분취소등]

【판시사항】

[1] 개별토지가격 산정시 비교표준지의 선택 기준

[2] 개발부담금부과처분 취소소송에 있어 당사자가 제출한 자료에 의하여 적법하게 부과될 정당한 부담금액을 산출할 수 없는 경우, 개발부담금부과처분 전부를 취소하여야 하는지 여부(적극)

[3] 구 개발이익환수에 관한 법률 제10조의 규정의 취지 및 부과관청이 개발부담금부과종료시점지가를 산정함에 있어 개별공시지가를 산정한 데에 위법이 있는

경우, 감정인에 의한 감정평가액을 일응의 개별공시지가로 삼을 수 있는지 여부(소극)

【판결요지】

[1] 개별토지가격은 기본적으로 대상 토지와 같은 가격권 안에 있는 표준지 중에서 지가형성요인이 가장 유사한 표준지를 비교표준지로 선택하여야 보다 합리적이고 객관적으로 산정할 수 있는 것이므로 그 비교표준지는 대상 토지와 용도지역, 토지이용상황 기타 자연적 · 사회적 조건 등 토지특성이 같거나 가장 유사한 표준지 중에서 선택하여야 한다.

[2] 개발부담금부과처분 취소소송에 있어 당사자가 제출한 자료에 의하여 적법하게 부과될 정당한 부담금액이 산출되는 때에는 그 정당한 금액을 초과하는 부분만 취소하여야 하고 그렇지 않은 경우에는 부과처분 전부를 취소할 수밖에 없다.

[3] 구 개발이익환수에 관한 법률(1997.1.13. 법률 제5285호로 개정되기 전의 것) 제10조의 규정은 부과종료시점지가에 대하여 감정인에 의한 평가방법을 배제하고, 매년 개별공시지가를 결정 · 공시하여 옴으로써 지가산정의 능력과 경험이 있는 부과관청으로 하여금 개별공시지가를 산정하는 방법과 동일한 방법으로 부과종료시점 당시의 부과대상 토지의 상태를 기준으로 한 일응의 개별공시지가를 산정하고 거기에 정상지가상승분을 더하여 부과종료시점지가를 산정함으로써 개발부담금산정에 있어서의 개별공시지가 적용원칙을 관철하려는 데에 그 취지가 있는 만큼, 부과관청이 부과종료시점지가 산정에 있어 같은 법 제10조 제1항 본문의 규정에 의한 일응의 개별공시지가를 산정한 데에 위법이 있다 하더라도 개별공시지가의 결정과 마찬가지로 부과관청이 기술적 · 전문적 판단에 기하여 다시 산정하도록 함이 타당하고, 감정인에 의한 감정평가액을 일응의 개별공시지가로 삼을 수는 없다.

2. 대법원 1998.7.10, 97누1051 판결[개별지가결정처분취소]

【판시사항】

[1] 개별토지가격 산정방식에 대한 석명권 행사를 게을리한 잘못이 있다고 한 사례

[2] 개별토지가격결정에 있어 토지이용상황이 특수필지에 해당된다는 이유로 [표준지공시지가 × 가격조정률] 방식에 의하지 아니하고 감정평가사의 감정가액으로 결정한 것이 적법한지 여부(소극)

【판결요지】

[1] 개별토지가격 산정방식에 대한 석명권 행사를 게을리한 잘못이 있다고 한 사례

> [2] 건설교통부장관이 작성하여 관계 행정기관에 제공한 1995년도 지가형성요인에 관한 표준적인 비교표(토지가격비준표, 이하 토지가격비준표라고만 한다)의 활용지침에는 특수필지에 대하여는 감정평가사에 의뢰하여 개별토지가격을 결정할 수 있도록 규정되어 있으나, 위 활용지침 중 특수필지 가격결정방식에 대한 부분은 건설교통부장관이 관계 행정기관이나 지가조사공무원에 대하여 토지가격비준표를 사용한 지가산정업무처리의 기준을 정하여 주기 위한 지침일 뿐 대외적으로 법원이나 국민에 대하여 법적 구속력을 가지는 것은 아니므로 토지이용상황이 특수필지에 해당된다고 하더라도 표준지 공시지가에 토지가격비준표에 의한 가격조정률을 적용하는 방식에 따르지 아니한 개별토지가격결정은 구 지가공시 및 토지 등의 평가에 관한 법률(1995.12.29. 법률 제5108호로 개정되기 전의 것) 및 개별토지가격합동조사지침에서 정하는 개별토지가격 산정방식에 어긋나는 것으로서 위법하다.

03 절 개별공시지가 검증제도

1. 의의 및 취지(부동산공시법 제10조 제5항 및 제6항)

개별공시지가 검증이란, 개별토지가격에 대하여 검증을 의뢰받은 감정평가법인등이 토지특성조사, 비교표준지 선정, 토지가격비준표의 적용 등을 종합적으로 검토하여 지가의 적정성을 판단하는 과정이다. 이는 담당공무원의 비전문성을 보완하고 개별공시지가의 객관성, 신뢰성을 확보하는 데에 취지가 있다.

2. 법적 성질

개별공시지가의 검증은 검증 자체로는 법률효과의 발생이 없으며, 개별공시지가 산정에 대한 적정성을 단순히 확인하고 의견을 제시하는 것이므로 사실행위로 볼 수 있다.

3. 검증의 내용

(1) 주체 및 책임

개별공시지가 검증의 주체는 감정평가법인등이며, 시장・군수・구청장은 해당 지역의 표준지공시지가를 조사・평가한 감정평가법인등 또는 감정평가실적 등이 우수한 감정평가법인등에게 검증을 의뢰하여야 한다.

(2) 검증의 종류

① 산정지가검증(부동산공시법 제10조 제5항 및 시행령 제18조)

산정지가검증이란 시장・군수・구청장이 산정한 지가에 대하여 지가현황도면 및 지가조사 자료를 기준으로 실시하는 검증을 말한다. 이는 전체필지를 대상으로 하는 필수절차로 도면상 검증이고, 지가열람 전에 실시하는 검증이다.

② 의견제출 지가검증

의견제출 지가검증이란 시장・군수・구청장이 산정한 지가에 대하여 토지소유자 및 기타 이해관계인이 지가열람 및 의견제출기간 중에 의견을 제출한 경우 실시한 검증을 말한다.

③ 이의신청 지가검증

이의신청 지가검증이란 시장・군수・구청장이 개별공시지가를 결정・공시한 후 토지소유자 등이 이의신청을 제기한 경우에 실시하는 검증을 말한다.

(3) 검증의 실시 및 생략

시장・군수・구청장은 감정평가법인등의 검증이 필요 없다고 인정되는 경우 검증을 생략할 수 있으며, 감정평가법인등의 검증을 생략하고자 하는 때에는 해당 토지가 소재하는 시・군・구의 연평균 지가변동률의 차이가 작은 순으로 대상토지를 선정하여 검증을 생략한다. 다만, 개발사업이 시행되거나 용도지역・지구가 변경되는 등의 사유가 발생한 토지에 대하여는 검증을 실시하여야 한다.

(4) 검증을 결한 개별공시지가의 효력

검증을 임의적으로 생략하거나 하자 있는 검증은 개별공시지가의 효력에 영향을 미치게 되며 그 하자의 정도에 따라 개별공시지가 결정을 무효 또는 취소로 만든다.

4. 문제점 및 개선방향

개별공시지가 검증기간의 부족, 자료의 부족, 검증수수료의 현실화 문제 등이 있다. 이에 대하여 충분한 검증기간의 부여, 공무원의 협조요청, 검증수수료의 현실화 등의 방안을 모색하여야 한다.

04 절 개별공시지가 정정제도

1. 의의 및 취지(부동산공시법 제12조)

직권정정제도란 개별공시지가에 틀린 계산·오기 등 명백한 오류가 있는 경우 이를 직권으로 정정할 수 있는 제도이다. 이는 개별공시지가의 적정성을 담보하기 위한 수단으로써 불필요한 행정쟁송을 방지하여 행정의 능률화를 도모함에 취지가 있다.

2. 정정사유

개별공시지가에 틀린 계산, 오기, 표준지선정의 착오 및 대통령령으로 정하는 명백한 오류가 있는 경우 정정할 수 있다. 대통령령으로 정하는 명백한 오류란 ① 토지소유자의 의견청취 또는 공시절차를 완전히 이행하지 않은 경우, ② 용도지역 등 토지가격에 영향을 미치는 주요요인의 조사를 잘못한 경우, ③ 토지가격비준표의 적용에 오류가 있는 경우 등이 있다.

3. 정정절차

오류를 정정하고자 하는 때에는 시·군·구 부동산가격공시위원회의 심의를 거쳐 정정사항을 결정·공시하여야 한다. 다만, 계산이 잘못되거나 기재에 오류가 있는 경우에는 심의를 거치지 아니하고 직권으로 정정하여 결정·공시할 수 있다.

4. 정정의 효과

개별공시지가가 정정된 경우에는 새로이 개별공시지가가 결정·공시된 것으로 본다. 다만, 그 효력발생시기에 대해 판례는 지가산정에 명백한 잘못이 있어 개별토지가격이 경정결정·공고되었다면 당초에 결정·공고된 개별토지가격은 그 효력을 상실하고 경정결정된 새로운 토지가격이 공시기준일에 소급하여 그 효력을 발생한다고 한다.

5. 관련문제(정정신청에 대한 행정청의 거부행위에 대한 불복가능성)

이는 행정청의 거부행위가 항고소송의 대상적격이 되기 위한 신청인의 권리·의무에 직접 관계가 있는 공권력 행사의 거부일 것, 법규상·조리상 신청권이 있을 것을 충족하고 있는지와 관계된다. 특히 신청권의 존부와 관련하여 문제되는데, 판례는 국민의 정정신청은 행정청의 직권발동을 촉구하는 것에 지나지 않는다고 하여 그 거부가 항고소송의 대상이 되는 처분이 아니라고 판시하고 있다. 따라서 판례에 의할 경우 신청권이 부정되어 소제기가 불가능하게 된다. 그러나 이는 행정절차법 제25조의 규정상 신청권이 인정된다는 점을 볼 때 판례의 태도는 비판의 여지가 있다고 생각된다.

CHAPTER 03

주택가격공시제도

Ⅰ. 표준주택가격(부동산공시법 제16조)

1. 의의

표준주택가격이란 국토교통부장관이 용도지역, 건물의 구조 등이 일반적으로 유사하다고 인정되는 일단의 단독주택 중에서 선정한 표준주택에 대한 매년 공시기준일 현재의 적정가격을 말한다.

2. 법적 성질

표준주택공시가격의 법적 성질이 무엇인지에 대해 아직 논의가 성숙되지 못하였다. 표준주택공시가격은 표준지공시지가와 매우 흡사하지만 표준지공시지가는 다양한 행정목적을 위하여 만들어진 공적지가인 반면 표준주택가격은 과세의 기준으로만 활용된다. 따라서 표준주택가격의 법적 성질은 개별공시지가와 유사하게 국민의 권리·의무에 직접적 영향이 있다고 보아야 하기에 처분성이 있다고 판단된다.

3. 산정

(1) 산정 및 공시절차

국토교통부장관은 일단의 단독주택 중에서 일단의 주택을 대표할 수 있는 주택을 선정하고, 한국부동산원에 이를 의뢰한다. 이후 중앙부동산가격공시위원회의 심의를 거쳐 표준주택을 공시하게 되며, 표준주택가격의 공시일은 원칙적으로 1월 1일로 한다.

(2) 공시사항

표준주택가격을 공시할 때는 지번, 대지면적, 형상, 용도, 연면적, 구조, 사용승인일, 기타 대통령령으로 정하는 사항을 공시하여야 한다.

4. 효력

표준주택의 가격은 국가・지방자치단체 등의 업무와 관련하여 개별주택가격을 산정하는 경우에 그 기준이 된다.

5. 불복

표준주택가격에 대한 불복은 표준지공시지가 이의신청을 준용하도록 법 제16조 제7항에서 규정하고 있는 바, 이의신청을 준용하여 부동산공시법에서 정한 이의신청절차를 거치게 된다. 이후 표준주택가격의 처분성을 인정하게 되면 항고소송을 제기할 수 있다.

Ⅱ. 개별주택가격의 공시(부동산공시법 제17조)

1. 의의

개별주택가격이란 시장・군수・구청장이 시・군・구 부동산가격공시위원회의 심의를 거쳐 결정・공시한 개별주택에 대한 매년 공시기준일 현재의 가격을 말한다.

2. 법적 성질

개별주택가격은 개별공시지가와 같이 과세의 기준이 된다는 점에서 법적 성질이 동일하다고 볼 수 있다. 따라서 개별주택가격은 국민의 권리・의무에 직접적인 영향을 미치는 처분에 해당한다고 하겠다.

3. 산정

(1) 산정절차 및 공시

시장・군수・구청장은 원칙적으로 전국의 모든 개별주택가격을 조사・산정한다. 산정된 개별주택가격은 한국부동산원이 검증을 하게 되고, 이후 시・군・구 부동산가격공시위원회의 심의를 거쳐 공시한다.

(2) 공시사항

개별주택가격을 공시할 때에는 지번, 개별주택가격 기타 대통령령으로 정하는 사항을 공시하여야 한다.

4. 효력

개별주택가격은 주택시장의 가격정보를 제공하고, 국가·지방자치단체 등의 기관이 과세 등의 업무와 관련하여 주택의 가격을 산정하는 경우에 그 기준으로 활용될 수 있다.

5. 불복

개별주택가격에 대한 불복은 개별공시지가 이의신청을 준용하도록 법 제17조 제8항에서 규정하고 있는바, 개별공시지가의 이의신청을 준용하여 부동산공시법에서 정한 이의신청절차를 거치게 된다. 이후 개별주택가격의 처분성을 인정하게 되면 항고소송을 제기할 수 있다.

Ⅲ. 공동주택가격의 공시(부동산공시법 제18조)

1. 의의

공동주택가격이란 국토교통부장관이 조사·산정하여 중앙부동산가격공시위원회의 심의를 거쳐 공시한 공동주택에 대한 매년 공시기준일 현재의 적정가격을 말한다.

2. 법적 성질

개별공시지가 및 개별주택가격과 같이 과세의 기준이 된다는 점에서 법적 성질이 동일하다고 볼 수 있다. 따라서 공동주택가격은 국민의 권리·의무에 직접적인 영향이 있다고 보이므로 처분성이 있다고 본다.

3. 산정

(1) 산정절차 및 공시

국토교통부장관은 원칙적으로 전국 모든 공동주택가격을 조사·산정한다. 산정된 가격은 한국부동산원의 검증 후, 중앙부동산가격공시위원회의 심의를 거쳐 공시하게 된다. 국토교통부장관은 공동주택가격을 산정한 때에는 대통령령으로 정하는 바에 따라 토지소유자와 기타 이해관계인의 의견을 들어야 한다.

(2) 공시사항

공동주택가격을 공시할 때에는 지번, 명칭, 동・호・수, 공동주택가격, 공동주택의 면적 및 이의신청에 관한 사항 등을 공시하여야 한다.

4. 효력

공동주택가격은 주택시장의 가격정보를 제공하고, 국가・지방자치단체 등의 기관이 과세 등의 업무와 관련하여 주택의 가격을 산정하는 경우에 그 기준으로 활용될 수 있다.

5. 불복

공동주택가격에 대한 불복은 표준지공시지가 이의신청을 준용하도록 법 제18조 제8항에서 규정하고 있는바, 표준지공시지가의 이의신청을 준용하여 부동산공시법에서 정한 이의신청절차를 거치게 된다. 이후 공동주택가격의 처분성을 인정하게 되면 항고소송을 제기할 수 있다.

CHAPTER 04

비주거용 부동산가격의 공시

Ⅰ. 비주거용 표준부동산가격(부동산공시법 제20조)

1. 의의

국토교통부장관이 공시하는 용도지역, 이용상황, 건물구조 등이 일반적으로 유사하다고 인정되는 일단의 비주거용 일반부동산 중에서 선정한 비주거용 표준부동산에 대한 매년 공시기준일 현재의 적정가격을 말한다.

2. 법적 성질

비주거용 표준부동산가격은 국가・지방자치단체 등이 그 업무와 관련하여 비주거용 개별부동산가격을 산정하는 경우에 그 기준이 된다. 그 법적 성질은 개별공시지가와 유사하게 국민의 권리・의무에 직접 영향이 있다고 볼 수 있어 처분으로 봄이 타당하다.

3. 산정절차

감정평자법인등 또는 부동산가격의 조사・산정에 관한 전문성이 있는 자에게 의뢰하고, 의뢰받은 자는 공시기준일 현재의 적정가격을 조사・산정한 뒤 중앙부동산가격공시위원회의 심의를 거쳐 비주거용 표준부동산가격을 공시한다. 비주거용 표준부동산가격을 공시할 때는 지번, 가격, 대지면적 및 형상, 용도, 연면적, 구조, 사용승인일, 그 밖에 대통령령으로 정하는 사항을 공시하여야 한다.

4. 효력 및 불복

비주거용 표준부동산가격은 국가・지방자치단체 등이 업무와 관련하여 비주거용 개별부동산가격을 산정하는 기준이 된다. 불복은 표준지공시지가의 이의신청을 준용하도록 규정하고 있으며(부동산공시법 제20조 제7항), 비주거용 표준부동산가격의 처분성을 인정하면 항고소송을 제기할 수 있다.

Ⅱ. 비주거용 개별부동산가격(부동산공시법 제21조)

1. 의의

시장·군수·구청장이 공시하는 관할구역 안의 비주거용 개별부동산에 대한 매년 공시기준일 현재의 가격을 말한다.

2. 법적 성질

비주거용 개별부동산가격은 개별공시지가와 같이 과세의 기준이 된다는 점에서 개별공시지가의 법적 성질과 동일하다고 볼 수 있다. 따라서 국민의 권리·의무에 직접 영향을 미치는 처분에 해당한다.

3. 산정절차

비주거용 표준부동산가격의 조사·산정을 의뢰받은 자 등 대통령령으로 정하는 자의 검증을 받고 이해관계인의 의견청취 후 시·군·구 부동산가격공시위원회의 심의를 거쳐 결정·공시한다.

4. 효력 및 불복

비주거용 개별부동산가격은 비주거용 부동산시장의 가격정보를 제공하고, 국가 등의 과세 등 업무와 관련하여 비주거용 부동산의 가격을 산정하는 경우 기준으로 활용될 수 있다. 불복은 개별공시지가 이의신청을 준용하도록 규정하고 있으며(부동산공시법 제21조 제8항), 비주거용 개별부동산가격의 처분성을 인정하면 항고소송을 제기할 수 있다.

Ⅲ. 비주거용 집합부동산가격(부동산공시법 제22조)

1. 의의

비주거용 집합부동산가격이란 국토교통부장관이 조사·산정하여 중앙부동산가격공시위원회의 심의를 거쳐 공시한 비주거용 집합부동산가격에 대한 매년 공시기준일 현재의 적정가격을 말한다.

2. 법적 성질

개별공시지가 및 개별주택가격과 같이 과세의 기준이 된다는 점에서 법적 성질이 동일하다고 볼 수 있다. 따라서 비주거용 집합부동산가격은 국민의 권리・의무에 직접 영향이 있다고 보이므로 처분이라 봄이 타당하다.

3. 산정절차

국토교통부장관은 비주거용 집합부동산가격에 대하여 매년 공시기준일 현재 적정가격을 조사・산정한다. 이를 위해 부동산원 또는 대통령령으로 정하는 부동산가격의 조사・산정에 관한 전문성이 있는 자에게 의뢰한다. 비주거용 집합부동산 소유자와 그 밖의 이해관계인의 의견청취 후 중앙부동산가격공시위원회의 심의를 거쳐 공시한다.

4. 효력 및 불복

비주거용 집합부동산가격은 비주거용 부동산시장의 가격정보를 제공하고, 국가 등 기관이 과세 등 업무와 관련하여 비주거용 부동산가격을 산정하는 경우 기준으로 활용될 수 있다. 불복은 표준지공시지가의 이의신청을 준용하도록 규정하고 있으며(부동산공시법 제22조 제9항), 비주거용 집합부동산가격의 처분성을 인정하면 항고소송을 제기할 수 있다.

CHAPTER 05

부동산가격공시위원회

1. 의의

부동산가격공시위원회란 부동산공시법상의 내용과 관련된 사항을 심의하는 위원회를 말하며, 국토교통부장관 소속하에 두는 중앙부동산가격공시위원회와 시장・군수・구청장 소속하에 두는 시・군・구 부동산가격공시위원회가 있다.

2. 부동산가격공시위원회의 성격

(1) 필수기관

중앙부동산가격공시위원회는 국토교통부장관의 소속하에 두고, 시・군・구 부동산가격공시위원회는 시장・군수・구청장 소속하에 두는 필수기관이다.

(2) 심의기관의 성격

의결기관과 자문기관의 중간 형태의 심의기관의 성격이 있다고 본다.

3. 중앙부동산가격공시위원회(부동산공시법 제24조)

(1) 설치 및 운영

국토교통부장관 소속하에 두고, 위원장은 국토교통부장관이 위촉한 자가 되고 공무원이 아닌 자는 3년을 임기로 한다. 위원회의 회의는 재적위원 과반수의 출석, 과반수의 찬성으로 의결한다.

(2) 심의사항

① 부동산 가격공시 관계법령의 제・개정에 관한 사항 중 국토교통부장관이 심의에 부치는 사항

② 제3조에 따른 표준지의 선정 및 관리지침

③ 제3조에 따라 조사・평가된 표준지공시지가

④ 제7조에 따른 표준지공시지가에 대한 이의신청에 관한 사항

⑤ 제16조에 따른 표준주택의 선정 및 관리지침
⑥ 제16조에 따라 조사·산정된 표준주택가격
⑦ 제16조에 따른 표준주택가격에 대한 이의신청에 관한 사항
⑧ 제18조에 따른 공동주택의 조사 및 산정지침
⑨ 제18조에 따라 조사·산정된 공동주택가격
⑩ 제18조에 따른 공동주택가격에 대한 이의신청에 관한 사항
⑪ 제20조에 따른 비주거용 표준부동산의 선정 및 관리지침
⑫ 제20조에 따라 조사·산정된 비주거용 표준부동산가격
⑬ 제20조에 따른 비주거용 표준부동산가격에 대한 이의신청에 관한 사항
⑭ 제22조에 따른 비주거용 집합부동산의 조사 및 산정 지침
⑮ 제22조에 따라 조사·산정된 비주거용 집합부동산가격
⑯ 제22조에 따른 비주거용 집합부동산가격에 대한 이의신청에 관한 사항
⑰ 제26조의2에 따른 계획수립에 관한 사항
⑱ 그 밖에 부동산정책에 관한 사항 등 국토교통부장관이 심의에 부치는 사항

4. 시·군·구 부동산가격공시위원회(부동산공시법 제25조)

(1) 설치 및 운영

시장·군수·구청장 소속하에 두고, 위원장은 부시장, 부군수, 부구청장이다. 시·군·구 부동산가격공시위원회의 구성과 운영에 관하여 필요한 사항은 해당 시·군·구의 조례로 정한다.

(2) 심의사항

① 제10조에 따른 개별공시지가의 결정에 관한 사항
② 제11조에 따른 개별공시지가에 대한 이의신청에 관한 사항
③ 제17조에 따른 개별주택가격의 결정에 관한 사항
④ 제17조에 따른 개별주택가격에 대한 이의신청에 관한 사항
⑤ 제21조에 따른 비주거용 개별부동산가격의 결정에 관한 사항
⑥ 제21조에 따른 비주거용 개별부동산가격에 대한 이의신청에 관한 사항
⑦ 그 밖에 시장·군수·구청장이 심의에 부치는 사항

CHAPTER 06

공시지가 관련 논점

01 절 공시지가와 시가와의 관계

1. 개설

시가와 현저히 차이가 나는 공시지가결정이 위법인지의 문제와 관련하여 공시지가가 시가와 어떤 관계가 있는지를 검토하여야 한다.

2. 학설

(1) 정책가격설(판례, 검토)

공시제도의 목적은 부동산공시법 제1조에서 나타나는 바와 같이 공시지가의 공시를 통하여 적정한 지가형성을 도모하는 데 있으므로 이는 현실에서 거래되는 가격이 아니라 투기억제 또는 지가안정이라는 정책목적을 위해 결정 · 공시되는 가격이라고 보는 견해이다.

(2) 시가설

공시지가는 각종 세금이나 부담금의 산정기준이 되는 토지가격으로서 현실시장 가격을 반영한 가격이기에 이와 유리된 가격일 수 없다고 보는 견해이다.

3. 판례

개별토지가격의 적정성 여부는 규정된 절차와 방법에 의하여 이루어진 것인지 여부에 따라 결정될 성질의 것이지, 해당 토지의 시가와 직접적 관련이 있는 것은 아니므로 단지 개별지가가 시가를 초과한다는 사유만으로는 그 가격결정이 위법하다고 단정할 것은 아니라고 판시하여 공시지가를 정책적으로 결정한 가격으로 보고 있다.

4. 검토

공시지가가 통상적인 시장에서 형성되는 정상적인 시가를 제대로 반영하는 것이 바람직하나, 시가대로 공시지가가 산정된다면 제도의 취지가 훼손될 수 있다. 따라서 공시지가와 시가가 현저히 차이난다는 사유만으로는 그 위법을 인정할 수 없으며, 산정절차나 비교표준지 선정 등에 위법이 있을 수 있으므로 이러한 위법을 이유로 주장할 수 있을 것이다.

02 절 공시지가제도의 문제점과 개선방안

1. 개설

공시지가제도는 종래의 다원화된 지가체계를 일원화시켜 바람직하다고 생각되는 지가수준을 국민에게 널리 알려 지가행정의 원활함과 행정의 공신력을 확보하기 위한 제도이다. 그러나 그동안 제도, 운영상 여러 가지 문제점으로 인하여 불신을 받고 있다.

2. 문제점 발생의 배경

문제점의 발생원인은 ① 지가조사의 근본적인 어려움, ② 제도시행상의 문제점, ③ 이해관계에 따라 지가를 다르게 인식하는 경향, ④ 이론지가와 현실가의 괴리 등에서 찾을 수 있다.

3. 체감지가가 제대로 반영되지 못하는 문제

공시지가는 적정한 가격수준이라 하지만 체감지가를 제대로 반영하지 못하는 문제가 있다. 이를 개선하기 위하여는 공시지가의 평가에 비교방식, 수익방식, 원가방식 등 감정평가의 각 방식 중 가장 적절한 방식과 기법을 적용하도록 함이 바람직하다.

4. 개별공시지가의 신뢰도 문제점 및 개선방안

① 비전문가인 공무원의 비교표준지 선정 잘못의 문제로 이는 개별공시지가 조사・산정지침상의 비교표준지 선정기준을 숙지시키는 교육을 철저히 할 필요가 있다.

② 토지가격비준표의 한계성 문제로 이는 비준표를 가격권별로 작성하여 같이 적용하는 방안을 검토해 볼만하다.

③ 검증제도의 효율성 문제는 검증제도가 개별공시지가의 객관성, 신뢰성을 위하여 도입된 제도로 전필지에 대한 검증이 요구된다.

④ 지가공무원의 비전문성 문제는 지가공무원에 대한 전문화 교육의 강화, 전문성에 대한 응분의 처우, 빈번한 인사이동의 억제, 타업무의 배제 등이 요구된다.

5. 공시지가의 획일적 적용으로 인한 문제

지가체계의 일원화 정신은 살리되 평가목적과 평가조건에 맞는 가격이 도출될 수 있도록 평가기준과 방법의 재정비가 필요하다고 본다.

6. 공시지가의 가격불균형 문제 및 표준지의 대표성 문제

가격의 결정 시에 인근 표준지, 개별지 등과의 균형을 신중히 검토하는 가격균형협의제의 적극적 활용이 요구되며, 표준지의 선정에 있어서도 표준지선정 및 관리지침상의 "표준지의 선정기준"에 충실한 표준지 선정이 되도록 교육을 강화하여야 한다고 본다.

03 절 부동산공시법상 타인토지출입

1. 의의(부동산공시법 제13조)

관계 공무원 또는 부동산가격공시업무를 의뢰받은 자는 표준지가격의 조사・평가 또는 개별공시지가의 산정을 위하여 필요한 때에는 타인의 토지에 출입할 수 있다.

2. 출입절차 및 제한 등

① 시장・군수 또는 구청장의 허가(부동산가격공시업무를 의뢰받은 자에 한정한다)를 받아 출입할 날의 3일 전에 그 점유자에게 일시와 장소를 통지하여야 한다. 다만, 점유자를 알 수 없거나 부득이한 사유가 있는 경우에는 그러하지 아니하다.

② 일출 전・일몰 후에는 그 토지의 점유자의 승인 없이 택지 또는 담장이나 울타리로 둘러싸인 타인의 토지에 출입할 수 없다. 출입을 하고자 하는 자는 그 권한을 표시하는 증표와 허가증을 지니고 이를 관계인에게 내보여야 한다.

3. 토지보상법상 타인토지출입과의 비교

(1) 공통점

① 법적 성질

공용부담적 측면에서 모두 공용제한 중 사용제한에 해당한다. 또한 행정의 실효성 확보차원에서 행정조사로 볼 수 있다. 출입허가의 법적 성질에 대해 통설은 특허로 본다.

② 출입의 제한 및 증표 등의 휴대

양법 모두 해가 뜨기 전, 해가 지고 난 후에 토지점유자의 승낙 없이 타인의 토지에 출입할 수 없으며 출입하고자 할 때는 허가증 및 증표를 휴대하도록 규정하고 있다.

(2) 차이점

① 입법취지

토지보상법상 타인토지출입은 공공복리 목적의 공익사업의 원활한 준비를 위해서 사업인정 전에 사업의 준비를 행하기 위함이고, 부동산공시법상 타인토지출입은 공시지가의 조사・평가 및 개별토지가격의 산정을 하기 위함이다.

② 보상규정

토지보상법은 타인토지출입으로 인한 손실에 대해 보상규정을 두고 있으나, 부동산공시법은 보상규정을 마련하고 있지 않아 문제가 된다.

③ 토지점유자의 인용의무

토지보상법은 인용의무를 규정하고 위반 시 형벌을 가할 수 있도록 하고 있으나, 부동산공시법상에는 인용의무에 대한 규정이 없다.

④ 출입의 절차 및 기간

토지보상법은 출입하고자 하는 날의 5일 전까지 그 일시 및 장소를 시장・군수・구청장에게 통지하여야 하고, 시장・군수・구청장은 통지를 받았을 때, 지체 없이 이를 공고하고 토지점유자에게 통지하여야 한다. 이에 반해 부동산공시법은 출입할 날의 3일 전에 그 점유자에게 일시와 장소를 통지하여야 한다.

⑤ 장해물의 제거

토지보상법은 사업의 준비를 위해 장해물 등을 제거할 수 있다고 규정을 두고 있으나, 부동산공시법에는 이러한 규정이 없다.

감정평가 및 보상법규
암기장

감정평가 및 감정평가사

CHAPTER 01 감정평가사

01 절 감정평가사의 자격

Ⅰ. 감정평가사의 자격등록

1. 의의 및 취지

감정평가사의 자격등록이란 감정평가사 자격이 있는 사람이 감정평가의 업무를 하려는 경우 국토교통부장관에게 등록신청을 하고, 국토교통부장관은 자격요건 등 등록요건 구비사실을 유효한 것으로 받아들이는 것을 말한다. 이는 감정평가사의 효율적 관리 및 신뢰성 제고에 취지가 인정된다.

2. 법적 성질

(1) 자격등록신청의 법적 성질

감정평가사 자격이 있는 자가 행정청인 국토교통부장관에게 감정평가업의 영위를 위한 등록신청은 사인의 공법행위에 해당한다.

(2) 자격등록행위의 법적 성질(공증, 기속행위성)

자격등록행위에 대해 국토교통부장관은 자격등록 요건사항을 검토하여 공적 증거력을 부여하는 것이므로 공증으로 보는 견해와 인감등록 시 인감만 가지고 행정기관에 등록만 하는 공증과 달리 감정평가사 자격등록은 일정한 결격사유 등이 있는 경우에는 거부할 수 있는 바, 완화된 허가로 보는 견해 등이 있다. 생각건대 국토교통부장관의 자격등록행위는 감정평가사가 자격을 갖춘 자라는 사실에 대한 공적 증거력을 부여하는 공증에 해당한다고 본다. 또한 감정평가사법 문언형식으로 볼 때 기속행위에 해당한다.

3. 요건 및 절차

(1) 요건 : 결격사유에 해당하지 않을 것(감정평가사법 제12조)

① 다음 각 호의 어느 하나에 해당하는 사람은 감정평가사가 될 수 없다.

> 1. 삭제〈2021.7.20.〉
> 2. 파산선고를 받은 사람으로서 복권되지 아니한 사람
> 3. 금고 이상의 실형을 선고받고 그 집행이 종료(집행이 종료된 것으로 보는 경우를 포함한다)되거나 그 집행이 면제된 날부터 3년이 지나지 아니한 사람
> 4. 금고 이상의 형의 집행유예를 받고 그 유예기간이 만료된 날부터 1년이 지나지 아니한 사람
> 5. 금고 이상의 형의 선고유예를 받고 그 선고유예기간 중에 있는 사람
> 6. 제13조에 따라 감정평가사 자격이 취소된 후 3년이 지나지 아니한 사람
> 7. 제39조 제1항 제11호 및 제12호에 따라 자격이 취소된 후 5년이 지나지 아니한 사람

② 국토교통부장관은 감정평가사가 제1항 제2호부터 제5호까지의 어느 하나에 해당하는지 여부를 확인하기 위하여 관계 기관에 자료를 요청할 수 있다. 이 경우 관계 기관은 특별한 사정이 없으면 그 자료를 제공하여야 한다.

(2) 절차

등록신청서를 작성하여 등록신청을 하고, 결격사유가 없으면 등록증을 교부하여야 한다.

4. 등록의 효과

적법한 등록의 효과는 행정청이 유효한 것으로 받아들임에 따라 감정평가업무를 수행할 수 있는 업자의 지위를 향유할 수 있다. 위법한 등록의 효과는 하자의 정도에 따라 등록의 효과가 상이하다. 무효인 경우 처음부터 등록의 효과가 없으나, 취소사유인 경우 취소 전까지는 공정력에 의해 등록의 효과가 발생한다.

5. 등록거부에 대한 권리구제(거부가 처분이 되기 위한 요건 검토)

등록거부는 감정평가사에게 침익적 처분으로써 행정절차법상에 사전통지 및 의견제출 등을 거치고(의견대립 있음), 일정한 등록거부사유에 대한 이유제시를 하여야 한다. 등록거부 등을 한 경우에는 관보 등에 공고하고, 정보통신망 등을 이용하여 일반인에게 알려야 한다.

국토교통부장관의 등록거부는 처분에 해당하므로, 행정심판 및 행정소송을 제기하여 등록거부행위의 위법성에 다툴 수 있을 것이다. 또한 위법한 등록거부로 인해 손해가 발생한 경우 국가배상을 청구할 수 있을 것이다.

6. 자격등록제도의 개선점

국토교통부장관이 아닌 협회의 전문가집단에 의한 등록의 적격성 통제가 바람직하고, 등록심사제도를 도입하여 개별, 구체적 상황마다 등록여부를 결정하는 합리성을 제고하여야 할 것이다.

02 절 등록갱신제도

1. 의의 및 취지

등록갱신제도란 등록에 기한이 설정된 경우, 종전 등록의 법적 효과를 유지시키는 행정청의 행위를 말한다. 감정평가사법은 5년마다 등록을 갱신하도록 규정하고 있다. 이는 감정평가업무를 수행할 수 있는 적정성을 주기적으로 확인하여 감정평가제도의 신뢰성을 제고함에 취지가 있다.

2. 법적 성질

등록갱신하는 경우에는 감정평가업을 지속적으로 할 수 있는 요건을 갖추었는지를 판단하여야만 하는 것으로, 자연적 자유를 회복하여 감정평가업을 하게 하는 완화된 허가의 성질을 지닌 것이라는 견해와 공적 증거력을 부여하는 공증으로 보는 견해 등이 있다. 자격등록과 마찬가지로 공증으로 봄이 타당하며, 문언의 형식상 기속행위에 해당한다 하겠다.

3. 요건 및 절차

등록일로부터 5년이 경과하기 60일 전까지 갱신신청을 할 것과 제17조의 등록요건을 갖출 것을 요건으로 한다. 상기요건을 갖춘 경우, 국토교통부장관은 갱신하여 갱신등록증을 교부하여야 한다.

4. 효과 및 권리구제

종전 등록효과가 유지되어 계속하여 감정평가업무를 수행할 수 있는 법적 지위를 향유할 수 있으며, 갱신등록도 처분성이 인정되므로 행정쟁송을 통한 구제가 가능할 것이다.

CHAPTER 02

감정평가법인등

01 절 감정평가법인등 일반

Ⅰ. 사무소 개설신고

1. 의의(감정평가사법 제21조)

신고는 사인이 일정한 법률효과의 발생을 위해서 일정사실을 행정청에게 알리는 것을 말한다. 사무소 개설신고란 감정평가업을 영위하기 위한 사무소 개설요건을 갖추었음을 알리는 행위를 말한다. 최근 법령을 개정하여 사무소 개설신고제도를 폐지하고 개설로 변경되었고, 한국감정평가사협회(이하 협회) 자체적으로 개설신고에 대한 관리를 전담하기로 하였다.

Check!

제21조(사무소 개설 등)

① 제17조에 따라 등록을 한 감정평가사가 감정평가업을 하려는 경우에는 감정평가사사무소를 개설할 수 있다.

② 다음 각 호의 어느 하나에 해당하는 사람은 제1항에 따른 개설을 할 수 없다.

1. 제18조 제1항 각 호의 어느 하나에 해당하는 사람
2. 제32조 제1항(제1호, 제7호 및 제15호는 제외한다)에 따라 설립인가가 취소되거나 업무가 정지된 감정평가법인의 설립인가가 취소된 후 1년이 지나지 아니하였거나 업무정지 기간이 지나지 아니한 경우 그 감정평가법인의 사원 또는 이사였던 사람
3. 제32조 제1항(제1호 및 제7호는 제외한다)에 따라 업무가 정지된 감정평가사로서 업무정지 기간이 지나지 아니한 사람

③ 감정평가사는 그 업무를 효율적으로 수행하고 공신력을 높이기 위하여 합동사무소를 대통령령으로 정하는 바에 따라 설치할 수 있다. 이 경우 합동사무소는 대통령령으로 정하는 수 이상의 감정평가사를 두어야 한다.

④ 감정평가사는 감정평가업을 하기 위하여 1개의 사무소만을 설치할 수 있다.

⑤ 감정평가사사무소에는 소속 감정평가사를 둘 수 있다. 이 경우 소속 감정평가사는 제18조 제1항 각 호의 어느 하나에 해당하는 사람이 아니어야 하며, 감정평가

> 사사무소를 개설한 감정평가사는 소속 감정평가사가 아닌 사람에게 제10조에 따른 업무를 하게 하여서는 아니 된다.
> ⑥ 삭제〈2021.7.20.〉

2. 신고의 요건

(1) 사무소 개설신고의 요건 – 개설신고제도는 폐지되었으나 협회에서 개설신고는 운영함

사무소 보유 증명서류 등 필수서류를 첨부해야 하고, ① 감정평가사법 제21조에서 정한 각 규정에 해당하지 아니할 것, ② 법인의 인가취소 후 1년 미경과, 업무정지 미경과 시 법인의 사원 또는 이사였던 자가 아닐 것, ③ 업무정지기간이 경과되지 않은 자일 것을 그 요건으로 한다.

(2) 소속 평가사 변경신고의 요건

감정평가사사무소의 개설신고를 한 감정평가사는 신고한 사항에 변경이 있는 때에는 변경한 날부터 14일 이내에 국토교통부장관에게 신고사항 변경신고서를 제출하여야 한다. 신고사항변경신고서에는 변경사항을 증명하는 서류 1부를 첨부해야 한다(국토교통부장관에게 변경신고는 사무소 개설신고 폐지로 삭제되었고, 실무적으로는 협회에서 사무소 개설신고를 관리하고 있다).

3. 신고의 법적 성질 – 시험에 나올 가능성은 낮지만 수험가에서 논의하고 있는 내용임

(1) 자기완결적 신고와 수리를 요하는 신고

① 의의

자기완결적 신고는 일정사항을 통지하고 그러한 통지사항이 행정청에 도달함으로써 효력이 발생하는 신고이며, 수리를 요하는 신고는 그러한 통지사항을 행정청이 수리함으로써 효력이 발생하는 신고이다.

② 구별실익

양자의 구별실익은 자기완결적 신고의 수리행위는 국민의 권리・의무에 영향을 주는 행정행위가 아니므로 처분성이 인정되지 않음에 있다.

③ 구별기준

㉠ 학설

신고요건이 형식적 요건 이외에 실질적 요건도 포함되는 경우에는 수리를 요하는 신고로 보는 견해와, 형식적 요건 외에도 실질적 요건을 요하는지로 구분하는 견해가 있다.

㉡ 판례

판례는 관계법이 적법요건을 두고 있지 않은 경우에는 자기완결적 신고로 보고, 관계법이 실질적 적법요건을 규정한 경우에는 행정청은 그 수리를 거부할 수 있는 것으로 보아 수리를 요하는 신고로 보고 있다.

㉢ 검토

법문언상 수리규정이나 적법요건을 규정하는 경우에는 행위요건적 신고로 봄이 타당하고, 불분명한 경우에는 국민에게 유리한 자기완결적 신고로 봄이 타당하다.

(2) 정보제공적 신고와 금지해제적 신고

① 의의

정보제공적 신고는 행정의 대상이 되는 사실에 관한 정보를 제공하는 기능을 갖는 신고를 말하며, 금지해제적 신고는 정보제공기능뿐만 아니라 건축활동 등 사적활동을 규제하는 기능을 갖는 신고를 말한다.

② 구별실익

정보제공적 신고는 신고 없이 행위를 하여도 행위 자체는 위법하지 않으므로 행정질서벌인 과태료의 대상이 된다. 반면에 금지해제적 신고는 신고 없이 한 행위는 법상 금지된 행위가 되며 행정형벌이나 시정조치의 대상이 된다.

(3) 사무소 개설신고의 경우 – 사무소 개설신고는 폐지되어 논의의 실익은 없음

감정평가사법에서는 등록과 신고를 구분하고 있으며 동법 시행령 제20조에서는 사무실 보유 증명서류 등의 형식적 요건을 규정하고 있지만 결격사유를 심사할 수 있도록 하는 바, 수리를 요하는 신고로 봄이 타당하다. 또한 이러한 신고의무는 감정평가업무를 수행하기 위한 요건을 갖추었음을 알리는 정보제공행위로 볼 수 있어 정보제공적 신고로 볼 수 있다.

(4) 소속평가사 변경신고의 경우 – 소속평가사 변경신고제도도 폐지되어 논의실익 없음

감정평가사법에서는 신고사항에 변경이 있는 경우 신고사항변경신고서 및 변경사항을 증명하는 서류를 제출하도록 형식적으로 규정하고 있는 바 자기완결적 신고로 봄이 타당하다. 또한 감정평가사법에서는 소속평가사가 아닌 자로 하여금 제10조 각 호의 업무를 하게 하여서는 안 된다는 금지규정을 두고 있으며, 위반 시 행정형벌을 부과하도록 하고 있어 금지해제적 신고로 봄이 타당하다.

4. 신고수리거부의 처분성

(1) 문제점 – 사무소 개설신고제도가 폐지되어 논의의 실익은 없으나 과거 이력 공부차원임

감정평가사무소 개설신고와 소속평가사 변경신고의 수리거부가 거부처분이 되기 위해서는 공권력 행사의 거부와 법규상·조리상 신청권 등이 인정되어야 한다. 다른 요건은 문제되지 않으나 사무소 개설신고와 소속평가사 변경신고의 거부가 신청인의 법적 지위의 변동을 초래하는 행위인지 문제된다.

(2) 학설

① 자기완결적 신고는 사실행위로서 그 거부처분성이 부인되고 수리를 요하는 신고라면 신청인의 법적 지위의 변동을 초래할 수 있으므로 거부처분이 될 수 있다는 견해(신고의 법적 성질에 따라 구분하는 견해)와 ② 신고의 법적 성질 여하에 관계없이 수리가 반려될 경우 신고인이 불이익

을 받을 위험 등 법적 지위가 불안정하게 될 수 있는지로 판단하는 견해(개별검토설)가 있다.

(3) 판례

종래 대법원은 건축법상 신고에 대해 사실행위로 보았으나(신고의 법적 성질에 따라 구분하는 견해), 최근 대법원 전원합의체 판결에서 건축신고가 반려될 경우 해당 건축물의 건축을 개시하면 시정명령, 이행강제금, 벌금의 대상이 되거나 해당 건축물을 사용하여 행할 행위의 허가가 거부될 우려가 있어 불안정한 지위에 놓이는 점, 장차 있을지도 모르는 위험에서 미리 벗어날 수 있도록 길을 열어주고, 위법한 건축물의 양산과 그 철거를 둘러싼 분쟁을 조기에 근본적으로 해결할 수 있다는 점 등을 이유로 건축신고 반려행위는 항고소송의 대상이라 판시하였다.

(4) 검토

판례의 태도와 같이 법적 분쟁을 조기에 해결하는 것이 법치주의에 부합하다고 보이므로 사무소 개설신고 수리거부와 소속평가사 변경신고 수리거부의 처분성을 인정함이 타당하다고 생각된다.

Ⅱ. 감정평가법인 설립 등

1. 의의(감정평가사법 제29조)

인가는 타인의 법률적 행위를 보충하여 그 법적 효력을 완성시키는 행정행위를 말한다. 국토교통부장관이 감정평가법인의 설립행위를 보충하여 사인 간의 법인설립행위의 효력을 완성시켜 주는 행위이다.

Check!

제29조(설립 등)

① 감정평가사는 제10조에 따른 업무를 조직적으로 수행하기 위하여 감정평가법인을 설립할 수 있다.

② 감정평가법인은 전체 사원 또는 이사의 100분의 70이 넘는 범위에서 대통령령으로 정하는 비율 이상을 감정평가사로 두어야 한다. 이 경우 감정평가사가 아닌 사원 또는 이사는 토지 등에 대한 전문성 등 대통령령으로 정하는 자격을

갖춘 자로서 제18조 제1항 제1호 또는 제5호에 해당하는 사람이 아니어야 한다.
③ 감정평가법인의 대표사원 또는 대표이사는 감정평가사여야 한다.
④ 감정평가법인과 그 주사무소(主事務所) 및 분사무소(分事務所)에는 대통령령으로 정하는 수 이상의 감정평가사를 두어야 한다. 이 경우 감정평가법인의 소속 감정평가사는 제18조 제1항 각 호의 어느 하나 및 제21조 제2항 제2호에 해당하는 사람이 아니어야 한다.
⑤ 감정평가법인을 설립하려는 경우에는 사원이 될 사람 또는 감정평가사인 발기인이 공동으로 다음 각 호의 사항을 포함한 정관을 작성하여 대통령령으로 정하는 바에 따라 국토교통부장관의 인가를 받아야 하며, 정관을 변경할 때에도 또한 같다. 다만, 대통령령으로 정하는 경미한 사항의 변경은 신고할 수 있다.
1. 목적
2. 명칭
3. 주사무소 및 분사무소의 소재지
4. 사원(주식회사의 경우에는 발기인)의 성명, 주민등록번호 및 주소
5. 사원의 출자(주식회사의 경우에는 주식의 발행)에 관한 사항
6. 업무에 관한 사항
⑥ 국토교통부장관은 제5항에 따른 인가의 신청을 받은 날부터 20일 이내에 인가 여부를 신청인에게 통지하여야 한다.
⑦ 국토교통부장관이 제6항에 따른 기간 내에 인가 여부를 통지할 수 없을 때에는 그 기간이 끝나는 날의 다음 날부터 기산(起算)하여 20일의 범위에서 기간을 연장할 수 있다. 이 경우 국토교통부장관은 연장된 사실과 연장 사유를 신청인에게 지체 없이 문서(전자문서를 포함한다)로 통지하여야 한다.
⑧ 감정평가법인은 사원 전원의 동의 또는 주주총회의 의결이 있는 때에는 국토교통부장관의 인가를 받아 다른 감정평가법인과 합병할 수 있다.
⑨ 감정평가법인은 해당 법인의 소속 감정평가사 외의 사람에게 제10조에 따른 업무를 하게 하여서는 아니 된다.
⑩ 감정평가법인은 「주식회사 등의 외부감사에 관한 법률」 제5조에 따른 회계처리 기준에 따라 회계처리를 하여야 한다.
⑪ 감정평가법인은 「주식회사 등의 외부감사에 관한 법률」 제2조 제2호에 따른 재무제표를 작성하여 매 사업연도가 끝난 후 3개월 이내에 국토교통부장관이 정하는 바에 따라 국토교통부장관에게 제출하여야 한다.
⑫ 국토교통부장관은 필요한 경우 제11항에 따른 재무제표가 적정하게 작성되었는지를 검사할 수 있다.
⑬ 감정평가법인에 관하여 이 법에서 정한 사항을 제외하고는 「상법」 중 회사에 관한 규정을 준용한다.

2. 법적 성질

법인설립인가는 행정청이 감정평가법인의 법률행위를 보충하여 효력을 완성시켜 주는 행정행위로서 강학상 인가에 해당한다. 인가는 새로운 권리설정행위가 아니고 공익판단의 규정이 없는 점을 고려할 때 인가요건을 구비했다면 인가를 거부할 수 없는 기속행위로 봄이 타당하다.

3. 요건 및 절차

(1) 요건

① 법인의 사원 또는 이사가 평가사일 것, ② 주·분사무소는 최소인원을 충족할 것, ③ 정관내용이 법령에 적합할 것, ④ 인가 후 설립등기를 할 것을 요건으로 한다.

(2) 절차

서면으로 국토교통부장관에게 신청서를 제출한 뒤, 심사 후 인가처분을 받는다. 설립인가를 받은 자는 설립일부터 1개월 이내에 설립등기를 하여야 한다.

4. 권리구제

(1) 인가에 하자가 있는 경우 권리구제

기본행위가 적법 유효하고 보충행위인 인가행위 자체에만 하자가 있다면 그 인가처분의 무효나 취소를 주장할 수 있다. 인가처분이 무효이거나 취소된 경우에는 그 기본행위는 무인가행위가 된다.

(2) 기본행위에 하자가 있는 경우 권리구제

설립행위가 하자를 이유로 성립하지 않거나 취소되면 인가도 무효가 되어 인가의 효력이 발생하지 않는다.

(3) 기본행위의 하자를 이유로 인가를 다툴 협의 소익이 있는지

인가의 보충성에 비추어 볼 때 기본행위에 하자가 있는 경우 인가에 대한 항고소송은 본안판결을 받을 법적 이익이 없다는 것이 다수의 견해이다. 판례도 기본행위에 하자가 있으면 기본행위의 하자를 다투어야 하며, 그를 이유로 인가처분의 취소 또는 무효확인을 소구할 법률상 이익이 없다고 판시한 바 있다.

* 기출: 재개발정비조합설립인가 – 종전에는 인가로 보아 민사소송으로 다투었으나, 최근 대법원 판례는 특허로 보아 행정소송으로 다투도록 함

Ⅲ. 감정평가법인등의 법적 지위

1. 개요

감정평가법인등이란 타인의 의뢰에 의하여 일정한 보수를 받고 토지 등의 감정평가를 업으로 행하는 자로서 사무소를 개설한 감정평가사와 인가를 받은 감정평가법인을 말한다. 감정평가법인등이 평가하는 적정가격은 국가 토지정책의 근간이 되는 공시지가의 조사・평가 및 지가공시제도의 효율적인 운영주체로서 업무수행상 높은 윤리성・공공성이 요구되는바, 각종 권리 및 의무를 감정평가사법에서 규정하고 있고, 이에 위반할 경우 민사상・행정상・형사상 책임을 지게 된다.

Check!

제2조(정의)

이 법에서 사용하는 용어의 뜻은 다음과 같다.

1. "토지등"이란 토지 및 그 정착물, 동산, 그 밖에 대통령령으로 정하는 재산과 이들에 관한 소유권 외의 권리를 말한다.
2. "감정평가"란 토지 등의 경제적 가치를 판정하여 그 결과를 가액(價額)으로 표시하는 것을 말한다.
3. "감정평가업"이란 타인의 의뢰에 따라 일정한 보수를 받고 토지 등의 감정평가를 업(業)으로 행하는 것을 말한다.
4. "감정평가법인등"이란 제21조에 따라 사무소를 개설한 감정평가사와 제29조에 따라 인가를 받은 감정평가법인을 말한다.

2. 권리

감정평가권, 감정평가업권, 타인토지출입권, 명칭사용권, 보수청구권, 청문권, 쟁송제기권 등의 권리를 지닌다.

3. 의무

적정가격 평가의무, 성실의무 등, 감정평가서 교부 및 보존의무, 국토교통부장관의 지도·감독에 따를 의무 등이 있다.

Check!

제25조(성실의무 등)

① 감정평가법인등(감정평가법인 또는 감정평가사사무소의 소속 감정평가사를 포함한다. 이하 이 조에서 같다)은 제10조에 따른 업무를 하는 경우 품위를 유지하여야 하고, 신의와 성실로써 공정하게 하여야 하며, 고의 또는 중대한 과실로 업무를 잘못하여서는 아니 된다.

② 감정평가법인등은 자기 또는 친족 소유, 그 밖에 불공정하게 제10조에 따른 업무를 수행할 우려가 있다고 인정되는 토지등에 대해서는 그 업무를 수행하여서는 아니 된다.

③ 감정평가법인등은 토지 등의 매매업을 직접 하여서는 아니 된다.

④ 감정평가법인등이나 그 사무직원은 제23조에 따른 수수료와 실비 외에는 어떠한 명목으로도 그 업무와 관련된 대가를 받아서는 아니 되며, 감정평가 수주의 대가로 금품 또는 재산상의 이익을 제공하거나 제공하기로 약속하여서는 아니 된다.

⑤ 감정평가사, 감정평가사가 아닌 사원 또는 이사 및 사무직원은 둘 이상의 감정평가법인(같은 법인의 주·분사무소를 포함한다) 또는 감정평가사사무소에 소속될 수 없으며, 소속된 감정평가법인 이외의 다른 감정평가법인의 주식을 소유할 수 없다.

⑥ 감정평가법인등이나 사무직원은 제28조의2에서 정하는 유도 또는 요구에 따라서는 아니 된다.

제26조(비밀엄수)

감정평가법인등(감정평가법인 또는 감정평가사사무소의 소속 감정평가사를 포함한다. 이하 이 조에서 같다)이나 그 사무직원 또는 감정평가법인등이었거나 그 사무직원이었던 사람은 업무상 알게 된 비밀을 누설하여서는 아니 된다. 다만, 다른 법령에 특별한 규정이 있는 경우에는 그러하지 아니하다.

제27조(명의대여 등의 금지)

① 감정평가사 또는 감정평가법인등은 다른 사람에게 자기의 성명 또는 상호를 사용하여 제10조에 따른 업무를 수행하게 하거나 자격증·등록증 또는 인가증을 양도·대여하거나 이를 부당하게 행사하여서는 아니 된다.

② 누구든지 제1항의 행위를 알선해서는 아니 된다.

4. 책임

(1) 민사상 책임(감정평가사법 제28조)

감정평가사법은 성실한 평가를 유도하고, 불법행위로 인한 평가의뢰인 및 선의의 제3자를 보호하기 위하여 감정평가법인등에게 손해배상책임을 인정하고 있다.

(2) 행정상 책임(감정평가사법 제32조, 제39조, 제41조, 제52조)

감정평가법인등이 각종 의무규정을 위반하였을 경우의 제재수단으로서 인가취소, 업무정지, 자격등록취소, 견책, 과징금, 과태료 등이 부과될 수 있다.

(3) 형사상 책임(감정평가사법 제48조~제51조)

이는 형법이 적용되는 책임으로서 행정형벌로 법 제48조, 제49조와 제50조에 규정을 두고 있다. 또한 감정평가법인등이 공적평가업무를 수행하는 경우에는 공무원으로 의제하여 알선수뢰죄 등 가중처벌을 받도록 규정하고 있다.

(4) 몰수 및 추징(법 제50조의2)

업무와 관련된 대가를 받거나 감정평가 수주의 대가로 금품 또는 재산상의 이익을 제공하거나 제공하기로 약속한 자와 감정평가사의 자격증·등록증 또는 감정평가법인의 인가증을 다른 사람에게 양도 또는 대여한 자와 이를 양수 또는 대여받은 자에 대하여 이러한 죄를 지은 자가 받은 금품이나 그 밖의 이익은 몰수한다. 이를 몰수할 수 없을 때에는 그 가액을 추징한다.

Ⅳ. 행정벌

1. 의의

행정벌이란 행정법상의 의무위반행위에 대하여 제재로서 가하는 처벌을 말한다. 행정벌에는 행정형벌과 행정질서벌이 있다. 행정벌은 과거의 의무위반에 대한 제재를 직접적인 목적으로 하지만 간접적으로는 의무자에게 심리적 압박을 가함으로써 행정법상의 의무이행을 확보하는 것을 목적으로 한다.

2. 행정형벌

(1) 의의

행정형벌이란 행정상 중한 의무를 위반한 경우 주어지는 벌로서 징역형 또는 벌금형이 있다. 이는 행정목적을 달성하기 위해 행정법규가 의무를 정해놓고 이를 위반한 경우의 제재수단이다.

(2) 행정형벌의 사유

감정평가사법 제49조에 '3년 이하의 징역 또는 3,000만원 이하의 벌금', 제50조에 '1년 이하의 징역 또는 1,000만원 이하의 벌금'을 규정하고 있다. 최근 감정평가사법 제50조의2(몰수·추징) 규정을 두어 죄를 지은 자가 받은 금품이나 그 밖의 이익은 몰수하며, 몰수할 수 없을 때에는 그 가액을 추징하는 형법 규정을 반영하였다는 점에서 특징이 있다.

(3) 벌칙적용에 있어서의 공무원 의제

공적 업무(공공용지 매수, 토지수용, 사용보상, 국공유지취득처분 등)를 행하는 감정평가사는 공무원으로 본다.

(4) 양벌규정(감정평가사법 제51조)

법인의 대표자나 법인 또는 개인의 대리인, 사용인, 그 밖의 종업원이 그 법인 또는 개인의 업무에 관하여 제49조 또는 제50조의 위반행위를 하면 그 행위자를 벌하는 외에 그 법인 또는 개인에게도 해당 조문의 벌금형을 부과한다. 다만, 법인 또는 개인이 그 위반행위를 방지하기 위하여 해당 업무에 상당한 주의와 감독을 게을리 하지 아니한 경우에는 그러하지 아니하다.

3. 행정질서벌

(1) 의의

경미한 의무를 위반하는 경우에 주어지는 벌로서 과태료처분이다. 형법 총칙이 적용되지 않는다는 점에서 행정형벌과 구별되며 행정상 책임에 해당된다.

(2) 과태료 부과 : 500만원 이하의 과태료(감정평가사법 제52조)

제52조(과태료)

① 제24조 제1항을 위반하여 사무직원을 둔 자에게는 500만원 이하의 과태료를 부과한다.

② 다음 각 호의 어느 하나에 해당하는 자에게는 400만원 이하의 과태료를 부과한다.

1. 삭제〈2021.7.20.〉
2. 삭제〈2021.7.20.〉
3. 삭제〈2021.7.20.〉
4. 삭제〈2021.7.20.〉
5. 제28조 제2항을 위반하여 보험 또는 협회가 운영하는 공제사업에의 가입 등 필요한 조치를 하지 아니한 사람
6. 삭제〈2021.7.20.〉

6의2. 삭제〈2021.7.20.〉

7. 제47조에 따른 업무에 관한 보고, 자료 제출, 명령 또는 검사를 거부・방해 또는 기피하거나 국토교통부장관에게 거짓으로 보고한 자

③ 다음 각 호의 어느 하나에 해당하는 자에게는 300만원 이하의 과태료를 부과한다.

1. 제6조 제3항을 위반하여 감정평가서의 원본과 그 관련 서류를 보존하지 아니한 자
2. 제22조 제1항을 위반하여 "감정평가사사무소" 또는 "감정평가법인"이라는 용어를 사용하지 아니하거나 같은 조 제2항을 위반하여 "감정평가사", "감정평가사사무소", "감정평가법인" 또는 이와 유사한 명칭을 사용한 자

④ 다음 각 호의 어느 하나에 해당하는 자에게는 150만원 이하의 과태료를 부과한다.

1. 제9조 제2항을 위반하여 감정평가 결과를 감정평가 정보체계에 등록하지 아니한 자

> 2. 제13조 제3항, 제19조 제3항 및 제39조 제4항을 위반하여 자격증 또는 등록증을 반납하지 아니한 사람
> 3. 제28조 제3항을 위반하여 같은 조 제1항에 따른 손해배상사실을 국토교통부장관에게 알리지 아니한 자
>
> ⑤ 제1항부터 제4항까지에 따른 과태료는 대통령령으로 정하는 바에 따라 국토교통부장관이 부과·징수한다.

(3) 절차

① 과태료 부과처분(행정처분이지만 처분취소소송 불가)

국토교통부장관은 위반행위, 금액, 이의제기방법 등을 명시한 통지서를 처분대상자에게 송부하여 부과·징수한다.

② 과태료처분에 대한 불복

처분이 있음을 안 날로부터 60일 이내에 국토교통부장관에게 이의를 제기할 수 있다. 이의신청기간 내에 이의를 제기하지 않고 납부를 하지 아니한 때에는 국세체납처분에 의해 이를 징수한다. 다만 과태료처분의 경우 비송사건 약식절차에 의해 별도의 불복절차가 존재하기 때문에 행정소송은 불가능하다. 질서위반행위규제법으로 일반법이 제정되어 이를 적용하면 된다.

4. 감정평가사법상 벌금, 과징금, 과태료의 비교

(1) 의의

① 벌금은 행정목적을 직접적으로 침해하는 행위에 대하여 과해지는 행정형벌의 일종이다. 형법총칙이 적용되며 감정평가사법 제49조 내지 제50조에 규정을 두고 있다.

② 과징금은 감정평가사법 제41조에 의거 행정법규의 위반으로 경제상의 이익을 얻게 되는 경우에 해당 위반으로 인한 경제적 이익을 박탈하기 위하여 그 이익규모에 따라 행정기관이 과하는 행정상 제재금을 말한다.

③ 과태료는 행정목적을 간접적으로 침해하는 행위에 대하여 과해지는 행정질서벌에 해당하며, 감정평가사법 제52조에서 위반 양태에 따

라서 500만원, 400만원, 300만원, 150만원 이하의 과태료 부과 규정을 두고 있다.

(2) 법적 성질

① 벌금은 행정의 실효성 확보수단으로서 행정벌 중 행정형벌에 해당한다.

② 과징금은 새로운 수단의 행정의 실효성 확보수단으로 행정상 제재금으로서 과징금의 부과는 급부하명에 해당한다.

③ 과태료는 행정의 실효성 확보수단으로서 행정질서벌에 해당하며, 행정청이 행하는 과태료 부과행위는 행정처분이 된다.

(3) 부과권자, 부과절차 및 적용법규

① 벌금은 국토교통부장관의 고발에 따라 수사기관의 수사를 통해 혐의가 인정되면 검사의 기소에 의해 형사재판에 회부되어 형이 확정된다. 감정평가사법에서는 벌금형에 대해 특별히 형법총칙의 배제를 규정하고 있지 아니하므로 형법총칙이 적용된다.

② 과징금은 국토교통부장관(행정청)이 업무정지에 갈음하는 과징금 부과처분을 하게 되며, 부과, 이의신청 및 징수 등은 감정평가사법 제41조, 제42조, 제43조의 규정에 따른다.

③ 과태료는 1차적으로는 국토교통부장관이 부과하고 이에 대한 불복으로서 과태료 재판을 거치는 경우에서 2차적으로는 법원이 부과하게 된다. 구체적인 부과절차 및 징수 등은 질서위반행위규제법(과태료 일반법)에 따른다.

(4) 불복

① 벌금형에 대해서는 상소를 할 수 있다.

② 과징금 부과처분에 대하여는 감정평가사법 제42조에 따라 이의신청을 할 수 있으며, 이의신청에 따른 결과에 이의가 있는 자는 감정평가사법 제42조 제3항에 따라 행정심판을 제기할 수 있다. 또한 과징금 부과처분이 항고소송의 대상인 처분이 되므로 항고소송으로 다툴 수 있다.

③ 과태료는 질서위반행위규제법이 적용된다. 불복방법으로는 이의신청과 과태료 재판을 규정하고 있다.

5. 벌금과 과징금의 중복부과 타당성 여부

(1) 개설

감정평가사법상 벌금과 과징금은 모두 국민의 권리·의무에 직접 영향을 미치는 행정처분에 해당하는 것으로, 동일 사안에 대하여는 벌금과 과징금을 중복부과하는 경우 그 타당성 여부가 문제된다.

(2) 관련 판례 검토

헌법재판소는 '과징금은 그 취지와 기능, 부과의 주체와 절차 등을 종합할 때 부당내부거래 억제라는 행정목적을 실현하기 위하여 그 위반행위에 대하여 제재를 가하는 행정상 제재금으로서의 기본적 성격에 부당이득환수적 요소도 부과되어 있는 것이라 할 것이고, 이를 두고 헌법 제13조 제1항에서 금지하는 국가형벌권 행사로서의 '처벌'에 해당한다고 할 수 없으므로, 공정거래법에서 형사처벌과 아울러 과징금의 병과를 예정하고 있더라도 이중처벌금지의 원칙에 위반된다고 볼 수 없다'라고 하여 과징금과 벌금의 병과는 이중처벌금지의 원칙에 반하지 않는다고 보았다.

(3) 검토

과징금은 행정상 제재금으로서 범죄에 대한 국가의 형벌권 행사로서의 과벌이 아니므로 행정법규 위반에 대하여 벌금 이외에 과징금을 부과하는 것은 이론상 이중처벌금지의 원칙에 반하지 않는다고 봄이 타당할 것이다. 그러나 양자는 실질적으로 이중적인 금전부담으로써 동일 사안에 대해 벌금과 과징금을 함께 부과하는 것은 이중처벌의 성질이 있다 할 것이므로 양자 중 택일적으로 부과하도록 관계법령을 정비할 필요성이 있다고 판단된다.

6. 결

감정평가법상 벌금, 과징금, 과태료는 행정의 실효성 확보수단으로 규정되어 있는 것이고, 그 법적 성질은 벌금, 과징금, 과태료 모두 행정행위의 상대방인 국민의 권리·의무에 직접적으로 영향을 미치는 행정처분에 해당한다. 한편 동일 사안에 있어 벌금과 과징금의 중복부과는 이론상 이중처벌금지의 원칙에 반하지 아니하여 타당하다고 할 것이나, 양자는 실질적으로 동일한 금전부담으로써 벌금과 과징금을 택일적으로 부과하도록 관계법령을 정비할 필요성이 있다고 할 것이다.

02 절 감정평가법인등의 손해배상책임

1. 손해배상책임의 의의 및 취지(감정평가사법 제28조)

제28조(손해배상책임)

① 감정평가법인등이 감정평가를 하면서 고의 또는 과실로 감정평가 당시의 적정가격과 현저한 차이가 있게 감정평가를 하거나 감정평가 서류에 거짓을 기록함으로써 감정평가 의뢰인이나 선의의 제3자에게 손해를 발생하게 하였을 때에는 감정평가법인등은 그 손해를 배상할 책임이 있다.

② 감정평가법인등은 제1항에 따른 손해배상책임을 보장하기 위하여 대통령령으로 정하는 바에 따라 보험에 가입하거나 제33조에 따른 한국감정평가사협회가 운영하는 공제사업에 가입하는 등 필요한 조치를 하여야 한다.

③ 감정평가법인등은 제1항에 따라 감정평가 의뢰인이나 선의의 제3자에게 법원의 확정판결을 통한 손해배상이 결정된 경우에는 국토교통부령으로 정하는 바에 따라 그 사실을 국토교통부장관에게 알려야 한다.

④ 국토교통부장관은 감정평가 의뢰인이나 선의의 제3자를 보호하기 위하여 감정평가법인등이 갖추어야 하는 손해배상능력 등에 대한 기준을 국토교통부령으로 정할 수 있다.

제28조의2(감정평가 유도·요구 금지)

누구든지 감정평가법인등(감정평가법인 또는 감정평가사사무소의 소속 감정평가사를 포함한다)과 그 사무직원에게 토지 등에 대하여 특정한 가액으로 감정평가를 유도 또는 요구하는 행위를 하여서는 아니 된다.

감정평가법인등이 감정평가를 하면서 고의 또는 과실로 감정평가 당시의 적정가격과 현저한 차이가 있게 감정평가를 하거나 감정평가 서류에 거짓을 기록함으로써 감정평가 의뢰인이나 선의의 제3자에게 손해를 발생하게 하였을 때에는 감정평가법인등은 그 손해를 배상할 책임이 있다. 이는 의뢰인 및 제3자의 보호도모 및 토지 등의 적정가격을 올바르게 평가하여 국토의 효율적인 이용과 국민경제의 발전을 도모하기 위함에 그 취지가 있다.

2. 감정평가 법률관계의 법적 성질

(1) 공법관계인지 사법관계인지

감정평가의 의뢰는 상호 대등한 관계에서 행해지는 것이므로 사법관계의 성질을 갖는다고 볼 수 있다. 다만 감정평가의 사회성, 공공성에 비추어 공적 성질도 내포하고 있다고 볼 수 있다.

(2) 도급계약인지 위임계약인지

감정평가는 일의 완성을 목적으로 수수료를 지급하고 약정하는 것으로서 도급계약이라고 보는 견해와 일정한 사무처리를 위한 노무의 제공을 목적으로 하는 위임계약이라는 견해가 있다. 업무수행 시 독립성이 인정되고, 업무중단 시 수행한 부분에 대한 보수청구가 인정되므로 위임계약으로 봄이 타당하다.

3. 감정평가사법 제28조와 민법 제750조와의 관계

(1) 문제점

상기와 같이 감정평가의 법적 성질은 사법상 특수한 위임계약에 해당하기 때문에 감정평가사법 제28조 제1항의 규정이 없이도 감정평가법인등은 의뢰인 및 제3자에게 손해배상책임을 진다. 이 경우, 해당 규정을 둔 이유가 무엇인지에 대하여 논란이 있으며, 이를 민법상 특칙으로 보는지의 여부에 대한 견해가 대립하고 있다.

(2) 견해의 대립

① 특칙이라는 견해(면책설)는 감정평가의 경우 적정가격의 산정이 어렵고, 평가수수료에 비해 막중한 책임을 부여한다는 점 등을 근거로 감정

평가사법 제28조를 감정평가업자를 보호하기 위한 특칙으로 보는 견해이다.

② 특칙이 아니라는 견해(보험관계설)는 감정평가사법 제28조 제1항은 동조 제2항의 보험이나 공제사업과 관련하여 처리되는 감정평가법인등의 손해배상책임의 범위를 한정하는 것으로 민법의 특칙이 아니라고 보는 견해이다.

(3) 판례

감정평가의 부실감정으로 인해 손해를 입게 된 감정평가 의뢰인이나 선의의 제3자는 지가공시법상 법률상의 손해배상책임과 민법상의 불법행위로 인한 손해배상책임을 함께 물을 수 있다고 판시하여 특칙이 아니라고 보았다.

(4) 검토

적정가격의 산정이 어려움에도 손해배상책임을 널리 인정하여서는 감정평가제도가 위태로울 수 있고, 특칙이 아니라는 견해에 따를 경우 감정평가사법 제28조 제1항의 규정은 무의미한 규정이 된다는 점 등을 고려할 때, 논리적으로 특칙으로 보는 견해가 타당하다.

4. 손해배상책임의 성립요건

(1) 감정평가법인등이 감정평가를 하면서

감정평가로 발생한 손해에 해당하여야 하고, 가치판단작용이 아닌 단순한 사실조사 잘못으로 인한 손해에 대하여는 적용되지 않는다. 그러나 판례는 임대차관계에 대한 사실조사에 잘못이 있는 경우 감정평가법인등의 손해배생책임을 인정한 바 있다.

(2) 고의 또는 과실이 있을 것(과실책임주의)

고의란 부당한 감정평가임을 안 것이며, 과실이란 통상의 주의의무를 위반한 것을 말한다. 판례는 부동산공시법과 감정평가에 관한 규칙상 기준을 무시하고 자의적인 방법에 의하여 토지를 감정평가한 것은 고의·중과실에 의한 부당한 감정평가로 볼 수 있다고 하였다.

(3) 부당한 감정평가를 하였을 것

① 감정평가 당시의 적정가격과 현저한 차이가 있게 감정평가한 경우

현저한 차이의 판단기준에 대해 판례는 보상액 결정의 1.3배가 현저한 차이에 대한 유일한 판단기준이 될 수 없다고 하면서, 부당감정에 이르게 된 감정평가법인등의 귀책사유를 고려하여 사회통념에 따라 탄력적으로 판단하여야 한다고 하였다. 또한 현저한 차이는 고의에 의한 경우와 과실에 의한 경우에 다르게 보아야 한다고 판시하였다.

② 감정평가서류에 허위를 기재할 경우

감정평가서상의 기재사항에 대하여 물건의 내용, 산출근거, 평가가액의 허위기재로서 가격에 변화를 일으키는 요인을 고의·과실로 허위기재하는 것을 말한다.

(4) 감정평가 의뢰인 또는 선의의 제3자에게 손해가 발생하였을 것

선의의 제3자란 감정내용이 허위 또는 감정평가 당시의 적정가격과 현저한 차이가 있음을 인식하지 못한 것뿐만 아니라, 감정평가서에 대해 타인이 사용할 수 없음이 명시되어 있는 경우 이러한 사용사실까지 인식하지 못한 제3자를 의미한다. 손해란 일반적으로 법익(주로 재산권)에 관하여 받은 불이익을 말한다.

(5) 상당한 인과관계가 있을 것

적정가격과 현저한 차이가 있게 한 감정평가와 손해의 발생과의 사이에는 인과관계가 있어야 한다.

(6) 위법성 요건이 필요한지 여부

감정평가사법 제28조는 민법에 대한 특칙으로 보는 것이 타당하므로 위법성 요건은 불필요하다고 보며 이는 부당감정개념에 포함된 것으로 봄이 합당하다.

5. 손해배상책임의 내용

(1) 손해배상책임의 범위

손해배상책임의 범위는 부당한 평가가 없었다면 있어야 할 법익상태와 부당한 평가가 발생한 현재의 법익상태 간의 차이를 말한다. 판례는 부당한 감정가격에 의한 담보가치와 정당한 감정가격에 의한 담보가치의 차액을 한도로 정당한 감정가격에 근거하여 산출된 담보가치를 초과한 부분이 손해액이 된다고 판시한 바 있다. 또한 감정평가 의뢰인이 부당한 감정평가 성립에 원인을 제공하였거나, 용인을 한 경우에는 이를 참작하여 배상액을 정하여야 한다(과실상계의 원칙).

(2) 임대차조사 내용

판례는 고의 또는 과실로 임대차 관계에 관한 사실을 기재해 손해를 발생하게 한 경우 손해배상책임이 있다고 보았다.

(3) 손해배상책임의 보장

감정평가법인등은 보증보험에 가입하거나 협회가 운영하는 공제사업에 가입해야 하는 등 필요한 조치를 하여야 한다.

(4) 손해배상 확정판결 시 국토교통부장관에 통보 및 손해배상능력 등에 대한 기준 마련

감정평가법인등은 감정평가 의뢰인이나 선의의 제3자에게 법원의 확정판결을 통한 손해배상이 결정된 경우에는 국토교통부령으로 정하는 바에 따라 그 사실을 국토교통부장관에게 알려야 한다. 국토교통부장관은 감정평가 의뢰인이나 선의의 제3자를 보호하기 위하여 감정평가법인등이 갖추어야 하는 손해배상능력 등에 대한 기준을 국토교통부령으로 정할 수 있다.

CHAPTER 03 감정평가관리 · 징계위원회

01 절 감정평가관리 · 징계위원회의 구성과 운영

1. 감정평가관리 · 징계위원회의 도입배경 및 의의

감정평가관리 · 징계위원회는 기존에 감정평가협회에서 운영하였으나, 형식적 운영으로 실효성에 문제가 제기되었다. 감정평가사에 대한 징계의 공정성을 확보하고, 엄격한 절차에 따라 징계처분을 하여 공신력을 제고하기 위해 징계위원회제도가 도입되었다. 감정평가관리 · 징계위원회는 감정평가사의 징계를 의결하기 위해 국토교통부에 설치하는 의결기관이다.

2. 감정평가관리 · 징계위원회의 성격

감정평가관리 · 징계위원회는 감정평가사를 징계하도록 하기 위해서는 반드시 설치해야 하는 필수기관이다. 또한 징계권자는 국토교통부장관이지만 징계내용에 관한 의결은 감정평가관리 · 징계위원회에 맡겨져 있어 감정평가관리 · 징계위원회는 의결권을 갖는 의결기관이다.

3. 감정평가관리 · 징계위원회의 내용

(1) 설치 및 구성

감정평가관리 · 징계위원회는 국토교통부에 설치하고, 원장 1명 및 부위원장 1명을 포함한 13명 이내로 구성하고 위원장은 국토교통부장관이 위촉하거나 지명한다.

(2) 위원의 임기 및 제척, 기피

위원의 임기는 2년으로 하되 1차례에 한하여 연임할 수 있다. 당사자와 친족, 동일법인 및 사무소 소속 평가사는 제척되고 불공정한 의결을 할 염려가 있는 자는 기피될 수 있다.

(3) 소위원회 구성 운영(감정평가사법 시행령 제40조의2)

① 제34조 제1항에 따른 징계의결 요구 내용을 검토하기 위해 감정평가관리・징계위원회에 소위원회를 둘 수 있다.

② 소위원회의 설치・운영에 필요한 사항은 감정평가관리・징계위원회의 의결을 거쳐 위원회의 위원장이 정한다.

02 절 징계절차 및 징계의 종류 등

1. 징계의 절차

(1) 징계의결의 요구(감정평가사법 시행령 제34조 제1항)

국토교통부장관은 감정평가사에게 징계사유가 있다고 인정되면 그 증명서류를 갖추어 징계위원회에 징계의결을 요구한다. 이때 징계의결의 요구는 위반사유가 발생한 날부터 5년이 지난 때에는 할 수 없다.

(2) 징계당사자에게 통보(감정평가사법 시행령 제34조 제2항)

감정평가관리・징계위원회는 징계의결의 요구를 받으면 지체 없이 징계요구 내용과 징계심의기일을 해당 감정평가사(이하 "당사자"라 한다)에게 통지해야 한다.

(3) 의견진술(감정평가사법 시행령 제41조)

당사자는 감정평가관리・징계위원회에 출석하여 구술 또는 서면으로 자기에게 유리한 사실을 진술하거나 필요한 증거를 제출할 수 있다.

(4) 징계의결(감정평가사법 시행령 제35조)

징계위원회는 징계의결의 요구를 받은 날부터 60일 이내에 징계에 관한 의결을 하여야 한다. 다만, 부득이한 사유가 있는 때에는 징계위원회의 의결로 30일에 한하여 그 기간을 한 차례만 연장할 수 있다.

(5) 징계 사실의 서면 통지 및 관보에 공고(감정평가사법 시행령 제36조)

① 국토교통부장관은 감정평가사법 제39조의2 제1항에 따라 구체적인 징계 사유를 알리는 경우에는 징계의 종류와 사유를 명확히 기재하여 서면으로 알려야 한다.

② 국토교통부장관은 법 제39조의2 제1항에 따라 같은 항에 따른 징계사유 통보일부터 14일 이내에 다음 각 호의 사항을 관보에 공고해야 한다.

1. 징계를 받은 감정평가사의 성명, 생년월일, 소속된 감정평가법인등의 명칭 및 사무소 주소
2. 징계의 종류
3. 징계 사유(징계사유와 관련된 사실관계의 개요를 포함한다)
4. 징계의 효력발생일(징계의 종류가 업무정지인 경우에는 업무정지 시작일 및 종료일)

2. 징계의 종류

징계위원회는 일정한 절차를 거쳐 자격의 취소, 등록의 취소, 2년 이하의 업무정지, 견책 등을 징계할 수 있다.

3. 징계의결의 하자

(1) 의결에 반하는 처분

징계위원회는 의결기관이므로 징계위원회의 의결은 국토교통부장관을 구속하게 된다. 따라서 징계위원회의 의결에 반하는 처분은 무효가 된다.

(2) 의결을 거치지 않은 처분

국토교통부장관은 징계위원회의 의결에 구속되기 때문에 징계위원회의 의결을 거치지 않고 처분을 한 경우 권한 없는 징계처분이 되어 무효가 될 수 있다.

4. 조사위원회의 필요성 – 소위원회 설치 및 운영

징계위원회제도는 대외적으로 공정성 확보에 기여한다. 징계위원회가 사실관계의 명확한 파악과 공정하며 객관적인 징계를 하기 위해서는 별도의 조사위원회를 신설하여 개별적이고 구체적 사실관계를 확정할 필요가 있다. 따라서 조사위원회를 설치하여 내부적인 감사를 진행하는 것이 보다 공정성과 신뢰성을 확보할 수 있을 것이다. 다만 최근 감정평가사법 시행령 제40조의2(소위원회) 규정을 두어 징계의결 요구 내용을 검토하기 위해서 징계위원회에 소위원회를 둘 수 있다고 규정하고 있고, 소위원회의 운영은 징계위원장이 정하도록 하고 있다.

감정평가사 징계위원회 소위원회 신설 규정

감정평가 및 감정평가사에 관한 법률 시행령 제40조의2(소위원회)

① 제34조 제1항에 따른 징계의결 요구 내용을 검토하기 위해 위원회에 소위원회를 둘 수 있다.
② 소위원회의 설치·운영에 필요한 사항은 위원회의 의결을 거쳐 위원회의 위원장이 정한다.

CHAPTER 04

과징금(변형된 과징금)

1. 의의 및 제도적 취지

과징금이란 행정법규의 위반으로 경제적 이익을 얻게 되는 경우 해당 위반으로 인한 경제적 이익을 박탈하기 위하여 그 이익액에 따라 행정기관이 과하는 행정상 제재금을 말한다. 감정평가법인등에게 부과되는 과징금은 국토교통부장관이 업무정지처분을 하여야 하는 경우로서 그 업무정지처분이 공적업무의 정상적인 수행에 지장을 초래하는 등 공익을 해칠 우려가 있는 경우에 업무정지처분에 갈음하여 과징금을 부과할 수 있도록 한 것이므로 변형된 과징금에 해당한다.

2. 법적 성질

과징금의 부과행위는 과징금 납무의무를 명하는 행위이므로 급부하명에 해당한다. 또한 감정평가사법 제41조에서는 "과징금을 부과할 수 있다"고 규정하고 있으므로 법문언의 규정형식상 재량행위에 해당한다.

3. 절차 및 내용

(1) 과징금의 부과

국토교통부장관은 업무정지처분이 표준지 및 표준주택의 조사 등의 업무에 정상적인 수행에 지장을 초래하는 등 공익을 해칠 우려가 있는 경우에는 업무정지처분에 갈음하여 5천만원(법인의 경우는 5억원) 이하의 과징금을 부과할 수 있다.

(2) 과징금의 부과기준

과징금은 위반행위의 내용과 정도, 위반행위의 기간과 위반횟수, 위반행위로 취득한 이익의 규모를 고려하여 부과하여야 하며, 과징금의 금액은 위반행위의 내용과 정도 등을 참작하여 그 금액의 1/2 범위 안에서 이를 가중 또는 감경할 수 있도록 하고 있다. 다만, 가중하는 경우에도 과징금의 총액은 과징금의 최고액을 초과할 수 없다.

(3) 과징금의 통지, 납부의무 및 승계

통지일로부터 60일 이내에 납부해야 하며 가산금 징수에 관하여는 국세 체납처분에 의해 징수할 수 있다. 국토교통부장관은 감정평가법인이 합병을 하는 경우 존속하거나 신설된 법인이 행한 행위로 보아 과징금을 부과·징수할 수 있다.

4. 권리구제

(1) 이의신청

이의가 있는 자는 처분을 통보받은 날부터 30일 이내에 사유를 갖추어 국토교통부장관에게 이의를 신청할 수 있으며, 국토교통부장관은 이의신청에 대하여 30일 이내에 결정을 해야 한다. 부득이한 경우 30일 연장이 가능하다. 과징금의 이의신청의 경우에는 강학상 이의신청으로 볼 수 있다.

Check!

행정기본법 제36조(처분에 대한 이의신청)

① 행정청의 처분(「행정심판법」 제3조에 따라 같은 법에 따른 행정심판의 대상이 되는 처분을 말한다. 이하 이 조에서 같다)에 이의가 있는 당사자는 처분을 받은 날부터 30일 이내에 해당 행정청에 이의신청을 할 수 있다.
② 행정청은 제1항에 따른 이의신청을 받으면 그 신청을 받은 날부터 14일 이내에 그 이의신청에 대한 결과를 신청인에게 통지하여야 한다. 다만, 부득이한 사유로 14일 이내에 통지할 수 없는 경우에는 그 기간을 만료일 다음 날부터 기산하여 10일의 범위에서 한 차례 연장할 수 있으며, 연장 사유를 신청인에게 통지하여야 한다.
③ 제1항에 따라 이의신청을 한 경우에도 그 이의신청과 관계없이 「행정심판법」에 따른 행정심판 또는 「행정소송법」에 따른 행정소송을 제기할 수 있다.
④ 이의신청에 대한 결과를 통지받은 후 행정심판 또는 행정소송을 제기하려는 자는 그 결과를 통지받은 날(제2항에 따른 통지기간 내에 결과를 통지받지 못한 경우에는 같은 항에 따른 통지기간이 만료되는 날의 다음 날을 말한다)부터 90일 이내에 행정심판 또는 행정소송을 제기할 수 있다.
⑤ 다른 법률에서 이의신청과 이에 준하는 절차에 대하여 정하고 있는 경우에도 그 법률에서 규정하지 아니한 사항에 관하여는 이 조에서 정하는 바에 따른다.
⑥ 제1항부터 제5항까지에서 규정한 사항 외에 이의신청의 방법 및 절차 등에 관한 사항은 대통령령으로 정한다.

(2) 행정심판

국토교통부장관의 이의신청에 대한 결정에 이의가 있는 자는 행정심판을 청구할 수 있다.

(3) 행정소송

과징금 부과행위는 처분에 해당하므로 항고소송의 대상이 된다. 과징금 부과처분은 재량행위이므로 비례원칙 등의 행정법의 일반원칙에 위반하는 경우에는 위법하게 된다.

5. 개선안(결)

과징금은 객관적 기준에 의해 판단하며, 객관적 기준은 입법적으로 제정해야 할 것이다.

행정기본법 제28조(과징금의 기준)

① 행정청은 법령 등에 따른 의무를 위반한 자에 대하여 법률로 정하는 바에 따라 그 위반행위에 대한 제재로서 과징금을 부과할 수 있다.

② 과징금의 근거가 되는 법률에는 과징금에 관한 다음 각 호의 사항을 명확하게 규정하여야 한다.

1. 부과·징수 주체
2. 부과 사유
3. 상한액
4. 가산금을 징수하려는 경우 그 사항
5. 과징금 또는 가산금 체납 시 강제징수를 하려는 경우 그 사항

05 감정평가사 자격증 부당행사 또는 명의대여

감정평가사 甲은 A감정평가법인(이하 'A법인'이라 함)에 형식적으로만 적을 두었을 뿐 A법인에서 감정평가사 본연의 업무를 전혀 수행하지 않았고 그 법인의 운영에도 관여하지 않았다. 이에 대해 국토교통부장관은 감정평가관리·징계위원회의 의결에 따라 사전통지를 거쳐 감정평가사 자격취소처분을 하였다. 처분사유는 '甲이 A법인에 소속만 유지할 뿐 실질적으로 감정평가업무에 관여하지 아니하는 방법으로 감정평가사의 자격증을 대여하였다'는 것이었고, 그 법적 근거로 감정평가 및 감정평가사에 관한 법률(이하 '감정평가법'이라 함) 제27조 제1항, 제39조 제1항 단서 및 제2항 제1호가 제시되었다. 甲은 사전통지서에 기재된 의견제출 기한 내에 청문을 신청하였으나 국토교통부장관은 '감정평가법 제13조 제1항 제1호에 따라 감정평가사 자격취소를 하려면 청문을 실시하여야 한다는 규정이 있지만, 명의대여를 이유로 하는 감정평가사 자격취소의 경우에는 청문을 실시하여야 한다는 규정이 없을 뿐 아니라 청문을 실시할 필요도 없다'는 이유로 청문을 실시하지 않았다. 甲에 대한 감정평가사 자격취소처분이 적법한지 설명하시오. 20점

※ 참조조문

<감정평가 및 감정평가사에 관한 법률>

제13조(자격의 취소)

① 국토교통부장관은 감정평가사가 다음 각 호의 어느 하나에 해당하는 경우에는 그 자격을 취소하여야 한다.

1. 부정한 방법으로 감정평가사의 자격을 받은 경우
2. 제39조 제2항 제1호에 해당하는 징계를 받은 경우

제27조(명의대여 등의 금지)

① 감정평가사 또는 감정평가법인등은 다른 사람에게 자기의 성명 또는 상호를 사용하여 제10조에 따른 업무를 수행하게 하거나 자격증·등록증 또는 인가증을 양도·대여하거나 이를 부당하게 행사하여서는 아니 된다.

제39조(징계)

① 국토교통부장관은 감정평가사가 다음 각 호의 어느 하나에 해당하는 경우에는 제40조에 따른 감정평가관리·징계위원회의 의결에 따라 제2항 각 호의 어느 하나에 해당하는 징계를 할 수 있다. 다만, 제2항 제1호에 따른 징계는 제11호, 제12호를 위반한 경우 및 제27조를 위반하여 다른 사람에게 자격증·등록증 또는 인가증을 양도 또는 대여한 경우에만 할 수 있다.

9. 제25조, 제26조 또는 제27조를 위반한 경우

② 감정평가사에 대한 징계의 종류는 다음과 같다.

1. 자격의 취소
2. 등록의 취소
3. 2년 이하의 업무정지
4. 견책

제45조(청문)

국토교통부장관은 다음 각 호의 어느 하나에 해당하는 처분을 하려는 경우에는 청문을 실시하여야 한다.

1. 제13조 제1항 제1호에 따른 감정평가사 자격의 취소
2. 제32조 제1항에 따른 감정평가법인의 설립인가 취소

I. 논점의 정리

해당 사안은 감정평가 및 감정평가사에 관한 법률(이하 '감정평가사법'이라 한다)상 감정평가사의 명의대여와 부당행사 여부를 구분하고, 부당행사에 해당함에도 불구하고 자격취소처분을 하면서 명의대여를 한 것으로 처분사유를 밝히고 있는바, 처분의 이유제시상의 하자가 존재한다. 또한 감정평가사 甲은 사전통지서에 기재된 기한 내에 청문을 신청하였다면 행정절차법에 따라 신분·자격의 박탈의 경우에는 청문을 하는 것이 타당한데, 감정평가사법에서는 청문절차 규정이 없다는 이유로 청문을 실시하지 않은 것은 행정절차법 위반소지가 있다. 이하에서 구체적으로 검토해 보기로 한다.

Ⅱ. 자격증 명의대여와 부당행사의 구분과 내용상 하자

1. 자격증 명의대여

자격증 명의대여는 본인이 아닌 타인이 해당 자격증을 행사한 것을 의미한다. 즉, 홍길동이라는 감정평가사 자격증을 한석봉이라는 사람이 홍길동 감정평가사 자격증을 명의대여하여 감정평가업무를 행하는 것을 말한다.

2. 자격증 등을 부당하게 행사

'자격증 등을 부당하게 행사'한다는 것은 감정평가사 자격증 등을 본래의 용도 외에 부당하게 행사하는 것을 의미하고, 감정평가사가 감정평가법인에 적을 두기는 하였으나 해당 법인의 업무를 수행하거나 운영 등에 관여할 의사가 없고 실제로도 업무 등을 전혀 수행하지 않았다거나 해당 소속 감정평가사로서 업무를 실질적으로 수행한 것으로 평가하기 어려울 정도라면 이는 감정평가사법 제27조에서 정한 자격증 등의 부당행사에 해당한다.

3. 소결

해당 사안은 부당행사임에도 불구하고 명의대여로 자격을 취소한 것은 내용상 하자에 해당된다. 특히 대법원 판례는 업무를 수행하지 않고, 적을 둔 것은 부당행사에 해당된다고 판시하고 있다. 예를 들어 명의대여는 홍길동 감정평가사 자격을 한석봉이라는 사람이 홍길동 감정평가사를 사칭해서 명의를 대여하여 감정평가서를 작성하여 발송하는 행위로 볼 수 있다. 감정평가사 자격에 대한 부당행사를 가지고 명의대여로 자격을 취소한 것은 내용상 하자에 해당된다고 판단된다.

Ⅲ. 청문을 결한 감정평가사 자격취소처분이 적법한지 여부와 이유제시 하자

1. 해당 사안 경우가 청문 없이 자격취소처분을 할 수 있는 것인지 여부

감정평가사법 제45조에서 부정한 방법으로 자격을 취득한 경우와 감정평가법인 설립인가취소의 경우인 경우에만 청문을 하도록 규정하고 있어 감정평가사법 제27조 명의대여로는 청문규정이 없다고 하지만 행정절차법이 최근에 개정되어 신분·자격의 박탈의 경우에는 청문을 하도록 규정하고 있는바, 청문절차는 일반법인 행정절차법을 따르는 것이 타당하다고 판단된다. 따라서 신분·자격의 박탈인 감정평가사 자격취소처분은 행정절차법에 따라 청문을 반드시 실시해야 한다.

2. 징계위원회에 출석하여 구술 또는 서면으로 진술한 것이 청문에 해당되는지

감정평가사법상 감정평가사 징계당사자는 감정평가관리·징계위원회에 출석하여 구술 또는 서면으로 자기에게 유리한 진술을 할 수 있지만, 이는 청식청문절차라고 볼 수 없으므로 감정평가사 甲에 대한 자격취소처분은 절차의 하자로서 위법하다고 할 것이다(견해의 대립 있음).

IV. 자격증 등의 부당행사에 자격취소를 한 경우와 이유제시 하자

1. 본래의 용도가 아닌 다른 용도로 행사했는지 여부

해당 사안에서 감정평가사 甲은 감정평가법인에 등록하여 소속만 유지할 뿐 실질적으로 감정평가업무에 관여하지 아니하는 방법으로 감정평가사 자격증을 부당하게 행사하였다. 따라서, 이는 해당 법인의 업무를 수행하거나 운영 등에 관여할 의사가 없고, 실제 업무 등을 수행했다고도 보기 어려우므로, 자격증을 본래의 용도가 아닌 다른 용도로 행사했다고 볼 수 있다.

2. 법의 규율을 피할 목적으로 행사했는지 여부

감정평가사 甲은 감정평가법인에 등록하여 감정평가법인을 유지하는 데에 방조한 책임이 있다. 감정평가사법 제32조에서는 감정평가사의 수가 미달된 경우 인가취소 등에 대해서 규정하고 있고, 사안에서는 이러한 법의 규율을 피할 목적으로 감정평가사 甲은 해당 법인에 등록하여 소속을 유지시켰다고 볼 수 있으므로 자격증의 부당행사에 해당한다고 볼 수 있다.

3. 이유제시상의 하자

해당 사안에서는 부당행사에 해당함에도 불구하고 자격취소처분을 하면서 명의대여를 한 것으로 처분사유를 밝히고 있는바, 처분의 이유제시상의 하자가 존재한다. 처분의 이유제시를 명확히 하지 않은 절차상의 하자로 위법한 행정작용이 된다.

4. 소결

생각건대, 사안의 감정평가사 甲은 타인이 아닌 본인이 자격증을 행사하였으므로, 자격증의 명의대여에는 해당하지는 않는다. 하지만, 자격증을 본래의 용도가 아닌 목적으로 행사하였으며 또한 감정평가법인의 형식적으로 적을 두기만 하였고 감정평가사 본연의 업무를 전혀 수행하지 않고, 그 법인의 운영에도 관여하지 않았는바, 이는 법의 규율을 피할 목적으로 자격증을 부당행사한 경우에 해당된다고 볼 수 있다. 따라서, 감정평가사법 제27조에서 규정한 자격증의 부당행사에 해당한다고 판단된다. 따라서 부당행사에 해당한 경우를 자격취소처분을 한 것은 감정평가사법을 위반한 것으로 위법한 처분으로 평가된다. 또한 부당행사에 해당함에도 자격취소를 할 수 있는 명의대여를 한 것으로 처분사유를 밝힌 것은 이유제시상의 하자로 위법한 행정작용이 된다. 감정평가사 甲은 잘못된 감정평가사 자격취소처분에 대하여 행정쟁송을 통해 권익구제를 받을 수 있다고 생각된다.

감정평가 및 보상법규
암기장

보상법규 체계도

〈공익사업을 위한 토지 등의 취득 및 보상에 관한 법률〉 체계도(개정 2022.8.4.)

공용수용총론

- 1. 공용수용의 법리
  - 개념 (의의, 확대, 유형)
  - 필요성 및 근거
  - 요건 (공공성, 재산권에 대한 공권적 침해, 법률의 근거, 특별한 희생, 보상규정)
  - 공용수용의 현대적 동향
- 2. 공공적 사용수용
  - 개관 (의의, 필요성, 법적 근거, 법적 성질, 종류)
  - 요건 – 사용수용과 공공성 (공공성의 의미, 판단기준)
  - 계속적 공익실현의 보장 (필요성, 법적 근거, 보장수단)
  - 부대사업과 사용수용 – 부대사업에 대한 수용권 인정 여부
- 3. 공공성
  - 판단기준 : 비례원칙 (적합성의 원칙, 필요성의 원칙, 상당성의 원칙)
  - 공공성 확보방안
    - 수용적격사업의 입법에 의한 공공성 확보 : 입법태도 (개별입법주의, 제한열거주의, 포괄입법주의)
    - 사업인정에 의한 공공성 확보
- 4. 당사자
  - 수용권자
    - 수용권 주체에 관한 논의 (국가수용권설, 사업시행자수용권설, 국가위탁권설)
    - 권리와 의무
  - 피수용자
    - 범위 (토지소유자, 관계인)
    - 권리와 의무
- 5. 목적물
  - 종류
  - 제한 – 비례원칙에 의한 제한, 토지세목고시에 따른 제한, 성질에 따른 제한
  - 확장
    - 확장수용
      - 확장수용의 성질논의 (사법상 매매설, 공법상 특별행위설, 공용수용설)
      - 종류 (잔여지수용, 완전수용, 이전수용)
      - 권리구제
        - 민사소송 가능성
        - 행정쟁송 – 보상금증감청구소송의 가능성 여부 (긍정, 부정)
    - 지대수용 (의의, 필요성, 현행법상 인정 여부)
  - 공물의 수용가능성 : 긍정설, 부정설
- 6. 절차
  - 의의, 취지
  - 보통절차 : 사업인정 – 토지 · 물건의 조서작성 – 협의 – 재결
  - 약식절차 : 천재 · 지변시 토지의 사용, 시급을 요하는 토지의 사용

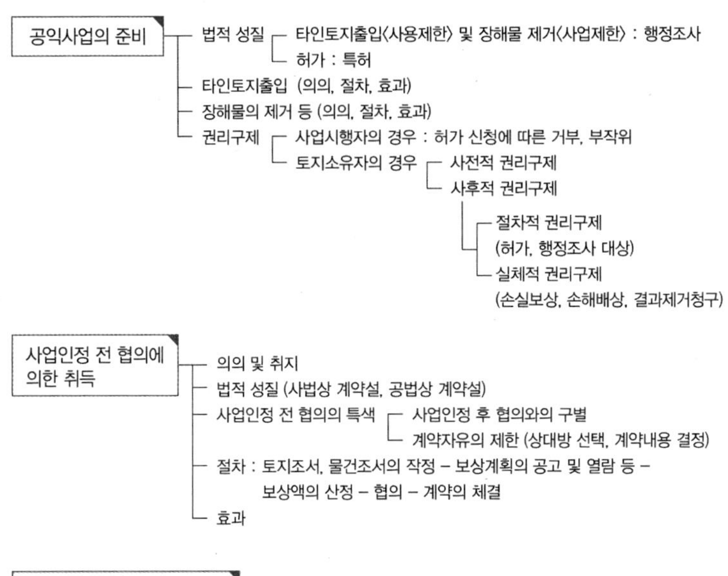
공익사업의 준비
법적 성질
타인토지출입〈사용제한〉 및 장해물 제거〈사업제한〉 : 행정조사
허가 : 특허
타인토지출입 (의의, 절차, 효과)
장해물의 제거 등 (의의, 절차, 효과)
권리구제
사업시행자의 경우 : 허가 신청에 따른 거부, 부작위
토지소유자의 경우
사전적 권리구제
사후적 권리구제
절차적 권리구제
(허가, 행정조사 대상)
실체적 권리구제
(손실보상, 손해배상, 결과제거청구)
사업인정 전 협의에 의한 취득
의의 및 취지
법적 성질 (사법상 계약설, 공법상 계약설)
사업인정 전 협의의 특색
사업인정 후 협의와의 구별
계약자유의 제한 (상대방 선택, 계약내용 결정)
절차 : 토지조서, 물건조서의 작정 – 보상계획의 공고 및 열람 등 –
보상액의 산정 – 협의 – 계약의 체결
효과

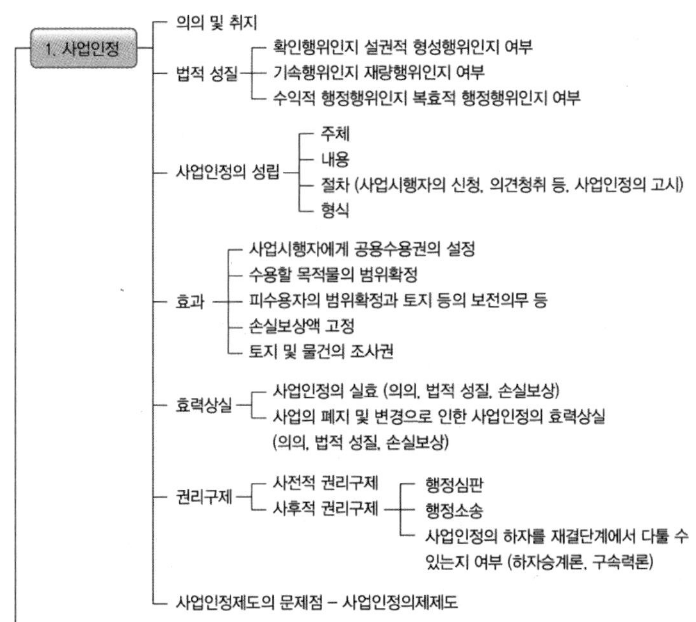
수용에 의한 취득 또는 사용
1. 사업인정
의의 및 취지
법적 성질
확인행위인지 설권적 형성행위인지 여부
기속행위인지 재량행위인지 여부
수익적 행정행위인지 복효적 행정행위인지 여부
사업인정의 성립
주체
내용
절차 (사업시행자의 신청, 의견청취 등, 사업인정의 고시)
형식
효과
사업시행자에게 공용수용권의 설정
수용할 목적물의 범위확정
피수용자의 범위확정과 토지 등의 보전의무 등
손실보상액 고정
토지 및 물건의 조사권
효력상실
사업인정의 실효 (의의, 법적 성질, 손실보상)
사업의 폐지 및 변경으로 인한 사업인정의 효력상실
(의의, 법적 성질, 손실보상)
권리구제
사전적 권리구제
사후적 권리구제
행정심판
행정소송
사업인정의 하자를 재결단계에서 다툴 수
있는지 여부 (하자승계론, 구속력론)
사업인정제도의 문제점 – 사업인정의제제도

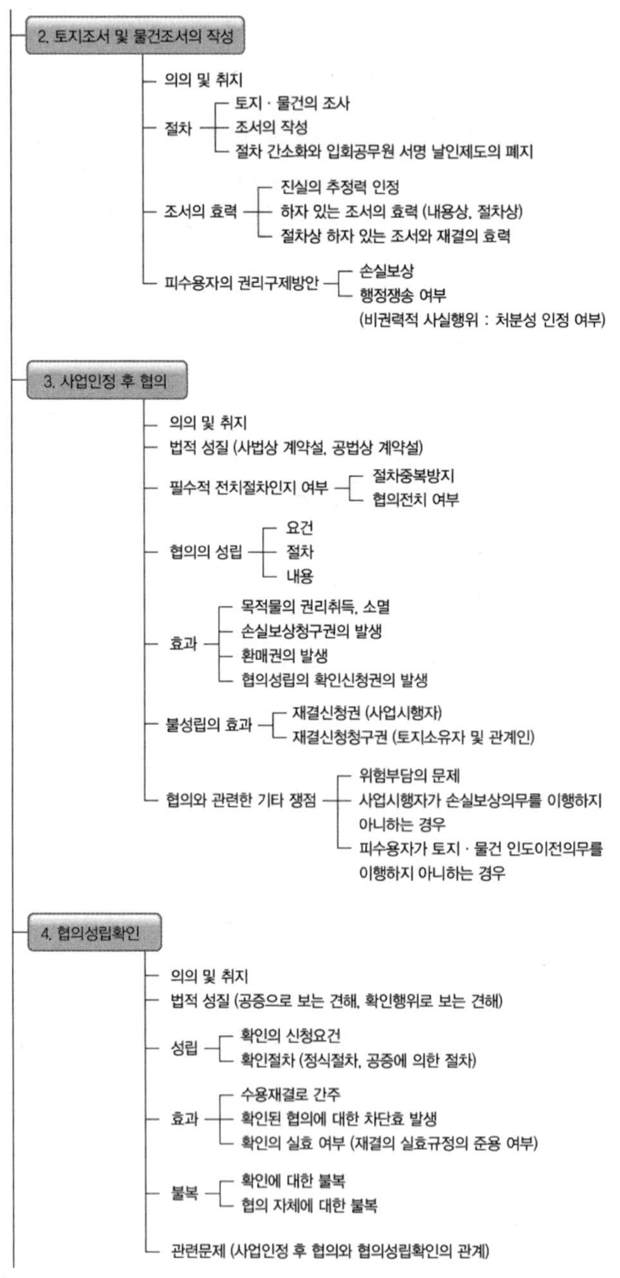
2. 토지조서 및 물건조서의 작성
의의 및 취지
절차
토지 · 물건의 조사
조서의 작성
절차 간소화와 입회공무원 서명 날인제도의 폐지
조서의 효력
진실의 추정력 인정
하자 있는 조서의 효력 (내용상, 절차상)
절차상 하자 있는 조서와 재결의 효력
피수용자의 권리구제방안
손실보상
행정쟁송 여부
(비권력적 사실행위 : 처분성 인정 여부)
3. 사업인정 후 협의
의의 및 취지
법적 성질 (사법상 계약설, 공법상 계약설)
필수적 전치절차인지 여부
절차중복방지
협의전치 여부
협의의 성립
요건
절차
내용
효과
목적물의 권리취득, 소멸
손실보상청구권의 발생
환매권의 발생
협의성립의 확인신청권의 발생
불성립의 효과
재결신청권 (사업시행자)
재결신청청구권 (토지소유자 및 관계인)
협의와 관련한 기타 쟁점
위험부담의 문제
사업시행자가 손실보상의무를 이행하지
아니하는 경우
피수용자가 토지 · 물건 인도이전의무를
이행하지 아니하는 경우
4. 협의성립확인
의의 및 취지
법적 성질 (공증으로 보는 견해, 확인행위로 보는 견해)
성립
확인의 신청요건
확인절차 (정식절차, 공증에 의한 절차)
효과
수용재결로 간주
확인된 협의에 대한 차단효 발생
확인의 실효 여부 (재결의 실효규정의 준용 여부)
불복
확인에 대한 불복
협의 자체에 대한 불복
관련문제 (사업인정 후 협의와 협의성립확인의 관계)

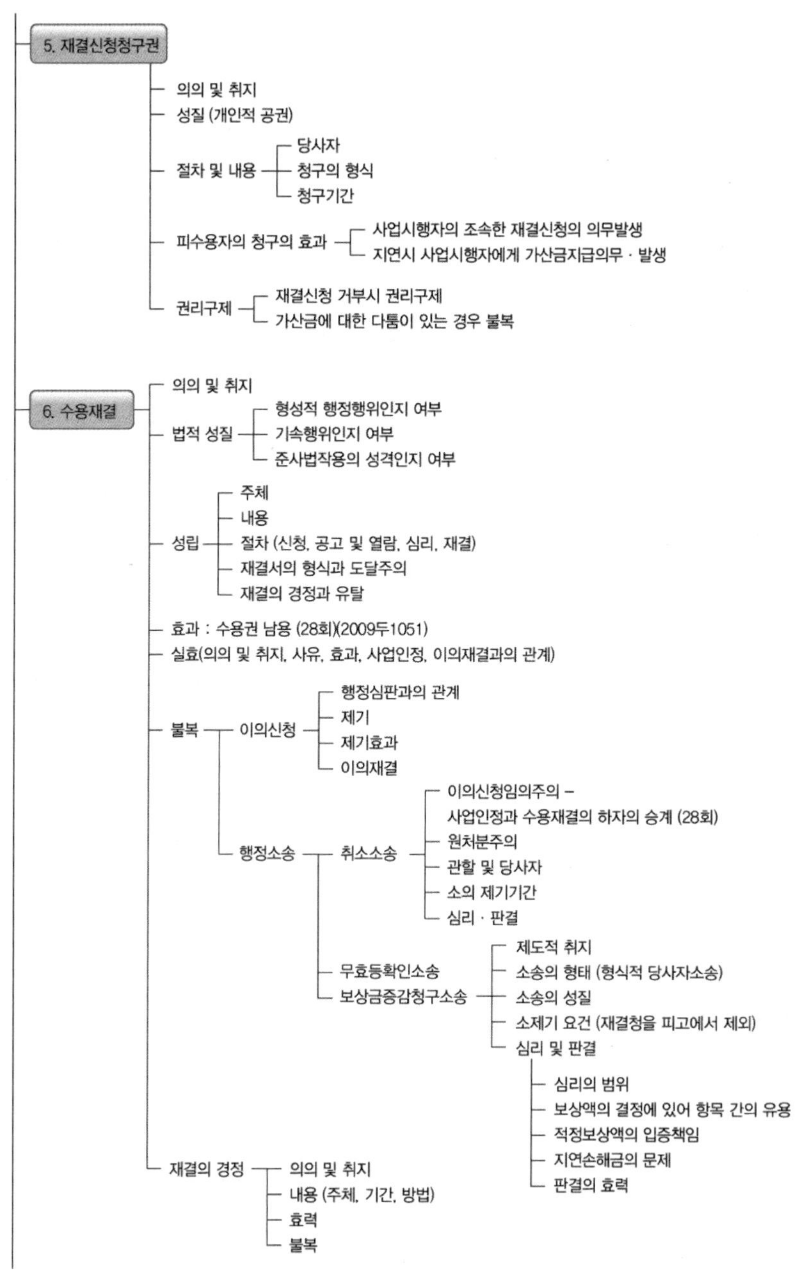
5. 재결신청청구권
의의 및 취지
성질 (개인적 공권)
절차 및 내용
당사자
청구의 형식
청구기간
피수용자의 청구의 효과
사업시행자의 조속한 재결신청의 의무발생
지연시 사업시행자에게 가산금지급의무 · 발생
권리구제
재결신청 거부시 권리구제
가산금에 대한 다툼이 있는 경우 불복
6. 수용재결
의의 및 취지
법적 성질
형성적 행정행위인지 여부
기속행위인지 여부
준사법작용의 성격인지 여부
성립
주체
내용
절차 (신청, 공고 및 열람, 심리, 재결)
재결서의 형식과 도달주의
재결의 경정과 유탈
효과 : 수용권 남용 (28회)(2009두1051)
실효(의의 및 취지, 사유, 효과, 사업인정, 이의재결과의 관계)
불복
이의신청
행정심판과의 관계
제기
제기효과
이의재결
행정소송
취소소송
이의신청임의주의 –
사업인정과 수용재결의 하자의 승계 (28회)
원처분주의
관할 및 당사자
소의 제기기간
심리 · 판결
무효등확인소송
보상금증감청구소송
제도적 취지
소송의 형태 (형식적 당사자소송)
소송의 성질
소제기 요건 (재결청을 피고에서 제외)
심리 및 판결
심리의 범위
보상액의 결정에 있어 항목 간의 유용
적정보상액의 입증책임
지연손해금의 문제
판결의 효력
재결의 경정
의의 및 취지
내용 (주체, 기간, 방법)
효력
불복

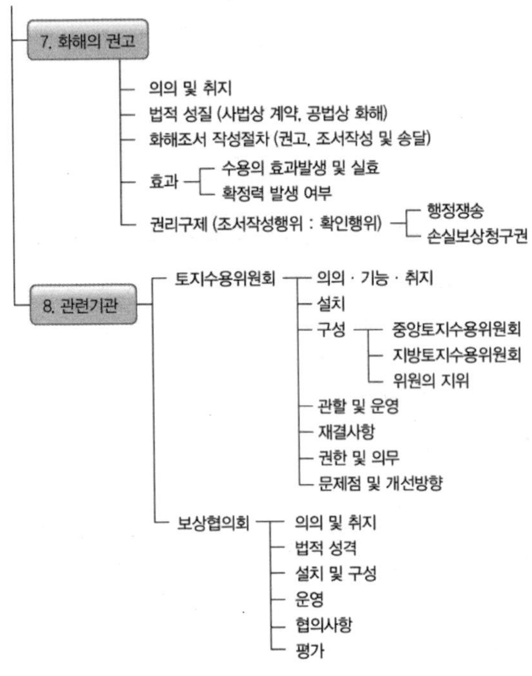
7. 화해의 권고
의의 및 취지
법적 성질 (사법상 계약, 공법상 화해)
화해조서 작성절차 (권고, 조서작성 및 송달)
효과
수용의 효과발생 및 실효
확정력 발생 여부
권리구제 (조서작성행위 : 확인행위)
행정쟁송
손실보상청구권
8. 관련기관
토지수용위원회
의의 · 기능 · 취지
설치
구성
중앙토지수용위원회
지방토지수용위원회
위원의 지위
관할 및 운영
재결사항
권한 및 의무
문제점 및 개선방향
보상협의회
의의 및 취지
법적 성격
설치 및 구성
운영
협의사항
평가

공용수용의 효과

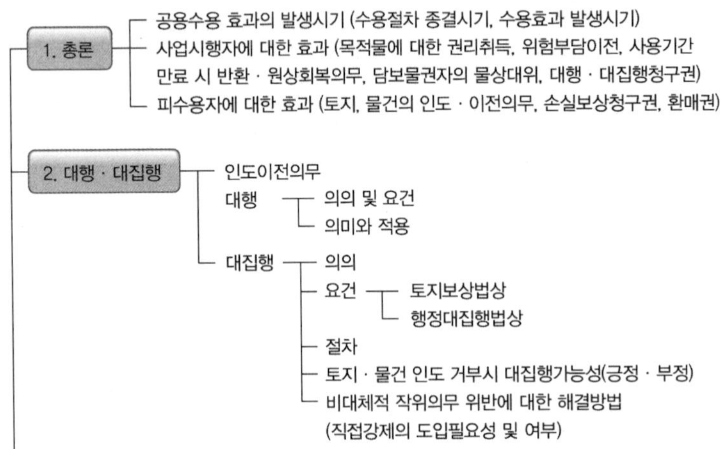
1. 총론
공용수용 효과의 발생시기 (수용절차 종결시기, 수용효과 발생시기)
사업시행자에 대한 효과 (목적물에 대한 권리취득, 위험부담이전, 사용기간
만료 시 반환 · 원상회복의무, 담보물권자의 물상대위, 대행 · 대집행청구권)
피수용자에 대한 효과 (토지, 물건의 인도 · 이전의무, 손실보상청구권, 환매권)
2. 대행 · 대집행
인도이전의무
대행
의의 및 요건
의미와 적용
대집행
의의
요건
토지보상법상
행정대집행법상
절차
토지 · 물건 인도 거부시 대집행가능성(긍정 · 부정)
비대체적 작위의무 위반에 대한 해결방법
(직접강제의 도입필요성 및 여부)

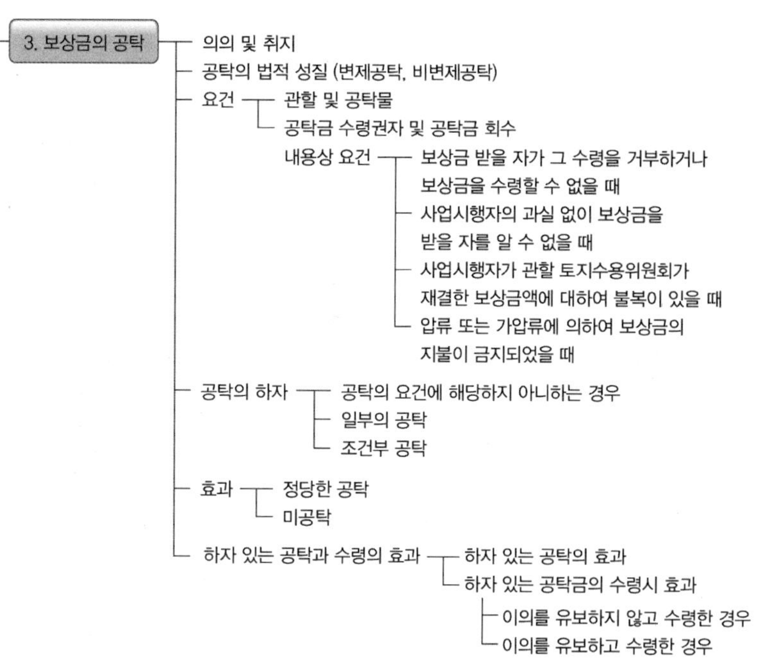
3. 보상금의 공탁
의의 및 취지
공탁의 법적 성질 (변제공탁, 비변제공탁)
요건
관할 및 공탁물
공탁금 수령권자 및 공탁금 회수
내용상 요건
보상금 받을 자가 그 수령을 거부하거나 보상금을 수령할 수 없을 때
사업시행자의 과실 없이 보상금을 받을 자를 알 수 없을 때
사업시행자가 관할 토지수용위원회가 재결한 보상금액에 대하여 불복이 있을 때
압류 또는 가압류에 의하여 보상금의 지불이 금지되었을 때
공탁의 하자
공탁의 요건에 해당하지 아니하는 경우
일부의 공탁
조건부 공탁
효과
정당한 공탁
미공탁
하자 있는 공탁과 수령의 효과
하자 있는 공탁의 효과
하자 있는 공탁금의 수령시 효과
이의를 유보하지 않고 수령한 경우
이의를 유보하고 수령한 경우

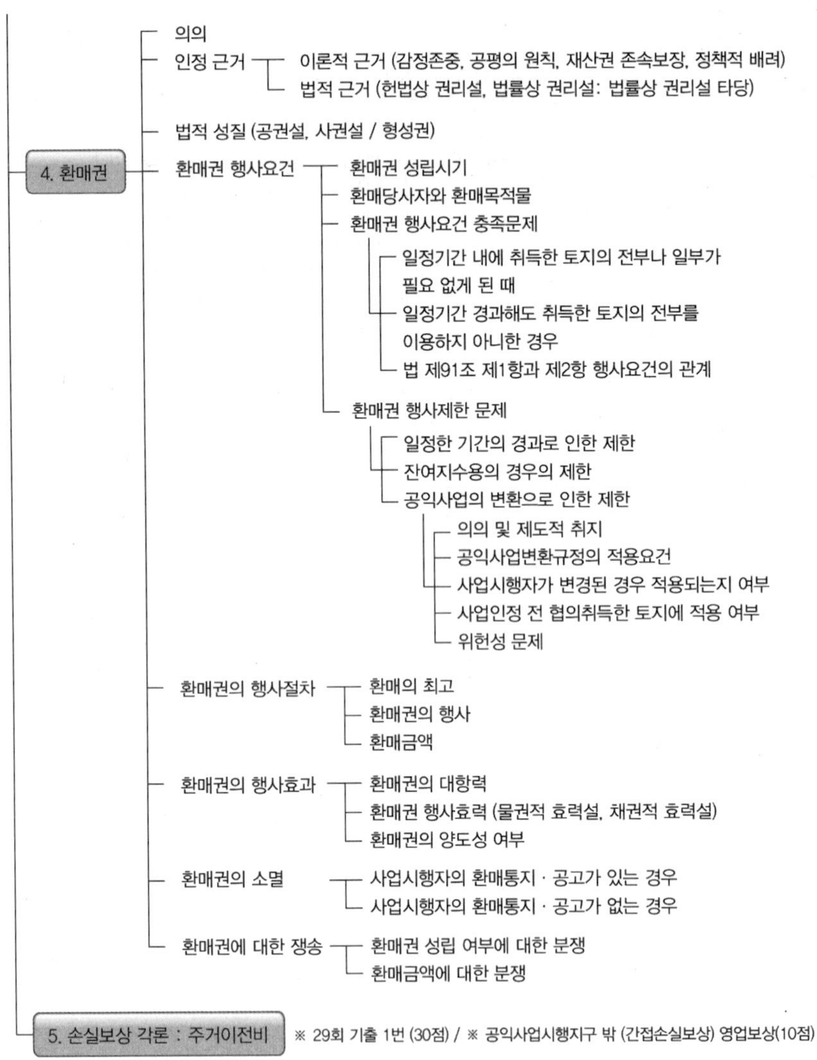
4. 환매권
의의
인정 근거
이론적 근거 (감정존중, 공평의 원칙, 재산권 존속보장, 정책적 배려)
법적 근거 (헌법상 권리설, 법률상 권리설: 법률상 권리설 타당)
법적 성질 (공권설, 사권설 / 형성권)
환매권 행사요건
환매권 성립시기
환매당사자와 환매목적물
환매권 행사요건 충족문제
일정기간 내에 취득한 토지의 전부나 일부가 필요 없게 된 때
일정기간 경과해도 취득한 토지의 전부를 이용하지 아니한 경우
법 제91조 제1항과 제2항 행사요건의 관계
환매권 행사제한 문제
일정한 기간의 경과로 인한 제한
잔여지수용의 경우의 제한
공익사업의 변환으로 인한 제한
의의 및 제도적 취지
공익사업변환규정의 적용요건
사업시행자가 변경된 경우 적용되는지 여부
사업인정 전 협의취득한 토지에 적용 여부
위헌성 문제
환매권의 행사절차
환매의 최고
환매권의 행사
환매금액
환매권의 행사효과
환매권의 대항력
환매권 행사효력 (물권적 효력설, 채권적 효력설)
환매권의 양도성 여부
환매권의 소멸
사업시행자의 환매통지 · 공고가 있는 경우
사업시행자의 환매통지 · 공고가 없는 경우
환매권에 대한 쟁송
환매권 성립 여부에 대한 분쟁
환매금액에 대한 분쟁
5. 손실보상 각론 : 주거이전비
※ 29회 기출 1번 (30점) / ※ 공익사업시행지구 밖 (간접손실보상) 영업보상(10점)

손실보상

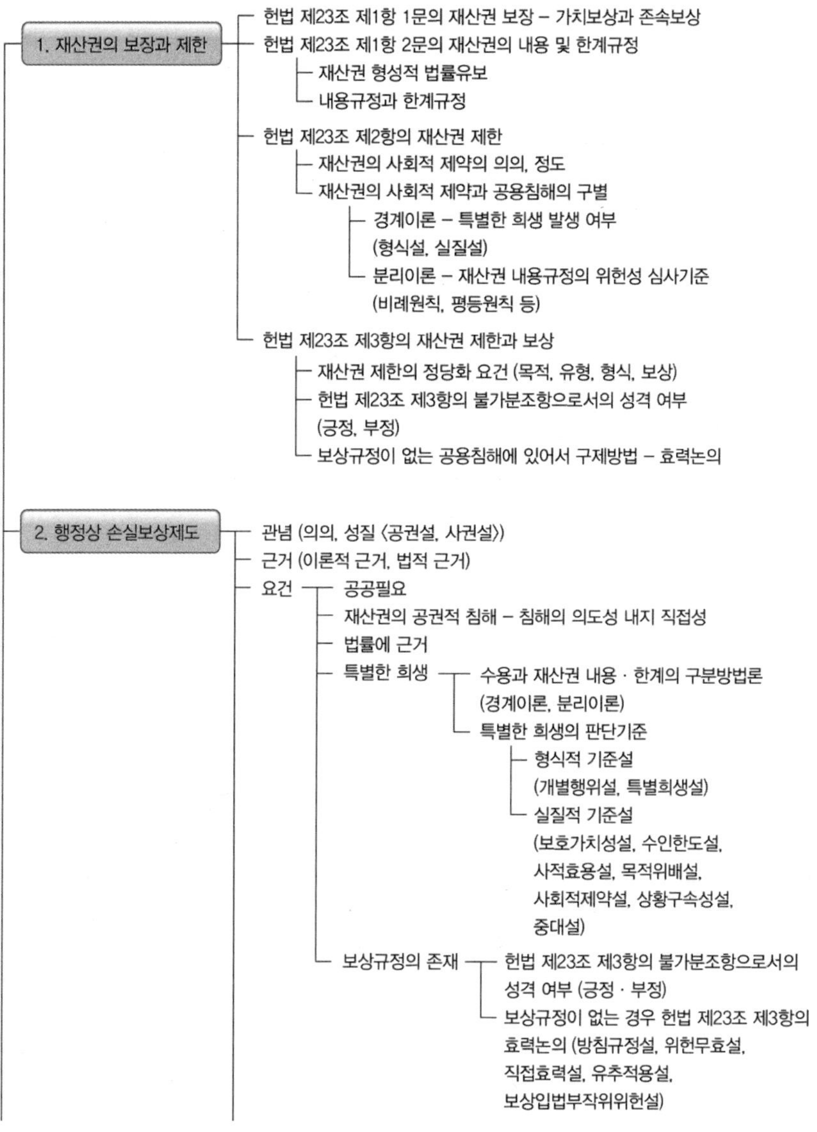
1. 재산권의 보장과 제한
헌법 제23조 제1항 1문의 재산권 보장 – 가치보상과 존속보상
헌법 제23조 제1항 2문의 재산권의 내용 및 한계규정
재산권 형성적 법률유보
내용규정과 한계규정
헌법 제23조 제2항의 재산권 제한
재산권의 사회적 제약의 의의, 정도
재산권의 사회적 제약과 공용침해의 구별
경계이론 – 특별한 희생 발생 여부
(형식설, 실질설)
분리이론 – 재산권 내용규정의 위헌성 심사기준
(비례원칙, 평등원칙 등)
헌법 제23조 제3항의 재산권 제한과 보상
재산권 제한의 정당화 요건 (목적, 유형, 형식, 보상)
헌법 제23조 제3항의 불가분조항으로서의 성격 여부
(긍정, 부정)
보상규정이 없는 공용침해에 있어서 구제방법 – 효력논의
2. 행정상 손실보상제도
관념 (의의, 성질 〈공권설, 사권설〉)
근거 (이론적 근거, 법적 근거)
요건
공공필요
재산권의 공권적 침해 – 침해의 의도성 내지 직접성
법률에 근거
특별한 희생
수용과 재산권 내용 · 한계의 구분방법론
(경계이론, 분리이론)
특별한 희생의 판단기준
형식적 기준설
(개별행위설, 특별희생설)
실질적 기준설
(보호가치성설, 수인한도설,
사적효용설, 목적위배설,
사회적제약설, 상황구속성설,
중대설)
보상규정의 존재
헌법 제23조 제3항의 불가분조항으로서의
성격 여부 (긍정 · 부정)
보상규정이 없는 경우 헌법 제23조 제3항의
효력논의 (방침규정설, 위헌무효설,
직접효력설, 유추적용설,
보상입법부작위위헌설)

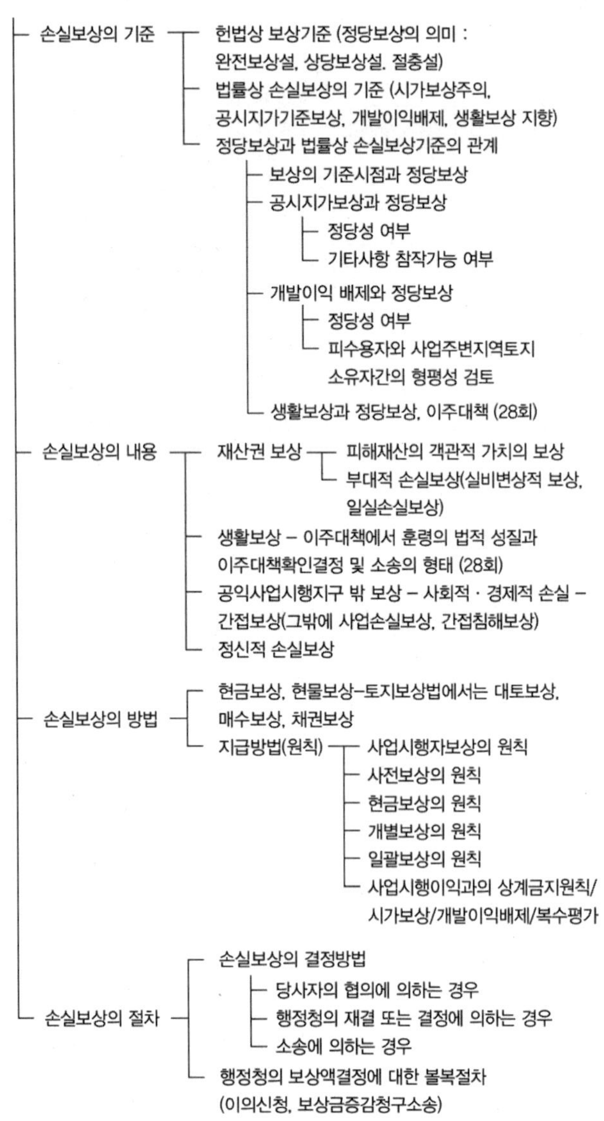
손실보상의 기준
헌법상 보상기준 (정당보상의 의미 : 완전보상설, 상당보상설, 절충설)
법률상 손실보상의 기준 (시가보상주의, 공시지가기준보상, 개발이익배제, 생활보상 지향)
정당보상과 법률상 손실보상기준의 관계
보상의 기준시점과 정당보상
공시지가보상과 정당보상
정당성 여부
기타사항 참작가능 여부
개발이익 배제와 정당보상
정당성 여부
피수용자와 사업주변지역토지 소유자간의 형평성 검토
생활보상과 정당보상, 이주대책 (28회)
손실보상의 내용
재산권 보상
피해재산의 객관적 가치의 보상
부대적 손실보상(실비변상적 보상, 일실손실보상)
생활보상 – 이주대책에서 훈령의 법적 성질과 이주대책확인결정 및 소송의 형태 (28회)
공익사업시행지구 밖 보상 – 사회적 · 경제적 손실 – 간접보상(그밖에 사업손실보상, 간접침해보상)
정신적 손실보상
손실보상의 방법
현금보상, 현물보상–토지보상법에서는 대토보상, 매수보상, 채권보상
지급방법(원칙)
사업시행자보상의 원칙
사전보상의 원칙
현금보상의 원칙
개별보상의 원칙
일괄보상의 원칙
사업시행이익과의 상계금지원칙/시가보상/개발이익배제/복수평가
손실보상의 절차
손실보상의 결정방법
당사자의 협의에 의하는 경우
행정청의 재결 또는 결정에 의하는 경우
소송에 의하는 경우
행정청의 보상액결정에 대한 불복절차 (이의신청, 보상금증감청구소송)

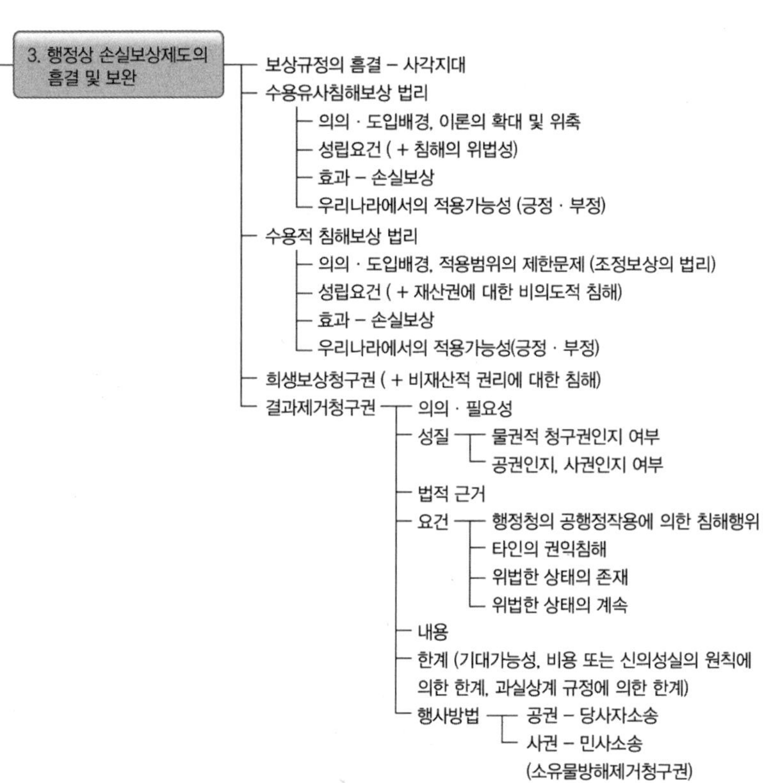

※ 손실보상각론 : 수용재결에서의 사실상 사도 평가와 도정법상 매도청구시 사실상 사도 평가의 차이점 (28회)
※ 공법상 제한받는 토지의 평가와 개발이익 반영 및 개발이익의 배제 (28회)

〈부동산 가격공시에 관한 법률〉 체계도

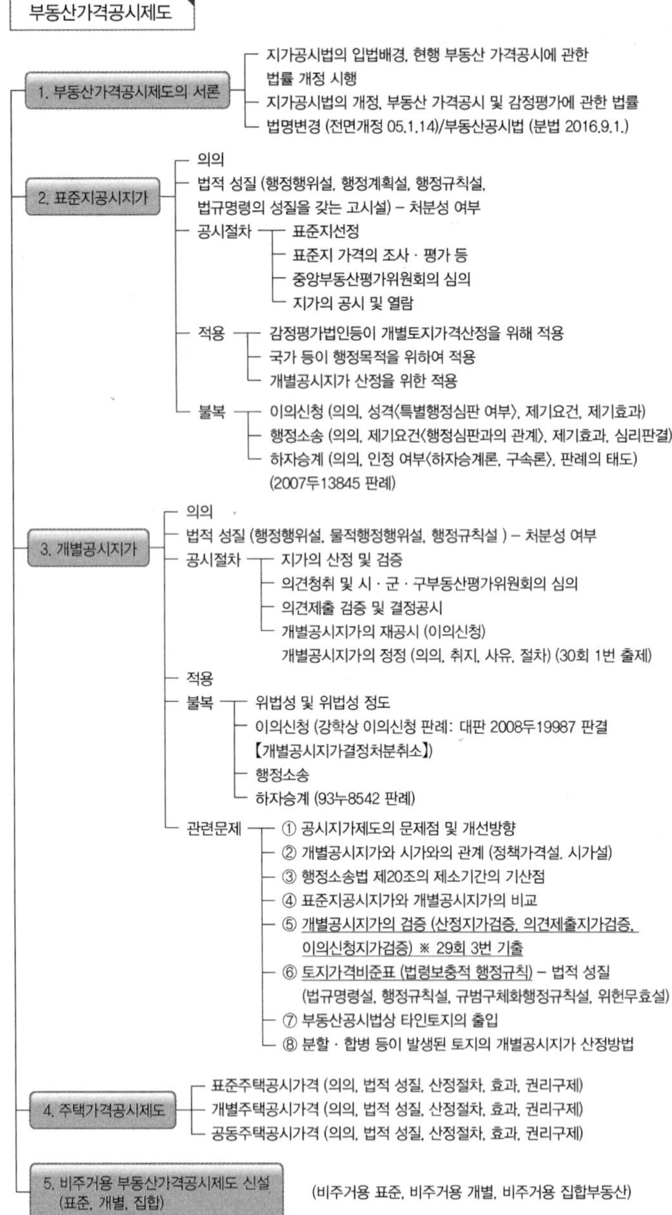

〈감정평가사법〉 체계도

감정평가사제도

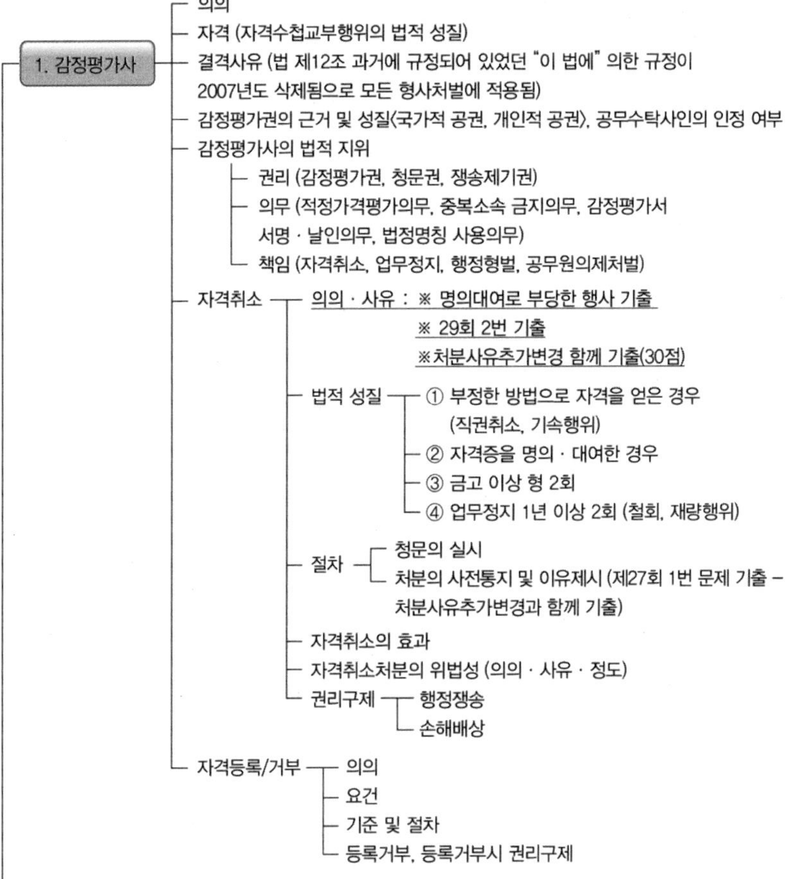

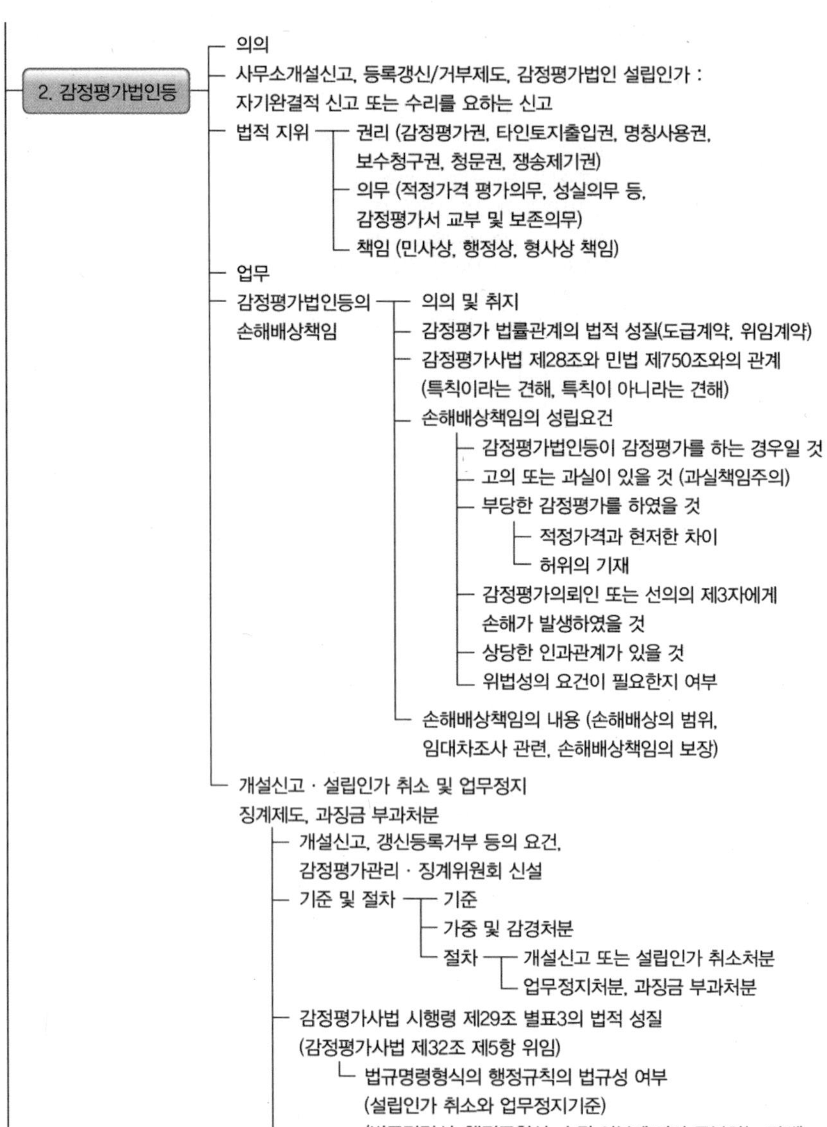
2. 감정평가법인등
의의
사무소개설신고, 등록갱신/거부제도, 감정평가법인 설립인가 :
자기완결적 신고 또는 수리를 요하는 신고
법적 지위
권리 (감정평가권, 타인토지출입권, 명칭사용권,
보수청구권, 청문권, 쟁송제기권)
의무 (적정가격 평가의무, 성실의무 등,
감정평가서 교부 및 보존의무)
책임 (민사상, 행정상, 형사상 책임)
업무
감정평가법인등의
손해배상책임
의의 및 취지
감정평가 법률관계의 법적 성질(도급계약, 위임계약)
감정평가사법 제28조와 민법 제750조와의 관계
(특칙이라는 견해, 특칙이 아니라는 견해)
손해배상책임의 성립요건
감정평가법인등이 감정평가를 하는 경우일 것
고의 또는 과실이 있을 것 (과실책임주의)
부당한 감정평가를 하였을 것
적정가격과 현저한 차이
허위의 기재
감정평가의뢰인 또는 선의의 제3자에게
손해가 발생하였을 것
상당한 인과관계가 있을 것
위법성의 요건이 필요한지 여부
손해배상책임의 내용 (손해배상의 범위,
임대차조사 관련, 손해배상책임의 보장)
개설신고 · 설립인가 취소 및 업무정지
징계제도, 과징금 부과처분
개설신고, 갱신등록거부 등의 요건,
감정평가관리 · 징계위원회 신설
기준 및 절차
기준
가중 및 감경처분
절차
개설신고 또는 설립인가 취소처분
업무정지처분, 과징금 부과처분
감정평가사법 시행령 제29조 별표3의 법적 성질
(감정평가사법 제32조 제5항 위임)
법규명령형식의 행정규칙의 법규성 여부
(설립인가 취소와 업무정지기준)
(법규명령설, 행정규칙설, 수권 여부에 따라 구분하는 견해)

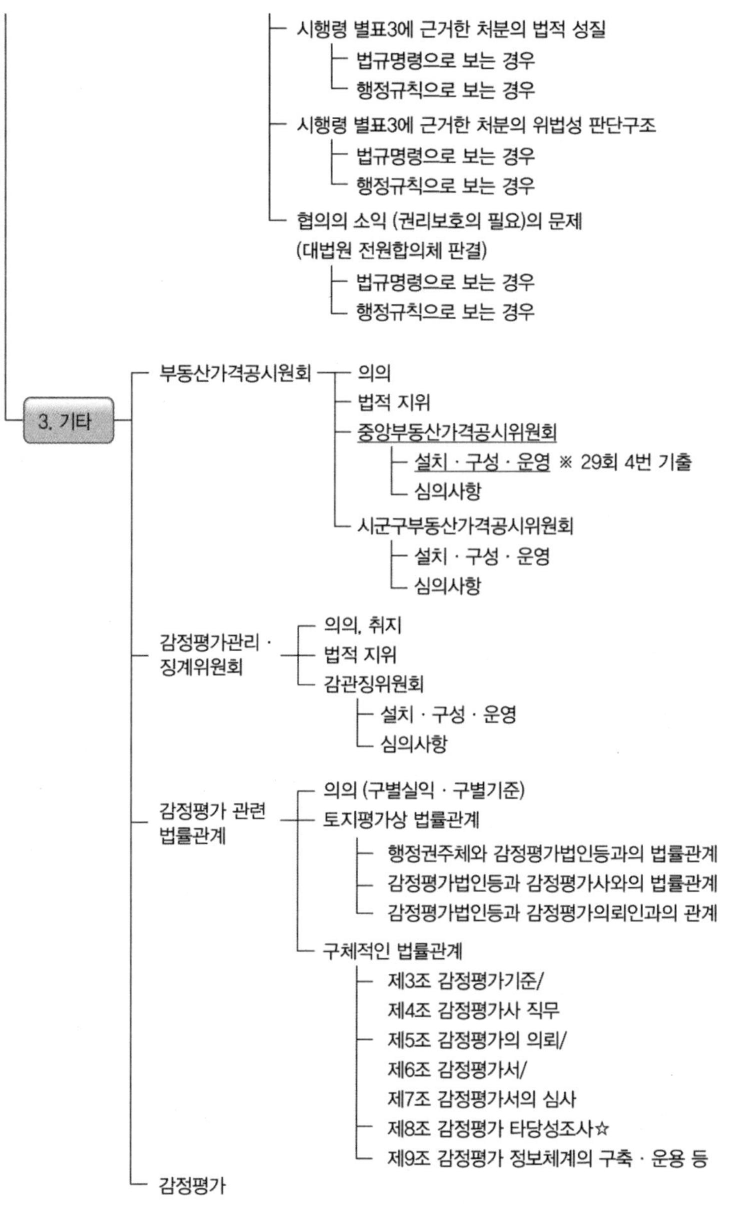
시행령 별표3에 근거한 처분의 법적 성질
법규명령으로 보는 경우
행정규칙으로 보는 경우
시행령 별표3에 근거한 처분의 위법성 판단구조
법규명령으로 보는 경우
행정규칙으로 보는 경우
협의의 소익 (권리보호의 필요)의 문제
(대법원 전원합의체 판결)
법규명령으로 보는 경우
행정규칙으로 보는 경우
3. 기타
부동산가격공시원회
의의
법적 지위
중앙부동산가격공시위원회
설치 · 구성 · 운영 ※ 29회 4번 기출
심의사항
시군구부동산가격공시위원회
설치 · 구성 · 운영
심의사항
감정평가관리 · 징계위원회
의의, 취지
법적 지위
감관징위원회
설치 · 구성 · 운영
심의사항
감정평가 관련 법률관계
의의 (구별실익 · 구별기준)
토지평가상 법률관계
행정권주체와 감정평가법인등과의 법률관계
감정평가법인등과 감정평가사와의 법률관계
감정평가법인등과 감정평가의뢰인과의 관계
구체적인 법률관계
제3조 감정평가기준/
제4조 감정평가사 직무
제5조 감정평가의 의뢰/
제6조 감정평가서/
제7조 감정평가서의 심사
제8조 감정평가 타당성조사☆
제9조 감정평가 정보체계의 구축 · 운용 등
감정평가

합격기준 박문각

감정평가사 2차 시험대비

감정평가 및 보상법규

암기장

제2판인쇄 : 2023. 01. 10.
제2판발행 : 2023. 01. 16.
편 저 : 강정훈
발 행 인 : 박 용
발 행 처 : (주)박문각출판
등 록 : 2015. 04. 29. 제2015－000104호
주 소 : 06654 서울시 서초구 효령로 283 서경B/D 4층
전 화 : (02) 723－6869
팩 스 : (02) 723－6870

정가 15,000원

ISBN 979－11－6704－915－5